Günter Verheugen · Petra Erler

Der lange Weg zum Krieg

Günter Verheugen · Petra Erler

DER LANGE WEG ZUM KRIEG

Russland, die Ukraine und der Westen –
Eskalation statt Entspannung

WILHELM HEYNE VERLAG
MÜNCHEN

MIX
Papier | Fördert gute Waldnutzung
FSC® C014496

Penguin Random House Verlagsgruppe FSC® N001967

9. Auflage
Originalausgabe 2024

Neumarkter Straße 28, 81673 München
produktsicherheit@penguinrandomhouse.de
(Vorstehende Angaben sind zugleich Pflichtinformationen nach GPSR)

Redaktion: Sophie Dahmen
Umschlaggestaltung: wilhelm typo grafisch
unter Verwendung eines Fotos von: Andy Spyra/laif
(Ostukraine 25.10.2022, nahe der Front bei Kupjansk)
Satz: Satzwerk Huber, Germering
Druck und Bindung: GGP Media GmbH, Pößneck
Printed in Germany
ISBN: 978-3-453-21883-3

www.heyne.de

Inhalt

Vorwort 9

Kapitel 1

Ein Stellvertreterkrieg als gute Investition 19

Europäische Friedensordnung oder nur Pax Americana? 22

Sanktionen: Der Plan der wirtschaftlichen Vernichtung Russlands 24

... und die Bumerang-Effekte für Deutschland und die Welt ... 28

Einen schnellen Frieden wollte der Westen nicht 30

Ein Stellvertreterkrieg, der die Ukraine zermürbt 39

Die Ukraine wünscht sich den Kriegseintritt der Nato 43

Kapitel 2

Schritte in den Krieg 53

Gründung der Nato und Kalter Krieg 55

Eine Weltmacht auf dem Zenit: Die USA nach dem Zerfall der Sowjetunion 57

Auf Expansionskurs: Die erste Nato-Osterweiterung 61

Der Jugoslawien-Krieg als Testfall für die Nato 63

Russlands Versuch einer Annäherung an die Nato 66

... bleibt vergebliche Mühe 74

Der Russland-Georgien-Krieg 81

Kapitel 3

Das Tauziehen um die Ukraine – die Lunte brennt 85

Der Euro-Maidan und seine Auswüchse 86

Im Osten gärt es: Krim-Annexion und Unruhen im Donbass 89

Präsident Selenskyjs schwieriges Erbe:
Das Minsk-II-Abkommen 97
Der Erlass zur Rückgewinnung der Krim 102

Kapitel 4
Der endlose Kalte Krieg oder Wie der Westen Putin erschuf 111
Hörten die USA je auf, in Russland einen Feind zu sehen? 112
Die Systemtransformation – ein beschwerlicher Weg ohne Blaupause 117
Der russische Weg verläuft anders, als der Westen es vorsieht .. 121
Russland behauptet seinen Platz auf dem internationalen Parkett 125
Was wir dürfen, dürft ihr noch lange nicht: Zur westlichen Doppelmoral 132
Der Fall Skripal: plausible versus wissenschaftliche Erklärung 138
Die US-Wahl 2016: Gab es russische Wahlbeeinflussung? 145

Kapitel 5
Die politische Auflösung der Sowjetunion und ihr gefährliches Erbe 153
Ein Vielvölkerstaat zerbricht – alte Probleme in neuen Grenzen 154
Die Abkommen von Minsk und Alma-Ata: Erste Antworten und viele Fragen 158
Die Krim: Von Beginn an ein Zankapfel 163
Souveräne Staaten, aber in Abhängigkeit voneinander 166
Polarisierung trotz Freundschaftsvertrag: Die Orangene Revolution und die Wahl 2004 170

Kapitel 6

Eine Reise ins Ungewisse: Die EU und die Ukraine 177

Hilfe auf Distanz: Die EU und die postsowjetischen Staaten 178

Durch die Erweiterung der EU wendet sich der Blick nach Osten 183

Die EU-Mitgliedschaft der Ukraine rückt in weite Ferne 187

Schwanken zwischen West und Ost: Der Gipfel von Vilnius 2013 190

Euro-Maidan und Krim-Annexion: Die Ukraine kommt nicht zur Ruhe 195

Abwärtsspirale der Ukraine: Die EU-Assoziierung steht unter schlechten Vorzeichen 201

Kapitel 7

Vom Wandel durch Annäherung zur Zeitenwende 211

Die Hethiter – Ein antikes Beispiel für friedliche Koexistenz 212

Die spaltende Kraft der Ideologien 214

An Deutschland scheiden sich die Geister 217

Die Nichtweiterverbreitung von Atomwaffen ist ein erster Schritt zur Entspannung 222

Annäherung auch in Deutschland und Europa 225

Neue Konfrontationen: Syrien, Chemiewaffen und die Ukraine 232

Welche Hoffnungen gibt es für die Beziehungen zwischen Russland und dem Westen? 241

Kapitel 8

Eine multipolare Weltordnung 247

Gründung der Vereinten Nationen: Der Traum von einer friedlichen Welt 248

Primus inter pares: Die USA werden zur Hegemonialmacht ... 253

Die Suche nach Verbündeten: Was zählt in den internationalen Beziehungen? ... 257
Eine unterschätzte Entwicklung: Von RIC zu BRIC ... 259
Das neue Selbstbewusstsein der »restlichen« Welt ... 264
In was für einer Welt wollen wir leben? ... 267

Kapitel 9
Zur Rolle Deutschlands ... 275
Das Unternehmen Barbarossa: Deutscher Vernichtungskrieg im Osten ... 275
Die deutsche Erinnerung ist selektiv – das hat Folgen ... 278
Deutsche Einigung durch Diplomatie und Vertrauen ... 282
Die vertane Chance eines europäischen Sicherheitsbündnisses ... 287
Krieg in Europa: Nicht ohne Vorgeschichte, nicht alternativlos ... 292
Deutschland sollte seine Macht in der EU für den Frieden nutzen ... 295

Dank ... 303

Anhang
Anmerkungen ... 307

Vorwort

In den vergangenen Jahren verfolgten wir mit wachsender Sorge, wie sich das Verhältnis zwischen dem Westen und Russland immer weiter verschlechterte, und wir haben vor dieser gefährlichen Entwicklung auch immer wieder gewarnt. So wie im vorliegenden Buch beschäftigte uns immer die deutsche bzw. westliche Politik. Denn Deutschland ist unser Zuhause, hier haben wir politisches Mitspracherecht und Einflussmöglichkeiten.

Die Entscheidung Russlands zu einem völkerrechtswidrigen Krieg hat uns, wie wohl die allermeisten, tief betroffen. Wir haben ihn von Anfang an ausdrücklich verurteilt. Nicht, weil es sich um eine Aggression auf europäischem Boden handelte, sondern weil wir jede völkerrechtswidrige Kriegshandlung ablehnen. Für uns ist die Charta der Vereinten Nationen das wichtigste Regelwerk der Weltgemeinschaft und Frieden nur dann möglich, wenn die Sprache des Rechts herrscht und nicht die Sprache der militärischen Macht.

Aber wir haben uns nicht in Hass, Wut und Trauer verloren. Wenn in Europa erneut ein Krieg ausbricht, dann ist es dringend notwendig, dass die Politik die Gefühle zurückstellt und sich nicht blinden Leidenschaften ergibt. Wir erlebten aber genau das. Es wurde nicht innegehalten, nicht kühl hinterfragt, wie es so weit hatte kommen können, woran es lag, dass alles Vertrauen in Scherben lag, und was zu tun wäre, um diesen Krieg schnellstmöglich zu beenden.

Stattdessen nahmen wir einen massiven politischen Drang wahr, Russland nunmehr »zu ruinieren«, so als hätte Russland ein Tabu gebrochen, das sonst niemand brach. Es war so, als hätte es alle sonstigen Kriege und Völkerrechtsbrüche nach 1990 nie gegeben, als wäre erst wegen Russland alles anders geworden. Die ausgerufene »Zeitenwende« brach mit allen Prinzipien, die bisher deutsche Außenpolitik leiteten. Es bestürzte uns, wie bereitwillig sich auch unser Land in diesen Krieg hineinwarf, der alle Züge eines Stellvertreterkriegs aufweist. Die vielen ukrainischen Flüchtlinge, die in unser Land kamen, erfuhren zu Recht größtmögliche Solidarität, aber wo blieben die deutschen Aktionen, damit sie schnellstmöglich wieder in die Heimat, die möglichst unversehrt sein sollte, zurückkehren konnten? Wir haben einen deutschen Willen zu einem verhandelten Friedensschluss nur bis März 2022 wahrgenommen.

Im Frühling 2022 veränderte der Krieg sein Gesicht, und seitdem sind wir Zeugen anhaltender militärischer Eskalation. Mit der Strategie »Siegfrieden«, die sich die Nato auf die Fahnen schrieb, wurde alles, was in der Ukraine passiert, allein der militärischen Auseinandersetzung überlassen. Dafür wurden und werden Waffen geliefert, Soldaten ausgebildet, das Überleben des ukrainischen Staates finanziert. Mit den Wirtschaftssanktionen gegen Russland wurden weltweit negative Effekte hervorgerufen und unser Land sukzessive in die Rezession gestoßen. Umgekehrt wurden wir Zeugen, wie aus einer ursprünglichen Angriffsarmee, die – russische Truppen und Donbasskämpfer zusammengenommen – maximal 190 000 Mann stark war, ein immer größer werdendes Heer entstand, die Kriegsmaschinerie in Russland anlief. Wir halten das für eine fatale Entwicklung.

Sie wurde begleitet von einem falschen Kriegsnarrativ, einem gefährlichen Kriegsziel und einer Propagandawelle, die jeden, der diesen Krieg anhalten wollte, denunziert. Noch nie hatten wir eine solche Verunglimpfung des Willens zu einem verhandelten Frieden erlebt. Eine beängstigende Einheitsfront von Meinungsführern und Meinungsmachern in Politik, Medien und Gesellschaft verweigert sich jedem Diskurs, sabotiert ihn geradezu. Wieso waren diejenigen, die einen Krieg beenden wollen, plötzlich »Putinversteher«, »nützliche Idioten«, »Handlanger Russlands« oder »Lumpenpazifisten«?

Uns zeigte das allenfalls, dass wir in einem Stellvertreterkrieg verfangen sind, der Westen mithilfe der Ukraine in dem einen Schützengraben, Russland und der Donbass/die Krim im anderen und dass in so einer Lage bedingungsloser Gehorsam gefordert wird, bis zur letzten militärischen Schlacht.

Diesen Gehorsam verweigern wir, aus Sorge um die Zukunft Deutschlands, der Europäischen Union, der Ukraine und ja, auch aus Sorge um den europäischen Kontinent insgesamt. Wir wollen dem Frieden dienen und glauben, dass wir einen Beitrag leisten können, indem wir über die Zusammenhänge und Hintergründe informieren, die zum aktuellen Krieg führten, so gut wir es vermögen. Wer die Ursachen einer Entwicklung nicht kennt, kann auch ihre Folgen nicht überschauen und korrigierend eingreifen.

Wir tun das auf der Grundlage frei zugänglicher Quellen und eigener jahrzehntelanger Erfahrungen auf dem Gebiet der Europapolitik und der internationalen Beziehungen.

Wir bieten in diesem Buch Leserinnen und Lesern Fakten. Wir stellen Zusammenhänge und Entwicklungen dar. Wir wollen zum Denken anregen und zu einer sachlichen Diskussion darüber gelangen, wie dieser lange Weg zum Krieg gegangen wurde. Wir wollen, dass klarer wird, dass fast alles auch mit Entscheidungen und Entwicklungen in unserem Land zusammenhängt.

Wir sind überzeugt, dass unsere Demokratie geschwächt wird, wenn eine Philosophie des »betreuten« Denkens vorherrscht. Das ist der Fall, wenn Politik, Medien oder Experten von oben herab erklären und es Bürgerinnen und Bürgern ersparen, sich mit Fakten auseinandersetzen zu müssen, indem sie diese verschweigen oder gar verfälscht und verkürzt darstellen. Das jüngste eklatante Beispiel dafür war der Umgang mit dem Interview, das Tucker Carlson mit dem russischen Präsidenten im Februar 2024 führte. Während es vorher beinahe zum Landesverrat erklärt worden war, dass dieser Journalist mit Putin sprach, lautete der anschließende Tenor entweder, es wäre alles absurd oder es sei nichts zu hören gewesen, was Menschen interessieren könnte, alles typische Putin-Lügen, mit denen sich niemand beschweren müsse. Das war im konkreten Fall falsch, ist aber auch prinzipiell falsch. Gerade dem erklärten Gegner sollte man immer sehr genau zuhören.

Dieses Prinzip ist über die Jahre in Verruf geraten. Wer suggeriert, dass die andere Seite immer nur lügt oder sich nur Halbsätze herauspickt, die ins eigene Weltbild passen, beraubt sich selbst der Möglichkeit, die Realität komplett wahrzunehmen. Die Realität fügt sich nicht nur aus der Wahrnehmung der eigenen Lage und der eigenen Sichtweise zusammen, sondern besteht immer auch aus ihrem Gegenstück beim anderen, gleichgültig, ob der andere nun ein Freund, ein Herausforderer oder Gegner ist, oder ob er gar als unversöhnlicher Feind wahrgenommen wird. Jede Ehe, in der wechselseitiges Verstehen stirbt und eine Seite darauf pocht, alles richtig zu sehen und richtig zu machen und beim anderen nur noch hört, was das eigene Vorurteil bestätigt, scheitert. In der sogenannten »großen« Politik ist es nicht anders.

In 9 Kapiteln befassen wir uns mit zentralen Thesen, die heute auch in unserem Land als unerschütterliche »Wahrheiten« gelten sollen. In ihrem Zentrum steht die Behauptung, dass der Ukraine-Krieg ein anlassloser Überfall des aggressiven Russlands auf ein friedvolles demokratisches Land sei, getrieben von dessen imperialen Gelüsten und Vernichtungswut. Damit versuche es, seine verlorene Großmachtstellung zurückzugewinnen. In einer reichlich grobschlächtigen Version lautet die Erzählung, der Krieg sei das Ergebnis einer für Russland seit je charakteristischen und brutalen Gewaltpolitik. In jüngerer Zeit heißt es, wenn Russland die Ukraine besiegen würde, werde es weitermarschieren und die Nato angreifen. Damit wird eine Zwangsläufigkeit suggeriert, in der jeglicher geschichtliche Zusammenhang geleugnet und alles auf behauptete russische Eigenschaften reduziert wird. Der Krieg Russlands gegen die Kiewer Zentralregierung hat aber eine Vorgeschichte, die sich über Jahrzehnte erstreckt. Diese Vorgeschichte handelt von der Entwicklung und dem letztendlichen Kollaps der Ost-West-Beziehungen. Wir erzählen sie.

Jeder kennt den Spruch, dass in der Liebe und im Krieg alles erlaubt ist und dass im Krieg als Erstes die Wahrheit stirbt. Das erleben wir nun seit mehr als zwei Jahren. War es so, wie es unmittelbar nach Kriegsbeginn von allen Seiten tönte, dass der Westen Russland gegenüber eine viel zu freundliche Politik betrieben habe, dass er leider so naiv gewesen sei, Russland zu vertrauen? Wir gehen auch dieser Frage nach und wir zeigen, dass solche Behauptungen Kriegslügen sind. In einer zentralen Frage der internationalen Beziehungen, nämlich bezüglich der Sicherheit von Staaten, wurden legitime russische Interessen missachtet, über Jahrzehnte. Die militärische und politische Expansion verlief von West nach Ost und nicht von Ost nach West. Wir kennen die These, dass die Nato niemanden bedrohe. Manchmal wird sie sogar als rein politische Struktur porträtiert, allein der Freiheit und der Demokratie verpflichtet. Aber die Nato ist eine militärische Allianz, und ihre militärische Präsenz ist für alle, die ihr nicht angehören, ein Sicherheitsproblem. Das kann man versuchen wegzureden, aber diese Wahrnehmung existiert gleichwohl in der Realität, weil auf der ganzen Welt jeder einzelne Staat selbst definiert, was er als Sicherheitsproblem ansieht. Einvernehmen kann nur geschaffen werden, indem man sich über die legitimen Sicherheitsinteressen verständigt und an einer Struktur arbeitet, die allen Seiten genügt. Gerade das aber geschah und geschieht nicht. Deshalb befassen wir uns im Buch auch mit Erfahrungen aus der Entspannungspolitik und mit Möglichkeiten einer internationalen Friedensordnung.

Für uns ist das nicht nur ein Ost-West-Problem. Wir sind überzeugt, dass die Menschheit nur durch friedliche Zusammenarbeit das Ende des 21. Jahrhunderts als Zivilisation erreichen kann. Die Gefährdungen sind höher denn je, ob nun durch den Klimawandel, das atomare Potential oder die wachsende Kluft zwischen Arm und Reich. Immer mehr Staaten verlangen eine gleichberechtigte Mitsprache in den internationalen Beziehungen, und sie vereinen die Bevölkerungsmehrheit auf unserem Planeten. Einen anderen aber haben wir nicht. Das mag als Binsenweisheit erscheinen, doch daraus ergibt sich eine zwingende Schlussfolgerung: Selbst wenn man in Russland den ewigen Feind sieht, so wie viele das heute tun, es bleibt Teil des europäischen Kontinents, es geht nirgendwo anders hin. Ein Zerstörungswille, der sich auf Russland richtet, zerstört auch uns. Er führt zwingend in die nukleare Katastrophe, denn das ist der einzige Fall, bei dem die nukleare Doktrin Russlands greift: Steht die Existenz des Landes auf dem Spiel, ist der Atomwaffeneinsatz erlaubt. Was in der Welt wäre es wert, herauszufinden zu wollen, ob das nur eine leere Drohgebärde ist? Auch damit beschäftigen wir uns.

Seit Jahren wird uns eingetrichtert, dass Putin der Teufel in Menschengestalt sei, das elementar Böse, das dem Westen nur übel will. Er ist an allem schuld. So werden wir bombardiert mit »Enthüllungen« über Putins »Netz«, seinen angeblichen Reichtum, seine Herkunft, seinen Lebenswandel, Gesundheitszustand und vor allem über seinen Charakter. Er sei ein Mörder, der alles umbringt, was ihm in die Quere kommt. Die persönliche Diffamierung von Gegnern ist keine aktuelle Erfindung. Aber noch nicht einmal im Kalten Krieg kam es in der Darstellung des Gegners zu solch schweren Entgleisungen, wie sie jetzt vom Westen vorangetrieben und von der Ukraine souffliert wird.

Teil der aktuellen Kriegsführungsstrategie des Westens ist auch die Absicht, Putin zu stürzen. Wir wollen Putin in unserem Buch weder weißwaschen, noch unterstützen wir die Absicht eines westlichen *regime change* in Russland. Darüber mögen die Völker Russlands entscheiden.

Gewiss ist Putin der mächtigste Faktor in der russischen Politik und Russland weit davon entfernt, eine »lupenreine« Demokratie zu sein. Es ist uns jedoch viel zu billig, einen Krieg auf den Charakter eines einzigen Mannes bzw. auf Allgemeinplätze wie ein imperiales Russland, das immer schon aggressiv war, zurückzuführen. Wir bevorzugen Fakten. Wir beobachten, dass die Länder des globalen Südens, der »Rest der Welt«, wie wir ihn gerne nennen, die Dinge sehr viel rationaler betrachten und der eigentliche »Rest der Welt«, die westliche Allianz, sich in einem Feindbild verrannt hat. Feindbilder aber sind die größte Hürde auf dem Weg der Schaffung zuverlässiger Sicherheit.

Der Ukraine-Krieg ist kein Systemkonflikt zwischen Demokratien und Autokratie. Denn Russland ist bei Weitem nicht das einzige Land, in dem es keine Demokratie nach westlichen Standards gibt. Es ist aber seit Jahren, wenn nicht Jahrzehnten ein strikter Gegner einer Weltordnung, die von den USA dominiert wird. Doch auch damit steht das Land nicht allein. Die Zeit der unipolaren Herrschaft der USA hat der Welt nicht viel Gutes beschert. Sie brachte Kriege, Zerstörungen, millionenfachen Tod und zig Millionen Vertriebene und Kriegsflüchtlinge. Es hätte alles dafürgesprochen, dass die EU, angeführt von Frankreich und Deutschland, dem ihre eigenen integrativen Erfahrungen global entgegensetzt. So ist es nicht gekommen. Heute scheint es Deutschland, im weiteren Sinn die EU, vorzuziehen, als Vasall der USA deren Führungsrolle zu verteidigen. In den USA geht man von der Annahme aus, dass Anarchie und Chaos in der Welt herrschen würden, wenn sie nicht führen. Das wird als westliche Demokratie- und Werteverteidigung betrachtet. Tatsächlich gilt jedes Land als »aggressiv«, das der globalen Vormachtrolle der USA bedrohlich wird. Zuallererst gilt das für den weltpolitischen Giganten China. Deshalb wird im Ukraine-Krieg der Sieg über Russland auch als notwendige Abschreckung gegenüber China dargestellt: Gelingt er nicht, werde

China noch aggressiver werden und nach der Weltherrschaft greifen. Die Schlacht um die künftige Rolle der USA wird auf dem Rücken des Landes ausgetragen, das die Armee des Westens stellt, der Ukraine. Dass sie dabei buchstäblich vor die Hunde geht, scheint den Hegemonialstrategen völlig gleichgültig.

Dass der Plan trotz allem nicht aufgeht, zeigt sich in der Realität. Wir wissen nicht, wie sich die Lage in der Ukraine zum Erscheinungszeitpunkt des Buches im Einzelnen entwickelt haben wird, aber wir wissen, wie sich die westliche Begleitmusik entwickelte: Aus dem Russland, das bald zerstört am Boden liegen werde, mit einer zerrütteten Wirtschaft und Währung, mit immer weniger werdenden, völlig untauglichen Waffen und einer demoralisierten Armee, ist nun ein Russland geworden, das demnächst die Nato bedrohe. Aus der siegreichen Ukraine, die in einer erfolgreichen Gegenoffensive vorangehe und die Russen vertrieben haben werde, ist nun ein Land geworden, das ohne westliche Hilfen nicht bestehen könne. Die militärische Dominanz Russlands auf dem Schlachtfeld stellen inzwischen die wenigsten in Abrede.

Aber noch immer wird an der Schlussfolgerung festgehalten, dass die Idee eines Konzeptes gemeinsamer Sicherheit verfehlt war. Das ist die falscheste Behauptung von allen. Wir sind nicht da, wo wir jetzt stehen, weil wir gemeinsame Sicherheit mit Russland schaffen wollten, sondern weil ein gesamteuropäisches Sicherheitssystem, das im Zuge der deutschen Einigung als Option verabredet worden war, nicht verwirklicht wurde. Die Entspannung ist kein gescheitertes politisches Konzept. Gescheitert ist vielmehr eine Politik, die glaubt, auf Entspannung verzichten zu können und es notfalls auch auf einen Krieg ankommen zu lassen.

Der Ukraine-Krieg kann niemanden kaltlassen. Keiner ist nur unbeteiligter Zuschauer eines Dramas, das sich aktuell gut 2000 Kilometer östlich von Berlin abspielt. Und wir fragen, wo Werte und Moral bleiben, wenn eine Politik fortgesetzt wird, die nicht nur auf Kriegsverlängerung hinausläuft, sondern auch das Risiko in Kauf nimmt, die Eskalation bis hin zum Atomkrieg zu betreiben. Wir sind überzeugt, dass das nicht dem Friedensgebot unserer Verfassung entspricht. Nur Frieden rettet Leben, Friedensverweigerung aber begründet Schuld. Wir plädieren deshalb mit diesem Buch auch dafür, nicht durch Aufrüstung noch mehr Krieg vorzubereiten, sondern endlich damit anzufangen, dauerhaften Frieden zu suchen. Das jedoch geht nur zusammen mit Russland, ob uns das nun passt oder nicht.

Kapitel 1

Ein Stellvertreterkrieg als gute Investition

»Krieg ist kein isolierter Akt« [...,] »der urplötzlich entstünde und nicht mit dem früheren Staatsleben zusammenhinge«. […] »Er ist ein ernstes Mittel für einen ernsten Zweck.« […]
»Der Krieg […] geht immer von einem politischen Zustande aus und wird nur durch ein politisches Motiv hervorgerufen. Er ist ein politischer Akt.«

Carl von Clausewitz, *Vom Kriege*[1]

Ein Krieg kommt nicht über uns wie ein Naturereignis, nicht in unserem Zeitalter. Früher mussten die Menschen jederzeit damit rechnen, dass eine der großen Plagen – Krieg, Hungersnot oder Seuchen, oft genug auch alle drei zugleich – sie heimsuchten. Es gab wenig, was sie dagegen tun konnten. Aber räuberische Barbarenhorden, die wie aus dem Nichts auftauchen und alles, was ihnen in den Weg kommt, morden und niederbrennen, gibt es nicht mehr. Oder doch?

Der dominierenden westlichen Erzählung über den Kriegsausbruch in der Ukraine zufolge, ist dieser Krieg genau das: ein räuberischer Eroberungsfeldzug der Russen, der wie ein brutaler Mongolensturm über die Ukraine hinwegfegt. Aggressiv und völlig unprovoziert handelt der barbarische Russe dabei und zertrümmert die jahrzehntelange europäische Friedensordnung.

Und warum? Es wird behauptet, dass sich Russland nicht mit dem Verlust des einstigen Imperiums der Sowjetunion abfinde und angetreten sei, nunmehr alles, was es verloren habe, mit Gewalt wieder an sich zu reißen. Nach der Eroberung der Ukraine seien als Nächste die baltischen Staaten und Moldawien an der Reihe. Danach werde Polen überrannt. Von dort ist es nur noch ein Katzensprung über Oder und Neiße und schon sei Berlin im Visier russischer Geschütze. Nach dieser Erzählung ist alles, was wir erleben, Ausdruck des berühmten »Kampfs der Kulturen«: Eine aggressive Autokratie bedrohe den zivilisierten, friedliebenden Westen, weil ein auf Korruption, Knute und Mord gestütztes russisches Regime nicht mehr tolerieren könne, dass sich in seiner Nachbarschaft lebendige Demokratien, vorbildliche Rechtsstaaten und blühende Marktwirtschaften entwickeln. Denn diese würden die eigene Machtbasis gefährden. Überdies seien alle westlichen Demokratien gefährdet. Nachdem Russland jahrelang mit Mitteln der verdeckten Kriegsführung seine Ziele zu erreichen versucht habe, folge nun sein militärisches Zerstörungswerk.

In dieser Erzählung ist die Ukraine Schild und Schwert von Freiheit und Frieden. Verbunden ist das mit Selbstentlastung: So viele Jahre habe sich westliche Politik mit Russland größte Mühe gegeben, Hände ausgestreckt, Verständnis gezeigt und alle möglichen Brücken gebaut, im naiven Glauben, so Frieden bewahren zu können – was sich unglücklicherweise als vergeblich herausstellte.

Damit nun aber die westliche Öffentlichkeit nicht völlig in Angst und Schrecken erstarrt, wird versichert, dass jeder Millimeter Nato-Territorium tabu sei und tabu bleibe für das aggressive Russland. Die Nato sei stark, die Beistandsgarantie ungebrochen und das Prinzip der atomaren Abschreckung wirksam.

Das ist die offizielle Erzählung, die hierzulande dominiert und die mit nachgerade religiöser Hingabe gepredigt wird. Fast alles an ihr ist falsch, verdreht, vereinfacht, aus dem Kontext gerissen, ahistorisch.

Eine wichtige Ausnahme: Russland startete unbestreitbar am 24. Februar 2022 einen völkerrechtswidrigen Angriffskrieg. Nach der UN-Charta ist die Androhung oder Anwendung von Gewalt schlicht verboten. Darum darf man sich nicht herumlügen und die Generalversammlung der Vereinten Nationen hat den Völkerrechtsbruch auch wiederholt und mit großer Stimmenmehrheit bestätigt.

Daraus wird allerdings hierzulande geschlussfolgert, dass sich Russland mit diesem Aggressionsakt selbst aus der Gemeinschaft der Völker herauskatapultiert habe, militärisch vollständig besiegt und daran gehindert werden müsse, noch einmal zur Aggression fähig zu sein.

Zunächst ist unbestreitbar, dass Russland nicht als einziges Land das Kainsmal eines Aggressors und Völkerrechtsbrechers auf der Stirn trägt. Im Gegenteil, die, die heute am lautesten nach internationaler Ächtung und dauerhafter Schwächung Russlands schreien, sind mehrfach Gezeichnete, haben doch allen voran die USA Kriege aus vorgeschobenen Gründen und mit schrecklichen Folgen geführt. Das wiederum ist ihnen völlig entfallen. Sie haben sich das eigene Schuldigwerden längst vergeben, in der Hoffnung, das Gedächtnis der Welt reiche nicht weiter als das einer Eintagsfliege.

Möglicherweise, so lautet das Ergebnis ihrer Selbstbetrachtung, habe man einige »Fehler« gemacht, »unnötige Kriege« geführt, so wie das einer der Granden des sicherheitspolitischen Establishments der USA, Graham Allison, 2023 formulierte. Er fügte später hinzu, dass das US-Verständnis, sich selbst für eine »außergewöhnliche« Nation zu halten, bedeute, dass die USA die Regeln machen, an die sich alle anderen zu halten haben, nur nicht die USA.[2] Wer die Regeln macht und durchsetzt, beziehungsweise sich selbst davon befreit, muss für die passenden Geschichten sorgen, darunter solche, die westliche Aggressionen und Kriegsverbrechen wie bedauerliche Kleinigkeiten erscheinen lassen, wie einen Moment der Verirrung, bevor man wieder den rechten Pfad der Tugend erklomm, und daher alles Recht hat, vom hohen Thron des moralisch Überlegenen zu richten.

Es wird erwartet, dass die Öffentlichkeit die damit verbundene Wirklichkeitsverzerrung schluckt. Das gelingt im Großen und Ganzen auch, solange man nur den westlichen Öffentlichkeitsraum betrachtet. Der globale Süden lässt solche Geschichtsklitterung und Heuchelei nicht mehr durchgehen. Er repräsentiert mehr als sieben der über acht Milliarden Menschen, die derzeit auf der Erde leben. Er war Zeuge, oft genug Opfer oder Spielball globaler Machtkämpfe. Er hat eine eigene geschichtliche Erinnerung, an der sich westliche Geschichtenerzähler die Zähne ausbeißen. Deshalb ist Russland nicht international isoliert.

Europäische Friedensordnung oder nur Pax Americana?

Es gab nach dem Zweiten Weltkrieg keine »Friedensordnung« auf dem europäischen Kontinent oder gar in der Welt, deren Bruch jetzt mit Krokodilstränen beklagt wird. Nur kurz nach dem Ende des Zweiten Weltkrieges dominierten der Kalte Krieg und die permanente Systemrivalität. Zwar schien nach 1990 zunächst die Ansicht zu überwiegen, dass der Kalte Krieg beendet, quasi das »Ende der Geschichte« erreicht sei. Aber auch das hält einer geschichtlichen Prüfung nicht stand. Nach 1990 dominierte vielmehr die Pax Americana. Die USA waren die einzig verbliebene Supermacht. Es ist ein ganz selbstverständlicher Teil aktuellen Denkens, das für die »natürliche« Ordnung« der Dinge zu halten. Ein Spötter definierte die Pax Americana, wie einem Fragenforum im *Stern* von 2011 zu entnehmen ist, wie folgt: »Pax Americana bedeutet erst bombardieren und anschließend herrscht Frieden. Wird mehr oder weniger erfolgreich auf der ganzen Welt angewandt. Meist mit wenig Erfolg.«[3]

Die US-amerikanische Rolle, die im weiteren Sinne die Fortschreibung einer einst europäisch dominierten Weltordnung ist, ist heute nicht nur durch große Mächte, die ihr Paroli bieten können, gefährdet. Die Befreiungsbewegungen im vergangenen Jahrhundert haben eine Vielzahl neuer, selbstbewusster Akteure hervorgebracht, die auf gleichberechtigte Mitsprache in internationalen Fragen drängen.

Geschichtliche Umbruchszeiten, in denen Vorherrschaft bröckelt, waren immer gefährlich, und so ist es auch heute. Eine Macht, die daran gewöhnt ist, alles zu regieren, kann sich mit dem drohenden Verlust ihrer Dominanz nur sehr schwer abfinden. Jede aufsteigende Macht wird als Bedrohung wahrgenommen. Es ist ein unvermeidlicher Konflikt, dessen Ausgang sich nicht sicher vorhersagen lässt. Schafft es das Imperium, seine Herrschaft erneut zu stabilisieren? Wird es implodieren? Wird es im Niedergang zum Krieg greifen und womöglich, da wir im Atomzeitalter leben, die ganze Welt mit sich reißen? Oder kommt es zu einem neuen Denken in den USA bzw. im weiteren transatlantischen Raum, das der amerikanischen Hegemonie zugunsten eines kooperativen Modells der internationalen Zusammenarbeit eine Absage erteilt? Der einzige US-Präsident, der vorhatte, den Weg der kooperativen Vernunft zu gehen, um damit den Kalten Krieg zu beenden und die Menschheit aus der Geiselhaft eines drohenden Atomkrieges zu entlassen, war John F. Kennedy. Er wurde ermordet, bevor er seine Ideen, die er in einer Grundsatzrede am 10. Juni 1963 niedergelegt hatte, verwirklichen konnte.[4]

Der dramatischen Überhöhung des Konfliktes um die Ukraine liegt das Bestreben zugrunde, das US-Imperium zu erhalten. Es ist eine imperiale Erzählung, die dem Hirn eines globalen Alpha-Männchens entspringt, das alles, was es selbst denkt und will, zum Handlungsmaßstab macht und gleichzeitig das eigene Begehren bei allen anderen zu wittern glaubt. Schon die Kriegsbeschreibung ist nicht korrekt. Russland kämpft nicht gegen »die« Ukraine. An der Seite

Russlands kämpfen Ukrainer, die Krim und der Donbass gegen die Kiewer Zentralregierung. Insofern ist der Krieg auch ein Bruderkrieg in der Ukraine, der einem ethnischen, inneren ukrainischen Konflikt entspringt. Russland ist auch nicht angetreten, die Ukraine zu vernichten. Russland versucht, mit militärischen Mitteln seine Sicherheitsinteressen durchzusetzen. Sein Griff zur Gewalt ist verdammungswürdig. Was Russland aber nicht abgesprochen werden kann, sind legitime Sicherheitsinteressen – und ja, damit ist auch die Ausdehnung der Nato bis vor Russlands Haustür gemeint, deren Bedrohlichkeit der Westen partout nicht anerkennen möchte.

Sanktionen: Der Plan der wirtschaftlichen Vernichtung Russlands …

Die unmittelbare politische Antwort des Westens auf die russische Aggression bestand in einer scharfen politischen Verurteilung des Geschehenen sowie in einer radikalen wirtschaftlichen Sanktionspolitik, die de facto ein Wirtschaftskrieg ist. In der Rede des US-Präsidenten in Warschau am 26. März 2022 wurde das auch eingeräumt. Alles zusammengenommen, so sagte Joe Biden dort, seien die westlichen Sanktionen »eine neue Art wirtschaftlicher Staatskunst mit der Macht, Zerstörungen anzurichten, die militärischer Macht gleichkommen«.[5]

Die unzweifelhaft drastischen Sanktionen waren unter Führung der USA über Monate hinweg ausgearbeitet worden. An dieser Stelle muss die Frage nicht beantwortet werden, warum so viel politische und intellektuelle Energie in die Sanktionsausarbeitung gesteckt wurde, statt einem sich andeutenden Kriegsunheil mit Dialog und versuchter Konfliktentschärfung zu begegnen. Sie beantwortet sich selbst. Verständigung war nie das Ziel.

Streng betrachtet, spricht die UN-Charta allein dem Sicherheitsrat das Recht zu, Sanktionen zu verhängen. Praktisch gesehen fehlt es jedoch an einem politischen und juristischen Konsens[6] und in der Folge sind unilaterale Sanktionen seit Jahrzehnten Teil der Staatenpraxis. In ihrer extremen Form zielen sie darauf ab, tief in die inneren Angelegenheiten eines Landes einzugreifen und durch eine Verschlechterung der wirtschaftlichen und sozialen Lage der Bevölkerung Änderungen in der politischen Verfassung des sanktionierten Landes zu erzwingen. Nachweislich haben derartige Sanktionen fast nie zum gewünschten politischen Ergebnis geführt, aber fast überall Verelendung und sogar massenhaften Tod nach sich gezogen, was zynisch einkalkuliert wird. Prominente Fälle eines solchen Sanktionsgebarens waren die US-Sanktionen gegen den Irak in den 90er-Jahren bzw. die Sanktionen gegenüber Syrien und dem Iran. Wer so handelt, agiert aus einer Pose heraus, die der eines strafenden Gottes nicht unähnlich ist. Aktuelle westliche Politik erwartet, dass die ganze Welt die verhängten Bestrafungen akzeptiert, dass sich immer mehr Staaten derartigen Strafaktionen anschließen und niemand aus der Reihe tanzt oder gar versucht, die Sanktionen zu unterlaufen. Dem werden dann auch Sanktionen angedroht.

Das eigentliche Neue an den Wirtschaftssanktionen gegen Russland seit 2022 ist der gezielte Versuch, Russland von der globalisierten Wirtschaft abzutrennen. Die Sanktionen sollten nicht nur »wehtun«. Sie wurden entworfen, um den wirtschaftlichen Ruin Russlands herbeizuführen. Die deutsche Außenministerin sprach dieses Ansinnen am 25. Februar 2022 in Brüssel auch offen aus.[7] Und auch der amerikanische Präsident erklärte ganz ohne Umschweife den Sinn und Zweck dieser beispiellosen wirtschaftlichen Strafaktion: Der Rubel würde zu Schutt und Asche werden.[8]

Es blieb bei der Absicht, denn Russland widerstand dem wirtschaftlichen Angriff. Voraussagen amerikanischer Russland-Experten, dass Russland 2023 die volle Wucht der Sanktionen spüren würde, traten nicht ein. Vorgesehen war folgendes Szenario: Dass »Russland nicht mehr über Halbleiter und Ersatzteile für sein verarbeitendes Gewerbe verfügt und seine Industrieanlagen schließen muss. Besonders die Ölindustrie des Landes wird Probleme haben, da sie Technologie und Software der internationalen Ölindustrie verliert.«[9]

Allerdings sollte das politische Ansinnen des westlichen Wirtschaftskrieges gegen Russland jeden vernünftigen Menschen schockieren: die erklärte Bereitschaft, ein instabiles Russland zu schaffen, das völlig unberechenbar werden könnte. Denn was wären mögliche Folgen eines wirtschaftlichen Zusammenbruches? Dem könnte ein Kollaps der staatlichen Ordnung folgen. Soziale Konflikte könnten bürgerkriegsähnliche Ausmaße annehmen. Der russische Vielvölkerstaat könnte sich auflösen und »balkanisieren«. Das drohende Chaos könnte extreme Kräfte auf den Plan rufen und gewaltige Flüchtlingsströme auslösen. Es wäre völlig offen, was in einem solchen Albtraumszenario aus der russischen Armee würde und wer die Verfügungsgewalt über die modernen russischen Waffen erlangt, allen voran über die Atomwaffen, aber auch über die kontinentalen und interkontinentalen Hyperschallwaffen. Was, wenn Russlands Machtelite, den drohenden Untergang vor Augen, zur Schlussfolgerung käme, dass eine Welt, in der es kein Russland mehr gibt, nicht wert ist fortzubestehen? Denn das ist der Kern der russischen Nukleardoktrin: Nur wenn die Existenz Russlands gefährdet ist, ist der Atomwaffeneinsatz erlaubt. Daran erinnerte Putin 2018 mit den folgenden Worten: »Gewiss, das wäre eine globale Katastrophe für die Menschheit, eine Katastrophe für die ganze Welt. Als Staatsbürger Russlands und als Oberhaupt des russischen Staates muss ich mich fragen: Warum sollten wir eine Welt ohne Russland wünschen?«[10]

Die vom russischen Präsidenten so drastisch gestellte Frage[11] lässt sich auch wie folgt stellen: Gibt es überhaupt einen Konflikt, der es wert ist, ihn so zu eskalieren, dass die Zukunft der Welt in die Waagschale gelegt würde? Alle Atommächte sind mit dieser Fragestellung konfrontiert. Noch gilt die gegenseitige politische Verabredung, dass ein Atomkrieg nicht gewinnbar ist und daher auch nicht geführt werden darf. Diese Verabredung ist in einer Welt der atomaren Abschreckung ein wichtiges, aber auch sehr fragiles letztes Aufgebot gegen den Untergang der menschlichen Zivilisation.

Mit Blick auf Russland verkalkulierten sich die Macher der Sanktionsspirale gründlich. Ein Pressebriefing des Weißen Hauses vom 22. Januar 2022 zum Stand der Vorbereitungen etwaiger Sanktionen eröffnet einen Einblick in die Gedankengänge, die offenbar die Konzeption der Sanktionen bestimmten.[12] Die Wirkungen der westlichen Sanktionen auf Russland von 2014 waren genau studiert worden. Diese setzten Russland damals schwer zu. Zur Minimierung der negativen Auswirkungen hatte es Teile seines Auslandsvermögens einsetzen müssen. Also lautete offenbar die Schlussfolgerung: Wenn man genau an den neuralgischen Punkten des Jahres 2014 ansetzt und mit noch größerer Härte verfährt, wird es schon werden. Was seit 2014 in der russischen Wirtschaft an inneren Anpassungen stattgefunden hatte oder welche Handelsverträge geschlossen worden waren, schien uninteressant. Es wird nicht erwähnt. Vielleicht wusste man es auch nicht? Theoretisch ist der Westen Russland ökonomisch haushoch überlegen. Betrachtet man die geballte Wirtschaftskraft, hätte der westliche Goliath ein leichtes Spiel haben müssen. Und doch, nichts lief wie gedacht. Der Ruin Russlands blieb aus.[13] Offenbar waren Vorstellung und Realität zwei verschiedene Dinge.

Das Unglück will es, dass die Sanktions-Designer gleichzeitig auch den Bumerang-Effekt auf die eigenen Wirtschaften und auf die Weltwirtschaft komplett falsch einschätzten. In der Folge wurde der seit 2021 ohnehin angespannte globale Energiemarkt noch volatiler. Es gab und gibt negative Auswirkungen auf den Zugang zu Düngemitteln und preiswerten Nahrungsmitteln, was den Ärmsten der Armen am meisten zu schaffen macht. Das von der UNO vermittelte Abkommen, laut dem ukrainisches Getreide über das Schwarze Meer verschifft werden kann, kam nicht den

Ärmsten der Welt zugute.[14] Das parallele Abkommen zugunsten russischen Getreides und russischer Düngemittel funktionierte nicht, da die Sanktionen auch Bankbeziehungen bzw. Transportversicherungen erfassen und die Sanktionspolitik zudem die Marktakteure verunsicherte. Die Afrikanische Union schätzt das sehr viel korrekter ein als die EU.[15] Zudem scheiterte das Gesamtpaket 2023 schließlich am russischen Widerstand. Die Inflation wurde zusätzlich angeheizt. Der Dollar als Reservewährung ist geschwächt und der europäische Traum von einer stärkeren Rolle des Euro ausgeträumt. Mehr und mehr Staaten handeln inzwischen in nationalen Währungen, weil sie verstanden haben: Im westlichen Finanzsystem sind sie nicht mehr sicher, falls die Sanktionskeule auf sie einschlägt. Wer 300 Milliarden Dollar an Auslandsvermögen der russischen Zentralbank einfriert und laut darüber nachdenkt, sie zu stehlen[16], muss sich nicht wundern, dass andere, statt Beifall zu klatschen, Vertrauen verlieren und anderweitig Vorsorge treffen.

... und die Bumerang-Effekte für Deutschland und die Welt

Noch herrscht in Deutschland der Optimismus, der wirtschaftliche Abschwung (Rezession) in Deutschland 2023 wäre vorübergehend, aber es gilt als ausgemacht, dass es zu einer gewissen Deindustrialisierung kommen wird, denn die Leistungsfähigkeit der deutschen Industrie beruht auch auf dem Zugang zu preiswerter Energie. Dieser Zugang ist Vergangenheit. Im Jahr 2022 war Deutschland mit einem Rekordabfluss an Kapital in Höhe von über 130 Mrd. Euro konfrontiert. Eine Schwächung Deutschlands als attraktiver Platz für Direktinvestitionen hatte sich schon vor 2020 angedeutet, aber 2022 setzte ein neues Warnzeichen. Wenn Kapital abfließt, kann das den Verlust wertvoller Industriearbeitsplätze bedeuten, was für Millionen von Deutschen einen gravierenden Lebenseinschnitt mit sich bringen könnte, wenn der Prozess nicht gestoppt wird. Sonst kommt es zum Verlust international anerkannter technologischer Kompetenz und von Marktanteilen für Spitzenprodukte. Für »Made in Germany« zahlte man weltweit gerne einen guten Preis. Nun ist der russische Markt verloren, und was in der Folge mit China werden wird, ist auch unsicher geworden. Harte Umweltauflagen, hohe Energiepreise und fehlende Facharbeiter sind eine toxische Kombination.[17] Sicher ist nur, dass keiner in Deutschland mit dem Slogan, daran sei allein Putin schuld, durchkommen wird, wenn die harten Gesetze des internationalen Wettbewerbs immer wieder zuschlagen, wenn die Politik durch eine geopolitisch motivierte versuchte Neuordnung der Globalisierung (Stichwort: Risikominimierung durch Abbau von Abhängigkeiten) alles schlimmer machen sollte. Die weltweiten Interdependenzen sind heute so komplex geworden, dass niemand mehr mit Sicherheit vorhersagen kann, welches Beziehungsnetz zerstört wird, wenn man auch nur einen Faden durchtrennt. Tatsächlich spricht vieles dafür, dass diese Interdependenzen zum Nutzen aller besser gehütet werden müssten, in einer gemeinsamen und vor allem gleichgerichteten Anstrengung für das Wohlergehen des Planeten und aller seiner Bewohner. Die OECD hat sich 2021 unter dem Stichwort der Stärkung der Widerstandsfähigkeit damit befasst.[18] Von einer Dominanz westlicher Vorstellungen und Doktrinen müsste man sich dann allerdings verabschieden – zugunsten gemeinsam ausgehandelter Regeln und Prioritäten in einer multipolaren Weltordnung, wie wir sie in Kapitel 8 aufzeigen.

Ein Nebeneffekt der martialischen Sanktionspolitik, die im Schulterschluss zwischen den USA und der EU ausgearbeitet und umgesetzt wird, besteht in der nun proklamierten Einheit des Westens, die als Wert an sich betrachtet wird. Auf diese Weise versucht ein Hegemon, seine Vasallen bei der Stange zu halten.[19] Ganz ohne treue Fußsoldaten lässt sich die Welt nicht regieren.

Die Entscheidung der EU, sich im Konflikt mit Russland ohne Wenn und Aber auf die Seite der USA zu stellen, zeitigte schwere Folgen für ihre internationale Handlungsfähigkeit. Als sie in das Sanktionskriegs-Boot kletterte, verbaute sie sich den Weg, als politischer Mittler im Ukraine-Konflikt zu agieren oder ihre eigenen wirtschaftlichen Interessen durchzusetzen. Sie wurde Partei. Es hat nicht den Anschein, dass das der EU oder gar Deutschland von Anfang an vollständig bewusst war.

Einen schnellen Frieden wollte der Westen nicht

Zu den unmittelbaren politischen Reaktionen auf die russische Aggression sowohl in Deutschland als auch in Frankreich gehörte die Forderung nach Verhandlungen, um ein schnelles Ende der Kämpfe zu erreichen. Wie es schien, waren auch die Ukraine und Russland willens, den bewaffneten Konflikt auf dem Verhandlungswege schnell zu beenden. Eine erste Verhandlungsrunde fand bereits am 27. Februar 2022 in Minsk statt. Später wurden die Gespräche in Ankara geführt. Der ehemalige israelische Ministerpräsident Bennett und der türkische Präsident Erdoğan vermittelten.

Ein Blick in die amtlichen Pressemitteilungen des Bundeskanzlers zwischen dem 4. März 2022 und dem 23. März 2022 zeigt, dass Scholz ursprünglich einer schnellen Verhandlungslösung die Präferenz gab und dafür eine umfassende Gesprächsdiplomatie betrieb. Er telefonierte mit beiden Kriegsparteien. Er sprach mit den USA, mit dem chinesischen Präsidenten Xi Jinping, mit Frankreich, mit Bennett und mit dem türkischen Präsidenten. Exemplarisch sei die Niederschrift des Telefonats mit dem chinesischen Präsidenten vom 8. März 2022 erwähnt, das gemeinsam mit dem französischen Staatspräsidenten geführt wurde. Darin heißt es: »Bundeskanzler Scholz, Staatspräsident Macron und Staatspräsident Xi waren sich dabei einig, in vollem Umfang alle Verhandlungen zu unterstützen, die auf eine diplomatische Lösung des Konflikts gerichtet sind.«

Laut der amtlichen Mitteilungen des russischen Präsidenten gab es darüber hinaus noch zwei Telefonate mit Putin, am 18. und am 30. März 2022.[20]

Aber der Wind drehte sich. Am 7. März 2022 wurde als Ergebnis eines Telefonats des deutschen Bundeskanzlers mit dem US-Präsidenten Biden, dem britischen Premierminister Johnson und dem französischen Präsidenten Macron noch festgehalten: »Sie waren sich einig, dass jedwede diplomatische Anstrengung zur Überwindung der Krise Unterstützung verdiene.«[21] Nach einer solchen Formulierung sucht man in der offiziellen Erklärung des G-7-Treffens am 24. März 2022, das unter deutschem Vorsitz stattfand, bereits vergeblich.[22] Zwei Tage später, am 26. März, hielt dann der US-Präsident in Warschau seine bereits erwähnte und zitierte Grundsatzrede. Dort war nicht von einem schnellen, verhandelten Frieden die Rede, sondern vom unvermeidbaren Kampf der Ukrainer. Erstmals fiel die Bemerkung, dass ein *regime change* in Moskau notwendig sei. »In Gottes Namen, dieser Mann [gemeint ist Putin, Anm. d. Aut.] kann nicht mehr an der Macht bleiben«, tönte Biden.[23] Der Gedanke, der ihm damals versehentlich entschlüpfte, denn er wurde umgehend vom Weißen Haus dementiert, kroch später aus allen möglichen Winkeln der US-Politik. Am 26. April 2022 erklärte US-Verteidigungsminister Lloyd Austin nach einem Besuch in Kiew: »Wir wollen Russland militärisch so geschwächt sehen, dass es nicht die Art der Dinge tun kann, die es machte, als es die Ukraine überfiel.« Ein Vertreter des Nationalen Sicherheitsrates der USA bestätigte gegenüber CNN diese Version und erklärte, dass es zu den seit Monaten verfolgten strategischen Zielen der USA gehöre, »… diese Invasion zu einem strategischen Fehlschlag für Russland zu machen«.[24]

Der Sinneswandel ging von den USA und Großbritannien aus. Zunächst war das in ukrainischen Medien nachzulesen.[25] Boris

Johnson war der Überbringer der Nachricht, dass der Westen einen verhandelten Frieden mit Russland ablehne. Erst im Oktober 2023 legte der ehemalige Bundeskanzler Gerhard Schröder in einem Interview mit der *Berliner Zeitung* offen, dass auch er in die damaligen Verhandlungen involviert war. Laut Schröder konnten die Ukrainer keinen Frieden verhandeln, weil »sie nicht durften. Die mussten bei allem, was sie beredet haben, erst bei den Amerikanern nachfragen.«[26] Zum Beweis für die ukrainische Bereitschaft zu einem Friedensschluss verwies Schröder auf Äußerungen von Präsident Selenskyj, die *BILD* am 14. März 2022 abgedruckt hatte.[27] Damit bestätigte Schröder das, was seit dem 5. Mai 2022 durch eine Veröffentlichung in der Ukraine[28] Interessierten zugänglich war: Es waren nicht mangelnde Fortschritte in den Verhandlungen zwischen Russland und der Ukraine, die zum Abbruch der Gespräche führten. Es waren westliche Staaten, allen voran Großbritannien und die USA, die kein Interesse an einem frühzeitigen Friedensschluss hatten. Das entspricht auch der späteren Grundaussage des ehemaligen israelischen Ministerpräsidenten Bennett. Dieser erklärte, er habe alle Schritte mit den USA, Großbritannien, Deutschland und Frankreich abgestimmt. Ein Deal zwischen Russland und der Ukraine habe gestanden. Der Krieg hätte Ende März 2022 zu Ende gehen können. Aber der Westen habe das nicht gewollt. Er hätte diese Entscheidung für falsch gehalten. Eine Kurzfassung der von Bennett gemachten wesentlichen Aussagen (fünf Stunden Interview) wurde von einer indischen Nachrichtenagentur veröffentlicht.[29]

Im Herbst des Jahres 2023 erläuterte der Verhandlungsführer der ukrainischen Seite, der Abgeordnete Dawid Arachamija, in einem ukrainischen Interview den Gang der Ereignisse. Er betonte, dass die russische Seite die Neutralität der Ukraine habe erreichen wollen. Alles Übrige sei mehr oder minder »bla bla« gewesen.[30] Arachamija sprach ebenfalls darüber, dass die ukrainische Seite die Verfassung habe ändern müssen, um ihre Neutralität erklären zu können, dass sie der russischen Seite nicht getraut habe und Sicherheitsgarantien gewollt habe. Im Dezember 2023 ergriff ein weiteres Mitglied des damaligen ukrainischen Verhandlungsteams das Wort, der ehemalige ukrainische Botschafter in Russland, Walerij Tschalyj. Nach dessen Einschätzung seien sie im März und auch noch im April 2022 sehr nah an einem echten Kompromiss gewesen. Putin habe begriffen gehabt, dass es ein Fehler war, die Ukraine anzugreifen. Aufgrund dessen sei die russische Seite von ihren anfänglich ultimativen Forderungen abgerückt. Putin habe eine friedliche Lösung gewollt.[31] Der ehemalige Kommunikationsprofi des ukrainischen Präsidenten, Oleksij Arestowytsch, äußerte sich 2024. Die ukrainische Delegation habe nach der letzten Verhandlungsrunde in Istanbul die Champagnerflaschen geöffnet, so gut sei alles gelaufen. Der Präsident habe dann plötzlich seine Meinung geändert, warum, könne er nicht sagen. Der ehemalige britische Premierminister Boris Johnson bestand darauf, er habe nichts von der Ukraine verlangt, er habe allerdings gesagt, ein Deal mit einem Kriegsverbrecher bzw. mit Russland sei »ziemlich schmutzig«.[32]

Nichts davon hat die breite westliche Öffentlichkeit erreicht, denn diese Zeugenaussagen unterminieren die Hypothese von einer quasi naturhaften russischen Aggressivität. Sie führen den Krieg auf Ursachen und Interessenlagen zurück.

Warum machte die ukrainische Seite am 5. Mai 2022 öffentlich, dass eine Intervention des Westens die Verhandlungen zum Erliegen gebracht hatte? War das damals ein letzter Versuch des engsten Beraterkreises um Selenskyj oder des ukrainischen Präsidenten selbst, um zu testen, ob es im Westen noch einflussreiche Kräfte gab, die sich dem drohenden Auszehrungskrieg widersetzen würden? Sollte damit die sich abzeichnende Niederlage in Mariupol abgewendet werden? Für eine derartige Interpretation der Ereignisse sprechen Argumente eines Artikels aus der *European Pravda* vom 30. März 2022.[33]

Was immer das Motiv gewesen sein könnte: Niemand im Westen war bereit, die Ukraine von dem ihr zugedachten Schicksal zu entlasten, nun »als Schild und Schwert« der USA bzw. der Nato gegen Russland um »Siegfrieden« zu kämpfen. Die EU war zu einer möglichen neuerlichen Initiative zu Verhandlungen gar nicht mehr fähig.

Die der Ukraine zugedachte Rolle hatte der US-Demokrat Adam Schiff, damals Vorsitzender des Geheimdienstausschusses des Kongresses, bereits 2020 während seiner Eröffnungsrede am zweiten Tag des Impeachment-Verfahrens gegen Trump auf eine einprägsame Formel gebracht, die er von Fiona Hill, einer Mitarbeiterin im Nationalen Sicherheitsrat, entliehen hatte: »Die Vereinigten Staaten helfen der Ukraine und ihren Menschen, damit wir dort gegen Russland kämpfen können und nicht hier gegen Russland kämpfen müssen.«[34]

Nach der ukrainischen Version hatte Boris Johnson in Kiew im April 2022 deutlich gemacht: Das Verbrechen in Butscha schließe Verhandlungen mit einem Kriegsverbrecher aus. Dass das Geschehen von Butscha, wo Anfang April 2022 mutmaßlich Kriegsverbrechen begangen wurden, für die westliche Ablehnung eines verhandelten Friedens eine entscheidende Rolle spielte, muss man ausschließen, auch wenn sich diese Darstellung nachdrücklich in den Köpfen hält. Die westliche Ablehnung für Verhandlungen wurde bereits vor den Ereignissen von Butscha manifest. Im Übrigen hätte das Geschehen von Butscha logischerweise eigentlich dazu führen müssen, dass der Westen auf keinen Fall einer Kriegsverlängerung das Wort redet. Zu den Argumenten des deutschen Bundeskanzlers, als er sich noch für ein frühes Kriegsende aussprach, gehörte, dass jeder weitere Tag eines Kriegs zwangsläufig weitere Gräuel und auch die Möglichkeit für weitere mutmaßliche Kriegsverbrechen bedeute. Alle Diplomatie der Welt hätte in Gang gesetzt werden müssen, um wenigstens neues Unheil zu verhindern. Eine strafrechtliche Aufarbeitung des Geschehens von Butscha wäre zudem von einem verhandelten Friedensschluss unberührt geblieben. Mutmaßliche Kriegsverbrechen lassen sich nicht wegverhandeln. Sie müssen aufgeklärt werden.

Teil der Verhandlungen am 29. März 2022 in Istanbul war, dass Russland seine Truppen vor Kiew und Tschernihiw zurückziehen würde.[35] Bei einem Treffen mit afrikanischen Staatschefs 2023 erklärte Putin, er habe das zum Zeichen der Vertrauensbildung veranlasst, um Frieden zu erreichen. In der westlichen öffentlichen Version der Kriegsereignisse gilt dieser Truppenrückzug als Beleg für die militärische Schwäche Russlands. Das russische Militär habe sich übernommen gehabt, wurde angesichts des erbitterten ukrainischen Widerstandes zur gängigen Lesart.[36] 2024 erklärte Putin im Interview mit Tucker Carlson, der Abzug der russischen Truppen sei auch auf eine Forderung von Frankreich und Deutschland zurückgegangen. Er könne nicht erwarten, dass Verhandlungen gelingen, wenn er Kiew den Revolver an die Schläfe setze, daher sei er darauf eingegangen. Der Sprecher der Bundesregierung wies diese Darstellung auf Nachfrage zurück. Er wies allerdings ebenfalls zurück, dass der Bundeskanzler in irgendeiner Weise in die Verhandlungen involviert gewesen sei. Das wiederum steht im Widerspruch zu dessen umfangreichen diplomatischen Aktivitäten im März 2022.[37]

Im Licht der vorliegenden Fakten ist jedoch unbestreitbar, dass die Verhandlungen am mangelnden westlichen Interesse an ihrem Gelingen scheiterten. Damit liegt die Stellvertreternatur des Krieges offen zutage. Seither ist alles, was in der Ukraine passiert, nicht mehr ausschließlich auf den russischen Aggressionsakt zurückzuführen. Wer kein verhandeltes Kriegsende will, ist mitverantwortlich an allem Folgenden.

Die Haltung des Westens wurde zweifellos dadurch begünstigt, dass es ein Kriegsnarrativ gab, das von äußerster Inkompetenz der russischen Seite ausging. Russland hatte die Ukraine mit maximal 150 000 bis 190 000 Soldaten überfallen, denen etwa 400 000 ukrainische Kräfte gegenüberstanden. Es war also deutlich in der Unterzahl. Mit einer solchen Truppenstärke ist weder die Vernichtung noch die Besetzung eines ganzen Landes möglich. Dennoch gilt im Westen, dass das russische Kriegsziel gescheitert sei, weil die Russen nicht mit dem Widerstand der Ukraine gerechnet hätten.[38] Damit wird impliziert, dass es auf russischer Seite nur militärische Trottel gab, die selbst das elementarste Wissen nicht haben. Russland hat auch nicht tagelang Kiew zerbombt und alles in Schutt und Asche gelegt, wie es das nach Auffassung eines US-Experten laut *Guardian* hätte tun sollen.[39] Noch immer steht Kiew weitgehend unversehrt. Das liegt daran, dass Russland nicht den Krieg führt, den der Westen ihm unterstellt.

Der Verhandlungsabbruch im Frühjahr 2022 veränderte allerdings die Kriegskonstellation. Zunächst bedeutete er, dass die russische Rechnung, sich mit einer Parallelstrategie aus militärischer Aggression und gleichzeitigen Verhandlungen durchzusetzen und der Ukraine die Neutralität abzutrotzen, nicht aufging. Insofern saß der Kreml vor den Trümmern seiner eigenen Strategie, so wie das auch Tschalyj im Dezember 2023 analysierte.

Gleichzeitig erhellte sich aber auch die westliche Interessenlage. Für den Westen war der in den Verhandlungen erreichte Kompromiss, der einen Rückzug der russischen Truppen auf die Vorkriegsposition einschloss[40] und im Gegenzug eine Neutralität der Ukraine vorsah, nicht akzeptabel. Es ging um die strategische Niederlage Russlands. Im Mai 2022 erläuterte der US-Politikwissenschaftler Hal Brands, dass es sich selbstverständlich um einen Stellvertreterkrieg der USA handele, aber man besser nicht darüber rede.[41] Die *Washington Post* schrieb im Juni 2022, dass die Gefahr, die Russland repräsentiere, für die westliche Sicherheit so hoch sei, »dass die Regierung dazu bereit ist, sogar eine weltweite Rezession und zunehmenden Hunger hinzunehmen«.[42]

Die westliche Öffentlichkeit wurde mit den grauenhaften Bildern von Butscha konfrontiert. Über die reale Möglichkeit, den Krieg zu beenden, wurde geschwiegen.

Aber auch Russland schwieg. Es gab keine Vorwürfe, dass der Westen für das Scheitern der Verhandlungen verantwortlich gewesen sei. Erst am 21. September 2022 gab es eine erste öffentliche Äußerung Putins dazu[43] und noch sehr viel später, im Sommer des Jahres 2023, offenbarte er gegenüber einer Delegation afrikanischer Staatsoberhäupter, dass es ein Verhandlungsergebnis gegeben habe, das bereits paraphiert war, und zeigte seinen Gästen das Dokument.[44]

Die Frage lautet daher: Warum schwieg auch Russland im Frühjahr 2022? Die Antwort darauf findet sich in den Konturen des verhandelten Ergebnisses mit der Ukraine. Im Gegenzug für die ukrainische Neutralität hätte sich Russland militärisch wieder aus der Ostukraine zurückziehen müssen. Über die Krim sollte verhandelt werden. Beides war politisch äußerst heikel. Schließlich war Russland im Auftrag der Duma mit der öffentlichen Begründung in den Krieg gezogen, es gehe darum, den Donbass vor der Aggression der Kiewer Zentralregierung zu schützen. Donbass-Kräfte waren und sind Teil der von Moskau proklamierten »speziellen militärischen Operation«. Das damalige Verhandlungsergebnis, wäre es nicht vom Westen zurückgewiesen worden, hätte in Russland mit Sicherheit zu schwierigen innenpolitischen Auseinandersetzungen geführt. Denn dieses Verhandlungsergebnis enthüllte, dass die Erreichung der Neutralität der Ukraine das eigentliche (anfängliche) Ziel der russischen Kriegsführung war.

Umgekehrt konnte der Westen die gescheiterten Friedensverhandlungen nun nicht mehr öffentlich gegen Russland verwenden, denn das hätte ihm ebenfalls umgehend die Maske vom Gesicht gerissen. Ihm war – allen öffentlichen Erklärungen zum Trotz – die territoriale Integrität der Ukraine unwichtig. Der Westen wollte verhindern, dass die Ukraine neutral würde. Das wurde vom Nato-Generalsekretär Stoltenberg vor dem Europäischen Parlament im September 2023 auch eingeräumt: Putin wollte mit der Ukraine keinen weiteren Nato-Staat vor seiner Haustür und forderte 2021 die Unterzeichnung eines entsprechenden Vertrags. Natürlich, so Stoltenberg weiter, haben wir das nicht gemacht.[45] In der Fortsetzung des Krieges ging es allein darum, Russland zu schwächen. In der Folge machte sich die Ukraine dieses Ziel ebenfalls zu eigen.

Alles in allem dürften die im Frühling 2022 gescheiterten Friedensverhandlungen, die förmlich erst im September 2022 zu Grabe getragen wurden, ein Schock für Russland gewesen sein. Der Kreml hatte schlicht unterschätzt, was dem Westen ein Kampf gegen Russland wert war: alles. Die mit der Ablehnung eines verhandelten Friedens verbundene Neupositionierung des Westens ist vergleichbar mit der Risikobereitschaft bei der Sanktionspolitik. Wenn das Ziel lautet, dass ein militärischer Sieg über Russland errungen werden soll oder wenigstens eine stete Auszehrung Russlands, bis es komplett am Boden liegt, dann ist damit der einzige Fall zum Ziel erhoben, bei dem die russische Nukleardoktrin den Griff zur ultimativen Waffe erlaubt. So wird in diesem Krieg eine Art »russisches Roulette« gespielt, bei dem womöglich das Schicksal der gesamten Erde auf dem Spiel steht. Denn auch hier stellt sich auf beiden Seiten die Frage, wer im Augenblick einer drohenden Niederlage die Nerven verliert und statt Platzpatronen den Revolver nun scharf lädt. Mit exakt dieser Problematik beschäftigte sich ein Artikel von Laurence Freedman, ein britischer Politikwissenschaftler und Militärhistoriker, im außenpolitischen Magazin *Foreign Affairs*. Der fragte, was wäre, wenn Russland den Krieg gewinnen würde, und kam zu dem Schluss, dass dies eine »geopolitische Katastrophe« für die Nato wäre. Ein solcher Fall würde einen direkten Nato-Russland-Konflikt sehr viel wahrscheinlicher machen. Dann sei es doch schon sehr viel besser, schlussfolgerte Freedman, wenn Russland verliere.[46]

Ein Stellvertreterkrieg, der die Ukraine zermürbt

Unzweifelhaft hat die neue Kriegsführungs-Strategie, die den »Siegfrieden«, also die bedingungslose militärische Kapitulation der einen oder anderen Seite, proklamiert, auf russischer Seite zu Interessenverschiebungen geführt. War bis zum Scheitern der Verhandlungen das Zusammengehen zwischen Donbass und Russland aus russischer Sicht womöglich nur eine Zweck-Allianz, wurden die Interessen nunmehr identisch. Der Donbass und dessen Bevölkerung werden, solange Russland die Macht und die Mittel dazu hat, nie wieder Teil der Ukraine sein. Das war der tiefere Sinn der durchgeführten Referenden. Dabei ist es gleichgültig, ob sie demokratisch legitimiert waren oder anerkannt sind. Seit der Einverleibung dieser Gebiete durch Russland stehen sie in Verhandlungen nicht mehr zur politischen Disposition. Sie können Russland allenfalls mit militärischer Gewalt entrissen werden. Ukrainische und westliche Forderungen, dass Russland sich nur zurückziehen müsse, um den Krieg zu beenden, laufen für Russland auf den Kapitulationsfall hinaus und sind für eine Öffentlichkeit bestimmt, die lange nichts davon wusste, wer einen zügigen Frieden hintertrieb. Noch im Juni 2023 ließ die *Tagesschau* in ihrer Berichterstattung zum Afrika-Gipfel in Petersburg schlicht weg, dass es ein paraphiertes Verhandlungsdokument gab.[47]

Krieg ist nach Clausewitz eine politische Wahl, um politische Ziele nun »mit anderen«, also militärischen, Mitteln zu erreichen. So wie Russland völkerrechtswidrig den Krieg wählte, um nationale Ziele zu erreichen, wählten USA, Nato und EU die Kriegsverlängerung, um politische Interessen durchzusetzen. Die Ukraine fügte sich dem Spiel. Damit folgt der Krieg seinen eigenen Regeln der Eskalation.

Auf dem Schlachtfeld, im Kampf um den »Siegfrieden«, wird nun ausgetragen, was nicht verhandelt werden sollte. Russland kämpft nunmehr nicht mehr nur um die Neutralität der Ukraine, es kämpft gegen die gesamte Nato. Umgekehrt will die Nato mittels der Ukraine jetzt die Niederlage Russlands erzwingen. Dem entspricht die Kriegsdarstellung: die Ukraine ist der vorbestimmte Sieger auf dem Schlachtfeld. Sie ist auf der richtigen Seite der Geschichte, sie hat die bessere Armee und die stärksten Verbündeten, die sie nicht im Stich lassen werden – so lange, wie es eben dauert. Spiegelbildlich glaubt die Nato an ein militärisch schwaches Russland. Aus ihrer Sicht taugt das russische Militär nichts. Es hat keine Strategie und keine Moral. Wo es auftaucht, begeht es Verbrechen. Was in russischen Depots lagert, ist alt, unbrauchbar und begrenzt. Schon müssen die Russen mit Schaufeln kämpfen, wie das britische Verteidigungsministerium Anfang 2023 kundtat[48], und sie erleiden schlimmste Verluste.

Es gibt nur wenige einflussreiche politische oder gar militärische Stimmen aus der Nato oder der EU, die diesen Glauben einer Realitätsprüfung unterziehen. Auch in den allermeisten Massenmedien findet sie nicht statt. Machte es einer, wie etwa die deutschen Ex-Generäle Harald Kujat und Erich Vad, die von Anfang an für Diplomatie plädierten, folgte zum Teil vernichtende Kritik.[49] Zu den wenigen, die überhaupt Warnendes aussprachen, gehört der Oberbefehlshaber der Nato, General Christopher Cavoli. Der erklärte auf einer öffentlichen Veranstaltung in Schweden Anfang 2023 sinngemäß, dass die Dimension des Krieges das bisherige Denken der Nato übersteige, was im Klartext bedeutet, dass man auf das,[50] was man sich nicht vorstellen kann, auch nicht vorbereitet ist. Cavoli warnte den US-Kongress, dass die russische Armee ein ernsthafter Gegner sei und bleibe. Eine Veröffentlichung von *Newsweek* belegt beispielhaft, wie unterschiedlich dessen Aussagen interpretiert wurden. Die einen verstanden, dass Russland militärisch auf der Gewinnerstraße sei, was andere als aus dem Zusammenhang gerissen kritisierten und wahrnahmen, dass das russische Militär substantiell geschwächt sei..[51]

Interne Dokumente des US-Hauptquartiers von Ende Februar 2023, die von einem US-Armeeangehörigen geleakt wurden und am ausführlichsten in der *Washington Post* nachzulesen waren, wurden entweder ignoriert oder als falsch bezeichnet. Denn sie zeichneten ein teilweise dramatisches Bild von der Kriegslage und der ungleichen Kräfteverteilung. Öffentlich wurde auf die ukrainische Gegenoffensive gesetzt, die nun den Durchbruch, wenn nicht gar den Sieg bringen werde. Ende 2023 zog die *Washington Post* Bilanz: Die geleakten Dokumente zur Lage in der Ukraine entsprachen nicht dem damals vorherrschenden optimistischen Meinungsklima in den USA, das von Menschen angetrieben worden sei, die sich für Experten halten, aber keine seien. Süffisant zitierte sie in diesem Zusammenhang General Ben Hodges' Prophezeiung, die Krim wäre Ende August wieder befreit. Intern sei man viel besorgter gewesen, was die ukrainischen Möglichkeiten anging. Die Leaks hätten einen scharfen Gegensatz zwischen den Analysten, die die Dokumente schrieben, und vielen politisch Verantwortlichen im Weißen Haus, im Pentagon und im State Department gezeigt, die viel zu optimistisch gewesen seien, was die ukrainischen Chancen angehe. Die Analysten hätten recht behalten.[52]

Denn im späten Herbst 2023 wurde unübersehbar, dass die ukrainische Gegenoffensive gescheitert war. Die Armee erlitt gewaltige Verluste und biss sich an den befestigten russischen Stellungen die Zähne aus, sofern sie überhaupt bis dorthin gelangte. Was folgte, waren Vorwürfe. Die Ukrainer hätten die falsche Strategie gehabt. Diese wiederum beschwerten sich über die gelieferten bzw. nicht gelieferten Waffen. Aber wie kam es dazu, dass die russische Armee über Monate hinweg in aller Seelenruhe Befestigungslinien bauen konnte, die sich 2023 als schwierigste Hindernisse für die ukrainische Armee darstellten? Dachte irgendwer, dass die russische Armee davonlaufen würde, kaum dass die Ukrainer zur Offensive ansetzten und westliche Panzer rollten? Man musste kein Militärexperte sein, um eine Ahnung davon zu bekommen, dass an der dominanten westlichen Erzählung von den militärischen Kräfteverhältnissen etwas ganz und gar nicht stimmte.

Trotzdem wird weiter Zweckoptimismus verbreitet. Was 2023 nicht gelang, kann 2024 werden. Eine militärische Niederlage darf es nicht geben, nicht in diesem Jahr, nicht im nächsten Jahr, nie. Solange der Krieg Russland abnutzt und zu einem Afghanistan-Moment für das Land führt, ist alles recht, einschließlich der Verzehrung der Ukraine durch den Krieg, den sie führen muss, im Auftrag des Westens. Ein Verhandlungsweg steht der Ukraine nicht mehr offen, allen Erklärungen, Plänen und Initiativen zum Trotz. Per Präsidialerlass ist inzwischen verboten worden, mit einem Russland unter Putin zu verhandeln. Aber ein anderer russischer Präsident ist nicht in Sicht.

Um zu begreifen, welche Tragödie sich in der Ukraine abspielt und nur mit Siegesgewissheit übertüncht wird, muss man nicht sehr viel von Kriegsführung verstehen. Es ist die politische Positionierung der Ukraine, die offenlegt, dass zwischen Siegesparolen und ukrainischer Realität Welten liegen. Zwar werden unentwegt die Einigkeit und Solidarität des Westens mit der Ukraine beschworen, aber beide Seiten befinden sich in einem immer offener zutage tretenden Konflikt. Einerseits gilt der ukrainische Präsident als moderner Herold der westlichen Kriegserzählung. Andererseits ist die Anspruchshaltung der Ukraine gegenüber dem Westen, je länger der Krieg dauert, immer rigider und vorwurfsvoller geworden. Niemals liefert der Westen alle Waffen, die sie braucht. Sie braucht immer mehr, immer weitreichendere Waffen. Dem Vortrag solcher Forderungen fehlt jede Dankbarkeit, auf die der Westen glaubt, ein Anrecht zu haben: Wegen des vielen Geldes, wegen der Waffenlieferungen, wegen aller verdeckten Unterstützung bei der Kriegsführung, den politischen und kommunikativen Bemühungen und all den Anstrengungen um die ukrainischen Flüchtlinge.

Das führte auf dem Nato-Gipfel von Vilnius 2023 zum Eklat. Ausgerechnet der britische Verteidigungsminister wurde dünnhäutig und erklärte, er sei »nicht Amazon« für die Ukraine. (Er trat später zurück.)[53]

Die Frage ist nur, wofür die Ukraine dankbar zu sein hat. Sie, so lautete die westliche Verordnung, muss kämpfen, ihre Soldaten sterben, ihre Bevölkerung leidet, ihr Land wird verwüstet. Deshalb sind ukrainische Vertreter auch so ruppig, so anklagend. Sie sind die Stellvertreterkrieger, und das ist ein elendes Los.

Die ukrainische Zentralregierung in Kiew kann die Erfahrungen im militärischen Kampf nicht völlig ausblenden. Allen öffentlichen Erklärungen, Heldengeschichten, Mythen und Durchhalteparolen zum Trotz: Sie weiß, wie der Krieg real verläuft. Öffentlich darf nicht über ukrainische Verluste gesprochen werden, aber die Zahlen liegen intern vor. Die Führung in Kiew weiß ganz genau, wie jeder einzelne Tag auf dem Schlachtfeld verläuft. Sie kennt den Zustand der ukrainischen Finanzen, den Zustand der Wirtschaft. Sie hat einen klaren Überblick über die Verluste an militärischer Ausrüstung, darüber, was sie hat und was ihr fehlt. Sie hat es zudem mit einem Flickenteppich zu tun, mit dem keine andere Armee der Welt zu kämpfen hat: verschiedene Doktrinen, verschiedene Ratgeber, verschiedenes militärisches Gerät und zunehmend unvorbereitete, nicht gut ausgebildete Frontkämpfer.

Die Ukraine wünscht sich den Kriegseintritt der Nato

Seit September 2022 ist eindeutig, was Kiew am meisten fehlt: die direkte Involvierung der Nato in den Krieg. An diesem Punkt befindet sich die Ukraine mit den USA bzw. der Nato in einem tiefen, nicht auflösbaren Konflikt. Nur die Nato fühlt sich wohl mit der Stellvertreterrolle der Ukraine, die Ukraine nicht. Aus diesem Grund versucht die Ukraine immer wieder, eine direkte Nato-Kriegsbeteiligung zu erreichen, um das Kriegsschicksal zu ihren Gunsten zu beeinflussen. Öffentlich wurde das erstmals erkennbar, als der ukrainische Präsident einen nuklearen Erstschlag der

Nato auf Russland forderte, zur Abschreckung eines möglichen Einsatzes russischer Nuklearwaffen in der Ukraine. Diesen albtraumhaften Gedanken äußerte er im Rahmen der Diskussion nach seinem Vortrag beim australischen Lowy-Institut (Frage und Antwort ab Minute 20:30).[54] Es folgten zwei Raketeneinschläge in Polen, die dort zwei Menschen das Leben kosteten. Präsident Selenskyj machte umgehend die russische Seite verantwortlich und verlangte nach einem Vergeltungsschlag gegen das »terroristische« Russland. Er beharrte darauf, zum »Nato-Wir« zu gehören. »Wir müssen den Terroristen in seine Schranken weisen«, hieß es.[55] Er setzte sich mit dieser Version der Ereignisse nicht durch, die zunächst auch von der Nachrichtenagentur *Associated Press* mit Berufung auf eine einzige geheimdienstliche Quelle gestützt worden war.

Zweifellos hätte ein russischer Raketeneinschlag in Polen die Frage nach einem direkten Kriegseintritt der Nato aufgeworfen, mindestens aber eine weitere Eskalation im Konflikt mit Russland bedeutet. »Jeder Zentimeter Nato-Territorium muss verteidigt werden«, twitterte der litauische Präsident. Lettland fand die Situation »inakzeptabel«. Nur durch die frühen US-Erklärungen, die eine russische Verantwortung verneinten, konnte sich keine Darstellung der Ereignisse etablieren, dass eine russische Rakete – möglicherweise versehentlich – Polen getroffen habe. So blieb kommunikativ nur noch übrig, Russland trotzdem die grundsätzliche Schuld am Tod zweier polnischer Bürger zuzuweisen, weil es Krieg führt.[56] Der ukrainische Präsident allerdings beharrte noch eine Weile auf seiner Version der Dinge, was sehr klug war. Auf X (vormals Twitter) verkündete er auch noch nach dem Widerspruch der USA, dass Europa und die ganze Welt vor dem terroristischen Russland geschützt werden müssten. So erhielt er die Anklage aufrecht und wies Russland einen Paria-Status außerhalb der anderen Nationen zu.[57] Dadurch wurde die Frage völlig außen vor gelassen, warum ukrainische Raketen in westliche Richtung geflogen waren. Wären sie zum Abfangen russischer Raketen aufgestiegen, hätten sie gen Osten fliegen müssen. Man kann natürlich nie ausschließen, dass ukrainische Militärangehörige alles falsch machten, in der Nacht alles Mögliche am Himmel sahen und blind losfeuerten.

Es gehörte zu den seltenen Glücksfällen der Geschichte, dass ein Pole den Tatort sofort fotografierte und alles umgehend öffentlich machte. So war die Öffentlichkeit nicht mehr darauf angewiesen, sich zu entscheiden, wem sie glauben wollte: dem ukrainischen Präsidenten oder dem russischen Dementi. Es spricht aber Bände, wie bereitwillig viele – auch in Deutschland – umgehend an eine russische Schuld glaubten.[58] Auf diesen Reflex hat der ukrainische Präsident sehr wahrscheinlich gesetzt. Sowohl die russische Seite als auch die Nato verfügen über alle notwendigen Mittel im Weltraum, um genau zu wissen, was passiert war.

Weniger beachtet wurde die damalige russische Reaktion. Nach dem Raketeneinschlag gab es einen schnellen Kommunikationsversuch des Pentagon mit Moskau, der von der russischen Seite abgewiesen wurde.[59] Es ist gut möglich, dass Moskau argwöhnte, dass die USA etwas im Schilde führten und möglicherweise versucht waren, der russischen Seite alles anzuhängen. Eine schnelle öffentliche Erklärung des US-Präsidenten, der dem ukrainischen Präsidenten ausdrücklich widersprach, blieb der einzige Weg, um dafür zu sorgen, dass der ohnehin tiefe Konflikt nicht weiter eskalierte.

Das sichtbarste Merkmal des ukrainischen Verlangens, einen direkten Kriegseintritt der Nato zu erreichen, bestand in der Forderung nach einer beschleunigten Aufnahme in die Nato. Die Ukraine weiß, dass sich bei einem Betritt sofort die Frage nach einem militärischen Beistand stellen würde. Sie kennt auch das Nato-Statut, wonach ein Land einen »Mehrwert an Sicherheit« für das Bündnis bedeuten muss. Diese Bedingung war und ist im Fall der Ukraine nicht erfüllt, denn solange das Verhältnis zu Russland nicht befriedet ist, bleibt die Ukraine ein Spannungsherd. Dennoch bestand die Ukraine auf einer Garantie für eine Nato-Mitgliedschaft nach dem Krieg. Präsident Selenskyj drohte sogar, dem Gipfel von Vilnius fernzubleiben, wenn die Nato dieses Verlangen nicht erfüllt. Wie viele Leben ist ein einziger Satz wert, fragte Selenskyj.[60] Übersetzt heißt das: Wir kämpfen und sterben für euch, und wo ist der Lohn? Nur ein Stellvertreterkrieger formuliert eine solche Frage.

An diesem Punkt allerdings verstand der Nato-Gipfel von Vilnius keinen Spaß. Denn tatsächlich deckte das ukrainische Begehren eine ganz fundamentale Wahrheit auf: Die Nato wird nicht wegen der Ukraine die direkte militärische Konfrontation mit Russland einläuten. Täte sie es, wäre die menschliche Zivilisation Vergangenheit.

Die Ukraine soll zwar siegen, aber solange dieser Sieg nicht total ist in dem Sinn, dass sich Russland nie wieder militärisch erheben kann, um einen neuen Krieg zu führen, solange sich also Russland nicht völlig der Nato unterworfen und alles hergegeben hat, was es militärisch zur Verfügung hat, einschließlich seiner Atomwaffen, kann die Nato der Ukraine nicht gestatten, nunmehr zu einem Brandherd innerhalb der Nato zu werden. Man kann es auch so ausdrücken: Die Ukraine wird nie Nato-Mitglied werden. Sowohl auf der russischen als auch auf der amerikanischen Seite verhindert das verfügbare Nuklearpotential die ultimative Unterwerfung der einen unter die andere Seite, oder die Welt besteht nicht mehr fort. Da diese Schwelle besteht, bleibt es die Bestimmung der Ukraine, als Stellvertreter zu agieren.

Man kann davon ausgehen, dass das ukrainische Schicksal allen Staaten bzw. Territorien inzwischen als Warnung dient. Ein Stellvertreter in einer militärischen Auseinandersetzung mit einer Atommacht zu sein, ist das Übelste, was einem widerfahren kann. Man kann nicht gewinnen, steht ganz allein im Regen da und beteiligt sich an der Zerstörung des eigenen Landes. So bestätigt sich in furchtbarer Weise die Bemerkung von Henry Kissinger, dass es gefährlich sein kann, Amerikas Feind, aber tödlich, Amerikas Freund zu sein.[61]

Dagegen ist die Lage für die USA und ihre Nato-Verbündeten sehr viel günstiger. Mittels der Ukraine kann mit relativ wenig Geld und ohne Inkaufnahme auch nur eines toten Amerikaners bzw. Soldaten aus dem Nato-Raum Krieg geführt werden. Das wird auch in öffentlichen Erklärungen von US-Politikern bzw. US-Medien wieder und wieder sehr deutlich gemacht. Nach 18 Monaten Krieg schrieb der einflussreiche David Ignatius in der *Washington Post* beispielsweise das Folgende: »Unterdessen waren diese 18 Monate Krieg für die Vereinigten Staaten und ihre Nato-Verbündeten ein strategischer Glücksfall mit relativ geringen Kosten (außer für die Ukrainer).«[62] Zynischer lässt sich das unverhüllte US-Kalkül, das alle Alliierten mittragen, kaum beschreiben. Konzeptionell hatte bereits George Soros 1993 mit Blick auf die Zukunft der Nato darüber philosophiert, dass die Verbindung der technischen Kapazitäten der Nato mit der zahlenmäßigen Stärke osteuropäischer Armeen ein Erfolgsgeheimnis (damals im Rahmen der Partnerschaft für den Frieden) sein könnte. Dadurch würde »das Risiko von Leichensäcken für Nato-Staaten verringert…, was ein Haupthindernis für ihre Handlungsbereitschaft darstellt.«[63]

Zu den großen Unwägbarkeiten im aktuellen Krieg gehört die Gefahr von Operationen unter falscher Flagge, die einen solchen politischen und öffentlichen Sturm der Entrüstung, des Abscheus und Entsetzens auslösen würde, dass die politische Entscheidung der Nato bzw. Russlands, nicht direkt militärisch gegeneinander zu agieren, zu bröckeln beginnen würde. Das größte Risiko stellen in diesem Zusammenhang die Atomkraftwerke der Ukraine dar, speziell das in Saporischschja. Es ist von Russland besetzt. In Saporischschja ist nach der Sprengung des Staudamms von Nowa Kachowka die Wasserversorgung knapp. Die Energieversorgung ist nicht mehr stabil, die allgemeine Lage dort höchst gefährlich.[64]

Im Februar 2024 gab es überhaupt keine äußere Energieversorgung mehr, die über Starkstromleitungen aus verschiedenen Teilen der Ukraine westlich des Dnjepr kommt. Das Ziel war, zum 1. März eine von normalerweise sechs Leitungen wieder operabel zu machen.[65]

Das Kernkraftwerk liegt ganz nahe der Kampfzone und über Monate hinweg beschuldigten sich beide Seiten des Beschusses. Die Internationale Atomenergiebehörde (IAEA), die in allen ukrainischen Atomkraftwerken präsent ist, vermeidet es gewöhnlich, Auskünfte darüber zu erteilen, von welcher Seite der Beschuss des Atomkraftwerkes erfolgte, um ihre Neutralität zu wahren. Kurz vor dem Gipfel von Vilnius erhob dann der ukrainische Präsident die Anschuldigung, die russische Seite habe das Atomkraftwerk vermint und plane die Zerstörung. Was wäre, wenn in einem solchen Fall auch Nato-Gebiet verstrahlt würde? Wäre dann die Schwelle zum direkten militärischen Konflikt mit Russland erreicht? Oder würden die Winde die Verseuchung nach Osten tragen? Das ist nicht sehr wahrscheinlich, denn die in der Region vorherrschende Windrichtung ist gen Westen. Nur in einem kurzen Zeitfenster im Jahr, im Juli, dreht der Wind und bläst nach Osten. Nur dank der IAEA, die, wenngleich nicht gern, den Erklärungen des ukrainischen Präsidenten widersprach[66], wurde diese Verdächtigung ausgeräumt.

In der Gesamtschau ist das politische Agieren der Ukraine nicht das eines siegesgewissen Landes, das im militärischen Kampf den Gegner Russland besiegt. Es spricht vielmehr die Sprache eines Landes, das dazu verurteilt ist, an den eigenen Sieg zu glauben, obwohl es weiß, dass es nicht siegen kann. Mit einem vergleichbaren Mut der Verzweiflung betreibt Kiew inzwischen die EU-Mitgliedschaftsoption. Tatsächlich erfüllt die Ukraine nicht eine einzige Beitrittsbedingung und auch nicht die 1993 definierten politischen Voraussetzungen für eine Verhandlungsaufnahme, auch wenn es kaum einer sehen möchte. Es kam bereits vor der russischen Invasion zu einem Demokratieabbau, und das Kriegsrecht schuf eine Ausnahmesituation und förderte auch autoritäre Tendenzen.

Problematisch ist, dass die Ukraine zwar formal souverän ist, aber praktisch am Tropf der westlichen Staatenwelt hängt. Wenn der versiegen sollte, wäre nicht nur der Krieg zugunsten von Russland entschieden, wie der EU-Außenbeauftragte Josep Borrell freimütig einräumte.[67] Die Ukraine würde nach eigenem Bekunden in einen »Überlebensmodus« zurückfallen und Millionen von Menschen würden womöglich weder Löhne noch Renten fristgerecht erhalten.[68] So etwas erschüttert die Grundfesten einer Gesellschaft. Die angehäuften Schulden, die während des Krieges rapide anschwollen, könnten die Ukraine auf Jahrzehnte, wenn nicht noch länger, zum Intensivpatienten machen, völlig abhängig von internationalen Kapitalgebern, finanziellen Zuflüssen und großzügigen Schuldenregeln (siehe dazu Kapitel 5). Dabei sind die Kosten des Wiederaufbaus noch gar nicht miteingerechnet.

Das Schlimmste aber ist, dass die EU keinen wirklichen Einfluss auf die Ukraine hat. Dort geben die USA den Ton an, gefolgt von den Briten, und das nun schon seit 2014. Ist es denkbar oder gar klug, ein Land in die EU aufzunehmen, das so unverhüllt unter ausländischem Einfluss steht? Abgesehen davon, dass nun im Krieg entschieden wird, wie die künftige politische und territoriale Gestalt der Ukraine aussehen wird. Wird sie noch einen Zugang zum Schwarzen Meer oder einen Donauhafen haben? Niemand kann das mehr beantworten, weil die Waffen sprechen, nicht die Diplomatie.

Es ist das Los der Ukraine, dass an einer Beantwortung dieser Fragen auch kaum Interesse besteht. So wie alles im Vagen bleibt, außer der immer wiederkehrenden Betonung andauernder westlicher Solidarität. Solange es eben dauert, bzw. neuerdings, solange der Westen die Mittel dazu hat. Da die militärischen Fortschritte der Ukraine in der Gegenoffensive 2023 ganz marginal blieben, musste sie sich alle möglichen Belehrungen gefallen lassen. Sie kämpfe mit der falschen Strategie, sie verschwende wertvolle militärische Ressourcen und so weiter. Da der Westen nicht selbst alles in die Hand nehmen will und kann, wird der Stellvertreter gescholten, wenn es nicht so läuft wie gedacht. Das hat den Vorteil, dass man sich auch nicht der Suche nach den Gründen des Scheiterns zuwenden und die eigenen Glaubenssätze hinterfragen muss.

Längerfristig betrachtet ist das jedoch ein Spiel mit dem Feuer. Der Ukraine-Konflikt ist politisch und medial so aufgeladen, Nato und EU gerieren sich de facto als »Garantiemächte« eines ultimativen Sieges der Ukraine, der gleichzeitig den Chinesen zur Warnung dienen soll, dass man sich nicht über Nacht verabschieden kann wie im Fall von Afghanistan. Dort zog man ab, erwähnte das Land kaum wieder, obwohl auch dort einst angeblich die Freiheit des Westens verteidigt wurde. So kann man es natürlich grundsätzlich immer machen. Aber die bisherige Alles-oder-nichts-Strategie der Nato macht das sehr schwer. Wenn die Ukraine weiter schwächelt, und es spricht alles dafür, dass sie keinen glänzenden strategischen Sieg erringen kann, bekommt die Nato ein Glaubwürdigkeitsproblem: Was taugt ein Bündnis, das gegen Russland aufgestellt ist, wenn es diesen Krieg – stellvertretend – verlieren sollte? Diese politische Frage steht wegen des Ukraine-Krieges im Raum.

Gleichzeitig hat nun der US-Präsident selbst das militärische Scheitern der Ukraine ins Spiel gebracht und implizit sogar die Nützlichkeit der Nato infrage gestellt. In seinem Bemühen, eine neue Finanzierung für die Ukraine zu erreichen, malte er im Dezember 2023 ein neues Schreckgespenst an die Wand. Sollte die Ukraine wegen mangelnder Unterstützung gegen Russland versagen, würde Russland demnächst gegen ein Nato-Mitglied zu Felde ziehen und die USA wären gezwungen, in den Krieg einzutreten.[69] Damit machte Biden erneut unumwunden den Unterschied zwischen der Ukraine und einem Nato-Mitglied klar: Für die Ukraine zieht er nicht in den Krieg. Er glaubt weiterhin, dass im Stellvertreterkrieg die politischen Ziele militärisch ausgefochten werden können. Aus Sicht der USA geht es um die Absicherung ihrer hegemonialen Position. Aus russischer Sicht geht es um die Absicherung der eigenen Existenz. Das sind zwei völlig verschiedene Interessenkategorien. Wenn man das nicht klar sieht, findet man auch keinen politischen Ausweg aus dem Krieg.

Kapitel 2

Schritte in den Krieg

»Letztendlich muss die Nato in der Lage sein, die engeren Interessen des Bündnisses zu schützen, unabhängig davon, ob Russland zustimmt oder nicht.«

US-Außenministerin Madeleine Albright[1]

Wo soll man anfangen, wenn man erzählen will, wie lang der Weg war, der schließlich zum offenen Krieg zwischen Russland und der Ukraine führte? Jedes Ereignis, das man als Ausgangspunkt wählen wollte, weist auf Dinge zurück, die weit davor lagen und es bewirkt haben. Wählen wir also, und seien wir uns dabei einer gewissen Willkür bewusst, Jalta auf der Krim, 1945. Churchill, Roosevelt und Stalin trafen sich in dem kriegsgezeichneten Ort und besprachen die Ordnung der Welt, die nach einem Sieg über den Hitlerfaschismus gelten sollte. Das Abkommen von Potsdam formalisierte diese. Während die Ergebnisse von Jalta damals allgemein positiv gesehen wurden, trugen sie den Keim des Kalten Krieges bereits in sich: Was würde aus den Alliierten nach dem Krieg werden, dann, wenn der Siegesrausch abgeklungen war und sich die ideologisch verfeindeten Mächte ihrer Eigeninteressen erinnerten? Der US-Diplomat George Kennan, der 1946 zum Architekten der US-Politik gegenüber der Sowjetunion wurde, befand damals: »Die UdSSR lebt immer noch in einer antagonistischen ›kapitalistischen Umzingelung‹, mit der es auf lange Sicht kein dauerhaftes friedliches Zusammenleben geben kann.«[2] Umgekehrt befand Stalin damals, dass die Zeit nach dem Krieg die eigentliche Herausforderung für die Gemeinsamkeit der Alliierten werden würde.[3]

Ein Element der Verabredungen von Jalta war die Zustimmung der Sowjetunion zur Schaffung der Vereinten Nationen, sofern dies mit einem Vetorecht für die Sowjetunion verbunden war. So wollte sie nach dem Ende des Zweiten Weltkriegs eine Gestaltungsmacht bleiben. Ein anderes Element war die faktische Anerkennung einer sowjetischen Einflusssphäre in Mittel- und Osteuropa. Explizit führte das dazu, dass der Sowjetunion die Region Kaliningrad (Königsberg) zugesprochen wurde, ein Teil Polens (die heutige Westukraine) ebenfalls an sie fiel und Polen nach Westen »verschoben« wurde. Die sowjetische Annexion des Baltikums im Gefolge der geheimen Absprachen des Ribbentrop-Molotow-Paktes wurde hingenommen.

Man darf sich nicht täuschen: Grenzverschiebungen, Bevölkerungstransfers und die Aufteilung von Einflusssphären waren damals niemandem fremd. Die USA hatten mit der Monroe-Doktrin die Welt bereits im 19. Jahrhundert wissen lassen, dass sie keinerlei europäische Kolonialgelüste in ihrer Nachbarschaft dulden und sich auch nicht in europäische Konflikte einmischen würden. Wegen ihrer Rolle als Siegermacht des Zweiten Weltkrieges wurden die USA nunmehr auch zu einer Ordnungsmacht in Europa.

Es ist häufig gesagt worden, dass die damaligen Beschlüsse Stalins Interessen und Ziele begünstigten und der Westen womöglich zu schwach verhandelt habe. Tatsächlich folgten alle Teilnehmer der damaligen Absprachen einer militärischen Logik, die schon nach dem Ersten Weltkrieg dominiert hatte: Die Sieger zeichneten die politischen Landkarten neu, nicht die Verlierer. Der Raum, den die Sowjetunion im Kampf gegen den Hitlerfaschismus erobert hatte, ließ sich ihr nicht so einfach wieder entreißen. Das spiegelte sich in dem Kommentar eines US-Teilnehmers an der Konferenz wider: »Es ging nicht darum, was wir den Russen überlassen würden, sondern darum, wozu wir die Russen bewegen könnten.«[4]

Gründung der Nato und Kalter Krieg

Nur unter diesem Blickwinkel ist erklärbar, warum es im Kalten Krieg zuallererst zur Bildung der Nato kam: Der Westen wollte nie wieder in eine solche Lage kommen. Die Sowjetunion wiederum hielt die Gründung der Nato im April 1949 für einen Bruch der UN-Charta sowie bilateraler Abkommen und fühlte sich betrogen.[5] Dass sie ihrerseits westliche Erwartungen an eine Selbstbestimmung von mittel- und osteuropäischen Ländern, zuallererst von Polen, betrogen hatte, spielte in diesem »Gefühlshaushalt« keine Rolle.

Wenn die Interpretation einer Studie aus dem Jahr 2020 zu jener Zeit stimmt, dann verhielten sich die damaligen Mächte spiegelbildlich:

> »Die Sowjetunion und die westeuropäischen Länder verstießen häufig gegen internationale Abkommen, sobald diese Verträge hinderlich wurden oder Eigeninteressen im Wege standen. Auch wenn sich der Kommunismus der Sowjetunion grundlegend vom kapitalistischen Charakter der westeuropäischen Mächte unterschied, war ihr kollektiver Ansatz in der internationalen Diplomatie sehr ähnlich.«[6]

Aber wir kehren noch einmal zurück in das Jahr 1945, nach Potsdam, wo die alliierten Siegermächte die Verabredungen von Jalta besiegelten. Potsdam blieb das letzte Treffen, auf dem sie gemeinsam eine grundlegende Verständigung anstrebten.

Im Kalten Krieg spielten das ideologische und das militärische Element die dominierende Rolle. Das führte dazu, dass für lange Jahre das Schicksal Europas und der Welt fast vollständig vom

Zustand der Beziehungen zwischen den USA und der Sowjetunion abhing, unterfüttert vom Atomwaffenbesitz beider Seiten. Ein hochrangiger Nato-Funktionär, Jamie Shea, erklärte viel später, was die bestehende ideologische Feindschaft der beiden Supermächte anrichtete: Auf der einen Seiten bestand die feste Überzeugung, dass »unser System dazu bestimmt war, dem anderen System überlegen zu sein, und dass die Geschichte diese Überlegenheit zu gegebener Zeit beweisen würde«. Auf der anderen Seite gab es auch ein Worst-Case-Szenario: »Die Ideologie führte sowohl in den USA als auch in der Sowjetunion dazu, im Verhalten des anderen die schlimmsten Motive, die teuflischsten Absichten zu vermuten.«[7] Beide Seiten konnten und wollten sich nicht erlauben, in den Augen des anderen als schwach zu erscheinen.

Das führte zu zutiefst paradoxen Situationen. Einerseits konnten die Sowjetunion und die mit ihr verbündeten Regierungen in ihrem Einflussbereich nach Belieben schalten und walten. Der Westen mischte sich nicht militärisch ein, weder im Fall der kommunistischen Machtübernahme in Polen und der Tschechoslowakei, noch beim Aufstand vom 17. Juni 1953 in der DDR. Er sah dem Einmarsch in Ungarn 1956, dem Bau der Berliner Mauer 1961 und dem Einmarsch in die Tschechoslowakei 1968 tatenlos zu. Gleichwohl gab es eine ganze Reihe von Stellvertreterkriegen in Afrika und Asien, ein permanentes Ringen um Einflusszonen in der damaligen weltpolitischen Peripherie. Zudem war die Doktrin der militärischen Abschreckung begleitet von ständigen Versuchen, die militärstrategische Parität zu unterlaufen und sich einen Vorteil zu verschaffen. Auch wichtige Abrüstungsschritte jener Jahre unterbrachen diese verhängnisvolle Logik nicht.

Zweimal wurde versucht, einen ganz neuen Weg der Organisation des Zusammenlebens zu finden. Den einen Versuch machte Kennedy 1963, den anderen Gorbatschow. Der erste wurde ermordet, der zweite scheiterte grandios. Aber von ihm gingen seit Mitte der 80er-Jahre wichtige Abrüstungsinitiativen aus, wobei er auch US-Initiativen aufgriff. Seine Politik machte den Weg frei für die friedlichen Revolutionen in Mittel- und Osteuropa sowie für die deutsche Einigung, führte aber letztendlich auch zur Auflösung der Sowjetunion und leitete die unipolare Weltordnung ein. Gorbatschow glaubte, dass für die Menschheit die Zeit gekommen war zusammenzuarbeiten, um angesichts der großen globalen Risiken das gemeinsame Überleben zu sichern. Seine Rede vor der UNO im Jahr 1988 war ein großer neuer Zukunftsentwurf. Er ging davon aus, dass die Sowjetunion gemeinsam mit den USA in ein friedliches Zeitalter eintreten könnte, in dem sie einen gleichberechtigten Platz in einem »gemeinsamen Europäischen Haus«[8] einnehmen und sich ihre Sicherheitsinteressen mit denen aller anderen Staaten organisch verbinden würden. Das bestimmte auch seine Haltung im deutschen Einigungsprozess, mit der er sich damals gegen die vorherrschende Kreml-Position stellte (vgl. Kapitel 9).

Von den damaligen großen abrüstungspolitischen Würfen sind die Vereinbarungen zur Reduzierung strategischer Waffen (START) und das internationale Chemiewaffenverbot bis heute bedeutsam. Der für Europa wichtige Vertrag zum Verbot von Mittelstreckenraketen ist Geschichte – und Geschichte wurde auch die Hoffnung auf eine gesamteuropäische Sicherheitsarchitektur.

Eine Weltmacht auf dem Zenit: Die USA nach dem Zerfall der Sowjetunion

Im Jahr 1991, als die Sowjetunion aufgelöst wurde, standen die USA auf der Höhe ihrer globalen Macht: politisch, wirtschaftlich und militärisch. Sie hatten nicht vor, ihren vermeintlichen Sieg über den einstigen Rivalen zu teilen und schon gar nicht, ihre günstige weltpolitische Position wieder zu verlieren. Sie begriffen sich als die natürlich bestimmte, »unverzichtbare« Nation, die auf der Welt für Ordnung sorgen konnte und musste, nach ihrem Bilde, mit allen ihr gebotenen Mitteln. Alles andere führte in ihren Augen zu Chaos. Mit Bezug auf Europa agierten die USA politisch zunächst erkennbar vorsichtig. Für sie stand im Vordergrund, die Transformationsprozesse in der Mitte und im Osten des Kontinents nicht zu erschweren und auf keinen Fall in irgendeiner Weise ein Wiedererstarken kommunistischer Kräfte zu befördern. Geheimdienstlich und militärisch aber waren die Denkweisen des Kalten Krieges weiter dominant.

Ein Dokument aus dem »National Security Archive« der USA (veröffentlicht 2017) belegt, dass die Sowjetunion im Herbst 1990 weiter als »Bedrohung« betrachtet wurde.[9] 1991 wurde dort bereits darüber diskutiert, ob die Auflösung der Sowjetunion zum Anlass genommen werden sollte, Russland ein für alle Mal als Herausforderer der USA auszuschalten. Eine Veröffentlichung von Casey Michel im *Atlantic* unter dem Titel »Dekolonialisierung Russlands« aus dem Jahr 2022 erinnerte daran, was Robert Gates, ehemaliger US-Verteidigungsminister, in seinen Memoiren *From the Shadows* zu Dick Cheney festhielt. Dieser »wollte die Auflösung nicht nur der Sowjetunion und des Russischen Reiches, sondern auch von Russland (sehen/haben), damit es nie wieder eine Bedrohung für den Rest der Welt darstellen kann«.[10] Michel äußert in seinem Artikel dafür sehr viel Sympathie.

Dick Cheney nahm in Bezug auf Russland nur vorweg, was kaum ein halbes Jahr später, 1992, in Gestalt der sogenannten »Wolfowitz-Doktrin« auszugsweise öffentlich wurde. Was Paul Wolfowitz, damals stellvertretender US-Verteidigungsminister, vorschlug, war eindeutig: Zur zuverlässigen Absicherung der Rolle der USA als einziger verbliebenen Großmacht sollte niemals wieder der Aufstieg einer anderen Macht zugelassen werden, die ihren globalen Herrschaftsanspruch in die Schranken weisen könnte. Da seine Doktrin auf empörte Ablehnung stieß, wurde allerdings alles ein bisschen umgeschrieben.

In der Ausarbeitung von Wolfowitz ist bereits alles angelegt, was das amerikanische außen- und sicherheitspolitische Denken in den nachfolgenden Jahren und Jahrzehnten prägen würde: der unilaterale Führungsanspruch der USA, ihre globale Interessendefinition (die damals bemerkenswerterweise den afrikanischen Kontinent aussparte), die Absicht einer frühzeitigen Ausschaltung möglicher Rivalen einer US-Vormachtstellung und die Verhinderung jeder Gefahr, dass die Ressourcen in Europa, Asien und Lateinamerika unter »undemokratische« Kontrolle geraten könnten.[11]

1997 legte Zbigniew Brzeziński, ehemaliger Sicherheitsberater des US-Präsidenten Jimmy Carter, mit seinem Text *The Grand Chessboard* Überlegungen dazu vor, wie es den USA gelingen könnte, die »einzige Weltmacht« zu bleiben: durch die dauerhafte Kontrolle Eurasiens. Wer diesen Teil der Erde beherrsche, erläuterte Brzeziński, beherrsche die Welt. Tatsächlich war Brzeziński etwas aufgeschreckt: So schnell wie das Sowjetimperium war noch kein einziges Imperium in der Geschichte der Menschheit zu Bruch gegangen. Das sollte den USA, die nach 1945 zumindest die westliche Hemisphäre dominierten, nicht passieren. Für Brzeziński war die Welt wie ein großes Schachbrett, auf dem, so war er überzeugt, die USA das Spiel dominieren würden, wenn sie nur die einzelnen Figuren richtig setzten.

Es ist die Kälte der Machtpolitik, die aus Brzezińskis Überlegungen sprach. Er sezierte ohne Gefühlsduseleien die Welt und blickte bar jeder propagandistischen Verbrämung auf die Beziehungen der USA zu allen, die mit ihr auf diesem Schachbrett spielen würden: die Deutschen, die Franzosen, die Russen, die Chinesen, die Türken und womöglich auch die Iraner. Die Briten hatte er längst abgeschrieben, denn die hatten ihr Imperium verwirkt. In Brzezińskis »Schachspiel« fungierten kleine und mittlere Völker in diesem geografischen Raum nur als Bauern, ebenso wie Afrika, das dem Beherrscher Eurasiens ganz natürlich in den Schoß fallen würde. Im Fall der Ukraine und Russlands glaubte er, dass die Ukraine die Achillesferse Russlands sei.

> »Der Verlust der Ukraine war geopolitisch von entscheidender Bedeutung, da er Russlands geostrategische Optionen drastisch begrenzte. Auch ohne die baltischen Staaten und Polen, ein Russland, das die Kontrolle über die Ukraine behält, könnte immer noch danach streben, der Anführer eines selbstbewussten eurasischen Reiches zu sein. [...] Aber ohne die Ukraine und ihre 52 Millionen slawischen Landsleute dürfte jeder Versuch Moskaus, das eurasische Reich wieder aufzubauen, scheitern ...«[12]

Damit auch der Dümmste verstand, was zu tun war, griff Brzeziński bewusst auf eine Terminologie zurück, die aus den »brutaleren Zeiten einstiger Imperien« stammte, und schrieb:

> »Die drei großen Imperative der imperialen Geostrategie bestehen darin, Absprachen zu verhindern und die Sicherheitsabhängigkeit zwischen den Vasallen aufrechtzuerhalten, die Tributpflichtigen gefügig und geschützt zu halten, und die Barbaren daran zu hindern, zusammenzukommen.«[13]

Nach den Ukraine-Ereignissen im Jahr 2014 kommentierte der russische Politikwissenschaftler Sergej Karaganow den Gedanken von Brzeziński zur Rolle der Ukraine für Russland und verwarf ihn. Im Bericht der Münchner Sicherheitskonferenz 2015 wurde Karaganow zitiert:

> »Das [westliche, Anm. d. A.] Missverständnis ist, dass es sich im Grunde um ein Ringen um die Ukraine handelt. Für Russen ist es etwas weitaus Wichtigeres: der Kampf, andere daran zu hindern, ihren Machtbereich auf

Gebiete auszudehnen, von denen sie glauben, dass sie für das Überleben Russlands lebenswichtig sind. Das ist eine Fehleinschätzung, denn Russland ist viel stärker und der Westen viel schwächer, als viele glauben. […] Russland wird nicht nachgeben. Dies ist zu einer Frage von Leben und Tod unserer Nation geworden.«[14]

2019 bestätigte eine Studie der Pentagon-nahen »Rand Corporation«, dass die Ukraine einen prominenten Platz in US-Überlegungen einnahm, wie man Russland schwächen und destabilisieren könnte.[15]

Bereits im Ersten Weltkrieg hatte Deutschland geglaubt, durch die Loslösung der Ukraine vom zaristischen Russland den Feind schwächen und zerschlagen zu können. Es betrachtete die Ukraine als das Herz Russlands.[16] Seitdem ist viel Zeit vergangen. Die sicherheitspolitische Bedeutung der Ukraine für Russland ist unzweifelhaft. Aber in den Jahren der Sowjetunion wurde die Ukraine in einen Wirtschaftskreislauf eingebettet, den sie nicht dominierte (vgl. Kapitel 5).

Auf Expansionskurs: Die erste Nato-Osterweiterung

Während Brzeziński darüber nachsann, wie die US-Vorherrschaft verlässlich abgesichert werden könnte, wurde die erste Nato-Osterweiterung, an der seit 1993 gearbeitet worden war, ab 1997 politisch aktuell. Schließlich war es ein ausdrückliches Ziel der neu entstandenen Demokratien in der Mitte und im Osten des Kontinents, durch die Verankerung in den euroatlantischen Strukturen ihre eigenen Sicherheits- und Entwicklungsinteressen zu verwirklichen, und die USA hatten alles getan, um dieses Interesse zu befördern.

Das Russland unter Jelzin folgte der Linie von Gorbatschow und bevorzugte eine gesamteuropäische Sicherheitsstruktur unter dem Dach der KSZE. Jelzin gab sich im Rahmen seiner Möglichkeiten alle Mühe, eine Nato-Osterweiterung zu verhindern. Er machte geltend, dass dies gegen den Geist des Zwei-plus-vier-Vertrages verstoße und mit der Gefahr verbunden sei, Russland sicherheitspolitisch zu isolieren.[17] Aus den seit 2017 zugänglichen Archivunterlagen geht hervor, dass die US-Seite beschwichtigte, täuschte und nicht vorhatte, die russischen Einsprüche in irgendeiner Weise ernst zu nehmen. Worum es politisch immer noch ging, ist in aller Deutlichkeit einem britischen Dokument zur ersten Osterweiterung der Nato zu entnehmen: Man wollte die USA in Europa, die Deutschen nieder und Russland außen vor halten, auch wenn sich im britischen Papier die Bemerkung findet, dass es nicht mehr opportun sei, das auszusprechen.[18] Der Urheber dieser prägnanten und in ihrer Offenheit erstaunlichen Formulierung war Lord Ismay, der erste Generalsekretär der Nato, der damit einst begründete, warum die Nato notwendig sei. Dass derselbe Gedanke 40 Jahre später in britischen Augen immer noch gültig war, ist recht interessant und hätte in Deutschland zu denken geben sollen.

Aus dem erwähnten britischen Dokument geht ebenfalls hervor, dass aus Sicht der Briten damals Deutschland das Zünglein an der Waage war: Wenn Deutschland kein Problem mit der Erweiterung der Nato nach Osten habe, dann sollte es dem Vereinigten Königreich auch recht sein. Das damalige Deutschland unter Kohl jedoch hatte seine politischen Versprechen gegenüber Gorbatschow längst vergessen. Die im Juli 1990 durch Kanzler Kohl verkündete Gleichwertigkeit des deutsch-amerikanischen Verhältnisses und des deutsch-russischen Verhältnisses war nichts mehr als eine hohle politische Phrase.[19]

So blieb die damals sichtbarste Opposition gegen die Nato-Osterweiterung der innenpolitischen Diskussion in den USA überlassen. In einem offenen Brief an Präsident Clinton, unterschrieben von 50 einflussreichen Diplomaten und Sicherheitspolitikern, wurde dieser Schritt 1997 als eine »Fehlentscheidung von historischem Ausmaß« bezeichnet. Die Verfasser betonten, dass Russland für niemanden, auch nicht für die beitrittswilligen Länder, eine Gefahr darstelle. Sie forderten eine Verbesserung der Nato-Russland-Beziehungen und gaben der Befürchtung Ausdruck, dass sich das Sicherheitsgefühl aller, die außen vor bleiben würden, verschlechtern und die europäische Sicherheit insgesamt unterminiert werden könnte. Die Verfasser befürchteten ebenfalls eine Schwächung der Nato insgesamt, da sie neue Konflikte importiere.[20]

Zur Beruhigung der russischen Beschwerden wurde der Nato-Russland-Rat geschaffen, aber er gab Russland zu keinem Zeitpunkt das, was das Land seit Gorbatschow gesucht hatte – die Möglichkeit einer gleichberechtigten Mitsprache. Deshalb war und blieb die Konferenz für Sicherheit und Zusammenarbeit in Europa (KSZE), später dann die Organisation für Sicherheit und Zusammenarbeit in Europa (OSZE), für Russland der zentrale Platz, dieses Interesse deutlich zu machen (vgl. Kapitel 9).

Die Nato beherrschte damals eine andere Diskussionslage, die sich auf die Formel verkürzen lässt: »Out of area or out of business?« Denn worin bestand noch die Existenzberechtigung der Nato, wenn ihr der Feind abhandengekommen war, zumindest damals, sie aber gleichzeitig Russland auch nicht gleichberechtigt integrieren wollte? Sie brauchte eine neue Aufgabe.

Der Jugoslawien-Krieg als Testfall für die Nato

Der Angriff der Nato auf Serbien im März 1999 war der erste Testfall dafür, dass die russische Stimme gegenüber der Nato nichts zählte. Russland war gegen diesen Angriff und hätte auch einem entsprechenden UN-Mandat nicht zugestimmt. Mit dem Angriff auf Serbien (Jugoslawien) agierte die Nato zum ersten Mal außerhalb des eigentlichen Bündnisgebiets, völlig ungedeckt von einem UN-Mandat. Damit demonstrierte sie, wie sie ihre neue Rolle verstand – als eine weltweite militärische Eingreiftruppe, die sich notfalls selbst ermächtigt.

Die Umgehung des UN-Sicherheitsrates wurde sorgfältig vorbereitet. Kurz nach der deutschen Bundestagswahl 1998, aber noch vor der Regierungsneubildung, fand ein Besuch von Gerhard Schröder und einem ausgesuchten außenpolitischen rot-grünen Team bei Präsident Clinton statt. Dort wurden alle massiv unter Druck gesetzt, einer Ermächtigung der Nato für einen jederzeit möglichen Angriff zuzustimmen. Damit wollte die US-Seite testen, wie zuverlässig die künftige deutsche Regierung als treuer Bündnispartner der Amerikaner sein würde. Aber da war noch mehr. Am Rande der offiziellen Gespräche sagte ein enger Berater Clintons, dass der Kosovo-Einsatz eine »phantastische Gelegenheit« bieten würde, den UN-Sicherheitsrat mit seinen lästigen Veto-Rechten von Russen und Chinesen auszuhebeln. Die USA sahen die Bombardierung Serbiens als Präzedenzfall an, auf den man sich später würde berufen können.[21]

Letzteres spielte in der Bundestagsdebatte wenige Tage später, am 16. Oktober 1998, eine Rolle.[22] Erwartet wurde, dass eine bis dahin nicht gegebene deutsche Zustimmung zur Ermächtigung der Nato eine glaubwürdige militärische Drohkulisse für den serbischen Präsidenten Milošević schaffe, die ihn zum Einlenken bringen würde. Darin waren sich fast alle politischen Parteien in Deutschland einig. Noch wichtiger allerdings war das Argument eines rechtfertigenden, übergesetzlichen Notstandes, weil es gelte, eine humanitäre Katastrophe zu verhindern. Das wurde geglaubt und überwölbte alles. So wurde ein zentrales Prinzip deutscher Außenpolitik aufgegeben: kein Auslandseinsatz der Bundeswehr ohne UN-Mandat. Im Nachhinein betrachtet, war das eine fatale Entscheidung.

Laut *Spiegel* handelte es sich um den ersten »Medienkrieg«, um das Kriegs-Narrativ abzusichern. Es gab die guten Kosovo-Albaner auf der einen Seite und auf der anderen die dämonischen Serben, und die damals Handelnden waren davon beeinflusst und machten mit. Der deutsche Verteidigungsminister Rudolf Scharping (SPD) gab ungefiltert herzzerreißende Grausamkeiten wieder, die ihm erzählt worden waren: Die Täter »spielen mit abgeschnittenen Köpfen Fußball, zerstückeln Leichen, schneiden den getöteten Schwangeren die Föten aus dem Leib und grillen sie«.[23] Der grüne deutsche Außenminister Joschka Fischer bemühte Auschwitz.

Ein Bericht des amerikanischen Wilson Centers aus dem Jahr 2000 bezeichnete den Krieg als Resultat dreier extremistischer Politiken: der serbischen, der kosovarischen und der westlichen.[24] Die Argumentation, ein Eingreifen der Nato sei notwendig gewesen, um einen drohenden Völkermord zu verhindern, stellte der ausführliche Bericht eines deutschen Teilnehmers an der OSZE-Mission im Kosovo, Brigadegeneral Heinz Loquai, schon im Jahr 2000 infrage. Erst wegen der Bombardierung Belgrads setzten massive Grausamkeiten ein, und die Nato habe von dieser Gefahr vor Aufnahme der Kampfhandlungen gewusst. Die OSZE-Mission, die stabilisierend gewirkt hätte, sei nicht ausreichend unterstützt worden.[25] Mit Fakten ist dies durch einen OSZE-Bericht belegt.[26] Die politische Frage war also, ob das ein zeitlicher Zufall war oder Teil eines bereits bestehenden serbischen Planes (sogenannter »Hufeisenplan«), dessen Ausführung die Nato verhindern wollte? Darum drehte sich damals auch eine öffentlich geführte Kontroverse zwischen Loquai und dem Bundesverteidigungsminister Scharping.[27] 2019 bilanzierte *Le Monde Diplomatique*, dieser Plan sei eine Fälschung gewesen, nur zusammengeschusterte Informationen, die bulgarische Geheimdienstkreise Deutschland zugespielt hatten, womöglich auch, um sich den Nato-Beitritt zu sichern. Der angebliche Plan war vielen schon bei Bekanntwerden suspekt und spielte im Gerichtsverfahren gegen Milošević keine Rolle.

Die Geschehnisse blieben international nicht folgenlos. Als Ergebnis dieses Krieges wurden Grenzen neu gezogen, der Kosovo wurde unabhängig.[28] Auch bei späteren Einsätzen argumentierte die Nato mit »Schutzverantwortung«.

Der deutsche Bundeskanzler war noch am 15. Februar 2022 in Moskau davon überzeugt, die Nato habe damals mit dem Angriff auf Jugoslawien einen drohenden Genozid verhindert[29], so wie es einst in den wichtigsten Medien präsentiert worden war. Russland wiederum nutzte die Ereignisse zur Argumentation im Fall der Krim beziehungsweise des Donbass.

Russlands Versuch einer Annäherung an die Nato …

Putin übernahm, kaum hatte er 2000 sein Amt als Präsident angetreten, die sicherheitspolitische Linie seiner Vorgänger. Auch ihm ging es darum, eine russische Isolation in Europa zu überwinden, notfalls auch durch einen Beitritt zur Nato. Der *Guardian* erinnerte daran, dass Putin in einem BBC-Interview mit David Frost noch vor dem Machtantritt betont hatte, er schließe einen Nato-Beitritt nicht aus, sofern das sicherstelle, dass die Sichtweise Russlands als die eines gleichberechtigten Partners wahrgenommen werde. In diesem Interview erklärte Putin, dass es sehr schwierig für ihn sei, sich die Nato als Feind vorzustellen. »Russland ist Teil der europäischen Kultur. Und ich kann mir mein Land nicht vorstellen, isoliert von Europa und von dem, was wir oft die zivilisierte Welt nennen.«

Der frühere Nato-Generalsekretär George Robertson bestätigte 2021 diese Haltung Putins, die ihm bei einem Treffen recht herrisch vorgetragen worden sei. Putin, so berichtete es Robertson, wollte zur Teilnahme an der Nato eingeladen werden und nicht in der Schlange stehen wie andere »unbedeutende« Nationen. Der entscheidende Punkt damals war, dass Putin – und das bekräftigte Robertson ausdrücklich – Teil des »sicheren, stabilen und prosperierenden Westens« werden wollte, dem Russland nicht angehörte.[30] Im Interview mit Tucker Carlson 2024 erzählte Putin, er habe auch Präsident Clinton gefragt, ob eine Nato-Mitgliedschaft Russlands denkbar sei. Der hätte im ersten Augenblick offen reagiert, aber dann diese Möglichkeit verneint. Eine Mitgliedschaft Russlands in der Nato hätte zwar ein kollektives transatlantisches Sicherheitssystem geschaffen, aber die ganze Funktionsweise der Nato geändert. Die amerikanische Dominanz wäre dahin gewesen. Es ist sehr schwer vorstellbar, dass mit Russland ein Beschluss der Nato wie der von Prag im Jahr 2002 zustande gekommen wäre, als sie sich selbst ermächtigte, aus ihren noch aus dem Kalten Krieg stammenden Strukturen auszubrechen und die Fähigkeit zu Einsätzen zu entwickeln, »wo immer und wann immer notwendig«.[31] Im Jahr 2010, als das Thema für Russland längst erledigt war, gab die *Moscow Times* zu bedenken, dass damit die Nato an die Grenze Chinas vorrücken würde und sich dadurch die ganze geopolitische Statik ändern könnte.[32]

Der ehemalige französische Botschafter bei der Nato und der UNO, Gérard Araud, formulierte das Problem militärischer Allianzen und ihrer Wahrnehmung durch Nichtmitglieder 2022 so: »Eine Militärallianz ist unvermeidlich eine Bedrohung für alle Länder, die nicht dazugehören. Jeder Verteidigungsschritt wird immer bei der anderen Seite als offensiv angesehen.«[33]

Man kann es also drehen und wenden, wie man will, und sich auch auf die Linie zurückziehen, dass die Nato gegen niemand gerichtet sei: Ihre Weiterexistenz nach 1990 hatte abseits kollektiver europäischer Sicherheitsstrukturen exakt die Wirkung, die Araud nüchtern konstatierte: Seit dem Fall der Mauer und der deutschen Einigung war aus sowjetischer und später russischer Sicht das Heranrücken der Nato an die eigenen Grenzen ein Bedrohungsfaktor.

Das spiegelte sich auch in dem 2000 verabschiedeten Nationalen Sicherheitskonzept Russlands wider. Es enthüllte eine ganz andere Weltsicht als das Sicherheitskonzept, das die USA im gleichen

Jahr verabschiedet hatten.[34] Das US-Konzept strotzte vor Selbstbewusstsein. Unter der Überschrift: »Die Entscheidung zum Einsatz militärischer Kräfte« stand explizit: »Die Entscheidung, ob Gewalt angewendet wird, wird in erster Linie von unseren nationalen Interessen bestimmt. In den spezifischen Bereichen, in denen unsere lebenswichtigen Interessen auf dem Spiel stehen, werden wir Gewalt anwenden, notfalls auch im Alleingang.«[35] Man sucht vergeblich nach einem Hinweis auf den UN-Sicherheitsrat oder dessen in der Charta der Vereinten Nationen niedergelegte Rolle als ordnende Institution für Frieden und Sicherheit in der Welt. Russland war aus US-Perspektive kein ernsthafter Faktor.

Aus der Perspektive Russlands gab es dagegen zwei gegenläufige Tendenzen in den internationalen Beziehungen: eine hin zum Multilateralismus, der im russischen Interesse lag, und eine Tendenz, wonach die entwickelten westlichen Staaten unter Führung der USA nach Dominanz strebten und einseitige Lösungen (auch durch den Einsatz von militärischer Gewalt) »unter Umgehung des internationalen Rechts« zu erreichen suchten. Diese zweite Tendenz betrachtete Russland als destabilisierend für die internationale Sicherheit.[36] Russland beanspruchte bereits damals ausdrücklich, ein wichtiger globaler Akteur zu sein und zu bleiben. Daher nahm die Stärkung des Sicherheitsrates der Vereinten Nationen einen prominenten Platz im russischen Sicherheitsdenken ein, denn dort verfügte Russland über ein Vetorecht. Bemerkenswert ist ebenfalls die ausführliche Auflistung von acht Faktoren, die eine grundlegende äußere Gefährdung der Sicherheit Russlands bedeuten. Noch vor der Gefahr der Verbreitung von Massenvernichtungswaffen rangierten die folgenden Faktoren:

> Erstens: »Der Wunsch einiger Staaten und internationaler Vereinigungen, die Rolle der existierenden Mechanismen, die die internationale Sicherheit gewährleisten sollen,

allen voran die Vereinten Nationen und die OSZE zu vermindern.«

Zweitens: »Die Gefahr einer Schwächung des politischen, ökonomischen und militärischen Einflusses von Russland in der Welt.«

Drittens: »Die Stärkung militärpolitischer Blöcke und Allianzen, allen voran die Osterweiterung der Nato.«

Viertens: »Das mögliche Entstehen von ausländischen Militärbasen und großen Militärpräsenzen in unmittelbarer Nähe der russischen Grenzen.«

Ein Vergleich des damaligen sicherheitspolitischen Denkens in den USA und in Russland macht deutlich, dass der Konflikt längst angelegt war.

Er schimmerte auch in Putins Rede vor dem Deutschen Bundestag im Jahr 2001 auf. Putin ließ darin keinen Zweifel daran, was er wollte: Eine Partnerschaft auf Augenhöhe, die sich von Stereotypen des Kalten Krieges befreit, ein »Großeuropa«, in dem alle ihren Platz hätten, auch Russland.[37] Daran wollte er mitarbeiten und er hielt das für die richtige Schlussfolgerung aus der europäischen Geschichte. Damals erwies ihm das deutsche Parlament die Ehre mit stehender Ovation.

Das hindert den Deutschen Bundestag wenig später aber nicht daran, der im Jahr 2002 in Prag beschlossenen zweiten Nato-Osterweiterung, diesmal um sieben Staaten, zuzustimmen.

Russland konnte in seine Sicherheitsdoktrin schreiben, was es wollte, es scherte die Nato nicht. Die war schließlich nach eigenem Bekunden nur ein Verteidigungsbündnis, gegen niemanden gerichtet, und wenn Russland das nicht begriff, war es, darauf liefen alle Argumentationen der Nato hinaus, platt ausgedrückt, reif für die Psychiatrie. Es hatte schlicht eine Nato-Phobie.

Und schon war die Nato mit sich im Reinen und verfolgte das Prinzip der »offenen Tür«, die für alle europäischen Staaten gelten sollte, die den Nato-Kriterien genügten, mit einer Ausnahme: Für Russland war ein Nato-Beitritt nicht vorgesehen.

Unmittelbar nach dem Nato-Erweiterungsbeschluss von Prag fand ein Treffen zwischen Bush und Putin statt. Bush erklärte Putin, er solle sich über den Beitritt der sieben neuen Mitglieder freuen, alle seien jetzt Russlands Freunde, und Putin antwortete artig, dass die russische Position bekannt sei, aber Russland darauf hoffe, mit allen Nato-Staaten eng zusammenzuarbeiten.[38]

Nur etwa sechs Monate zuvor hatten beide Länder eine Erklärung unterzeichnet, wonach nun eine neue Phase in den bilateralen Beziehungen eingeleitet worden sei. Da war viel von enger Partnerschaft und so weiter die Rede, aber die gleichberechtigte Zusammenarbeit zwischen Nato und Russland erstreckte sich nur auf Gebiete »von gemeinsamem Interesse«. Mit anderen Worten, wo die Interessen divergierten, hatten die Russen Pech, so sehr sie sich auch bemühten. Sie fanden kein Gehör.

Im selben Jahr, 2002, kündigte die Bush-Administration den ABM-Vertrag, mit dem die Raketenabwehrsysteme beider Länder beschränkt wurden. Dessen militärstrategische Bedeutung im Verhältnis zwischen zwei nuklear bewaffneten Mächten kann nicht überschätzt werden. Wer wechselseitig die Raketenabwehr nicht mehr zum zentralen Element der Verteidigung macht, steht auch nicht in der Versuchung, neue Waffen zu entwickeln, die die Raketenabwehr umgehen könnten. Das war ein wichtiger Baustein, um das Wettrüsten zwischen atomar bewaffneten Supermächten zu begrenzen und das Verlangen nach dem Erwerb einer Erstschlagfähigkeit auszuschalten. Solange das Prinzip der »garantierten gegenseitigen Vernichtung« die Oberhand hat, reicht der Besitz von Atomwaffen zur Abschreckung.

An dieser Stelle soll nicht darüber gerechtet werden, dass dieses Prinzip grundsätzlich menschenverachtend ist, weil es die gesamte Menschheit zur Geisel der Interessenpolitik von Atommächten macht. An dieser Stelle ist nur relevant, dass Russland den ABM-

Vertrag behalten wollte und China dieses Interesse teilte und sogar seiner Ausweitung auf China zugestimmt hätte. Den Vorschlag Putins vom Juni 2000 in Rom, ersatzweise ein gemeinsames Raketenabwehrschild aufzubauen, das die USA und Europa, einschließlich Russlands, schützen sollte, sah China dagegen mit größter Sorge.[39] Aber die währte nicht lange, denn die USA dachten nicht daran, sich mit Russland auf ein solches Projekt einzulassen.

Im Jahr 2006 erschien dann in *Foreign Affairs* ein Artikel, der davon sprach, dass die USA an der Schwelle stünden, die nukleare »Übermacht« zu erhalten, das heißt, die Ausschaltung eines nuklear bewaffneten Gegners ohne dessen Vergeltungsmöglichkeit.[40] Wir müssen nicht spekulieren, was geschehen wäre, wäre dieser US-Plan nach strategischer nuklearer Überlegenheit aufgegangen. Man muss auch nicht mehr darüber spekulieren, was Russland in die erfolgreiche Entwicklung von Hyperschallwaffen trieb. Da diese Waffen der russischen Seite heute strategische Vorteile bieten, ist es höchste Zeit, den Glauben abzulegen, in einem Rüstungswettlauf hätte stets der Westen die Nase vorn. Er ist nicht nur falsch, er ist regelrecht gefährlich.

Doch zurück zum Jahr 2004, in dem die zweite Erweiterung der Nato vollzogen wurde. Anlässlich der damaligen Feierlichkeiten der Nato-Erweiterung um sieben neue Länder zeigte sich der US-Präsident optimistisch, dass sich die Nato-Erweiterung so lange fortsetzen werde, bis Europa »vereint ist in Freiheit und Frieden«. Russland war in diesem Europa nicht vorgesehen. Ein damaliger Bericht der *Washington Post* sah die Sache sehr nüchtern. Alle sieben neuen Nato-Mitglieder hatten den Irak-Krieg der USA vorbehaltlos unterstützt (anders als Frankreich und Deutschland). Deren Nato-Mitgliedschaft werde nun auch ein Garant dafür sein, dass sie mit größerer Sympathie auf außenpolitische Interessen der USA blicken.[41]

Und genau das ist der Zweck einer militärischen Allianz, wenn man an deren Spitze steht: Man spinnt die anderen in das eigene Interessengeflecht ein, was notwendigerweise dazu führt, dass deren Fähigkeit, eigene Interessen durchzusetzen, eingeschränkt wird. Wer das nicht glaubt, sollte sich die Worte von Wolfowitz während einer Anhörung im US-Senat am 10. April 2003 zum Konsensprinzip in der Nato auf der Zunge zergehen lassen: »Ich halte das Konsensprinzip für wichtig, weil es ihnen [den anderen Nato-Staaten, Anm. d. Aut.] das Gefühl gibt, eine Stimme zu haben. Aber die meisten von ihnen verstehen, dass ihre Stimme keine dominante Stimme ist, und letzten Endes denke ich, dass die Nato, wenn sie handeln musste, in der Lage war, diesen Konsens zu erreichen.«[42]

Die Belohnung dafür ist das amerikanische Sicherheitsversprechen, das allerdings nicht in Stein gemeißelt ist. Die Beistandsgarantie in Artikel 5 ist hinreichend vage formuliert, denn Art und Umfang des Beistandes ist jedem Mitglied selbst überlassen.[43] Das sorgt wiederum dafür, dass alle europäischen Nato-Mitglieder danach gieren, zusätzliche militärische Versicherungen eines US-Engagements im Krisen- oder gar Angriffsfall zu erhalten. Die Stationierung von US-Truppen ist eine solche zusätzliche Garantie. Eigene militärische Opfer dulden die USA eher nicht. Auch die Forderung nach »nuklearer Teilhabe« gehört in diese Schublade. Umgekehrt profitieren die USA bei der militärischen Verwirklichung ihrer globalen Ziele. In dieser Senatsanhörung vom 10. April 2003 würdigte General James L. Jones Jr., damaliger Kommandeur der US-Streitkräfte in Europa, die deutsche Rolle für die USA mit folgenden Worten:

> »Das europäische Kommando der Vereinigten Staaten verfügt über ein robustes und sicheres Transportnetz in Deutschland, das eine enorme Machtprojektionsfähigkeit bietet. Es gibt keine bessere Kombination aus Schiene, Straße, Binnenschifffahrts- und Luftinfrastruktursystem, mit dessen Hilfe man Kampfkräfte positionieren kann. Das superbe Netzwerk führt zu den größten und aus-

> gereiftesten Seehäfen der Welt. Für die Operation Iraqi Freedom [Irak-Krieg 2003, Anm. d, Aut.] war diese hochentwickelte Infrastruktur nützlich. [...] Deutschland bietet eine sehr viel schnellere Infrastruktur für Truppenbewegungen als viele unserer besten Plattformen ...« [Nur auszugsweise, die Liste der damals aufgezählten deutschen Vorzüge ist länger, Anm. d. Aut.][44]

Damit machte der General nur zu deutlich, dass auch Deutschland nicht völlig im Abseits stand, als es um die Aggression gegen den Irak ging. Unser Land ist, wie der General so schön sagte, eine »Plattform«.

Zu den ersten Maßnahmen der nunmehr zum zweiten Mal nach 1990 erweiterten Nato gehörte es, im baltischen Luftraum zu patrouillieren, so, als hätten die drei baltischen Staaten bislang auf einer Zeitbombe gesessen und wären nur durch Zufall einer russischen Invasion entkommen. Was für die einen zur Demonstration einer neuen Sicherheitslage wurde, stellte sich aus russischer Sicht ganz anders dar.

Es wird unter anderem damit argumentiert, dass es verschiedentlich Äußerungen von russischer Seite gab, sie hätten keine Sorgen wegen der Nato-Erweiterung, wie etwa 2004.[45] Dies tatsächlich zu glauben, ist allerdings naiv. Praktisch kann man derartige Äußerungen in die Kategorie einordnen, dass gute Miene zum bösen Spiel gemacht wird. Man erkennt, dass man die Runde verloren hat, versucht, das Beste daraus zu machen, um den Schaden nicht noch größer werden zu lassen, und zieht seine Schlussfolgerungen, die man nicht in die Zeitung setzt, also genau so, wie die russische Stellungnahme zur zweiten Nato-Erweiterung lautete, die die *Washington Post* wiedergab.[46] Die Folge solcher »verlorenen Runden« ist, dass die Beziehungen dennoch schlechter werden, weil es eben keinen Interessenausgleich gab. So gedeihen Spannungen und Misstrauen.

Oder anders ausgedrückt, wenn eine militärische Allianz ihre militärische Positionierung verändert, führt das zwingend zu militärischen Gegenreaktionen der anderen, davon betroffenen Seite, jedenfalls in den Fällen, in denen ein Land über eine kompetente Armee verfügt. Wer so etwas nicht hat, kann nur auf die eigene Neutralität vertrauen, auf den Schutz der UN-Charta vor Angriffen setzen oder beten.

Sehr viel später, vor und im Ukraine-Krieg, sollte sich herausstellen, dass die russische Seite nicht betete, sondern die Armee modernisierte, moderne Kriegsführungsmethoden des Informationszeitalters entwickelte und kriegstaugliche All-Wetter-Waffen hat, die auf keinen Fall schlechter sind als vergleichbares westliches Militärgerät. Hinzu kommen schnell mobilisierbare Rüstungsproduktionskapazitäten. Von Hyperschallwaffen oder angekündigten Waffen, die nach »neuen physikalischen Prinzipien« funktionieren, soll an dieser Stelle gar nicht geredet werden – nur der Hinweis, dass man das alles sehr ernst nehmen muss. Wer das nicht tut, begeht die größte Sünde im Krieg – die Unterschätzung des Gegners.

… bleibt vergebliche Mühe

Bis zum Jahr 2007 konnte sich Putin strecken oder Solidarität und Kooperationsbereitschaft mit den USA zeigen, wie er wollte, Russland war weder für die USA noch ihre Verbündeten ein gleichwertiger Partner. Russland leistete unmittelbar nach dem 11. September 2001 praktische Solidarität mit den USA. 2002 diskutierte Putin mit dem damaligen italienischen Premierminister Berlusconi einen Beitritt Russlands zu Nato und zur EU.[47] 2003 überlegte Russland, ob es den USA im Irak nicht eigene Truppen zur Seite stellen sollte, die unter US-Kommando Seite an Seite mit den USA kämpfen sollten.[48] Beide Informationen entstammen dem

US-Bericht aus Italien, der durch Wikileaks veröffentlicht wurde. Nichts davon wurde goutiert. Nichts führte dazu, dass Russland den USA als gleichrangiger Partner galt. Sehr viel später bestätigte der heutige CIA-Chef und damalige US-Boschafter in Russland, William Burns, in seinen Memoiren *The Back Channel: A Memoir of American Diplomacy*, dass die russische Vorstellung von einem gleichberechtigten Platz als atomare Supermacht von den USA abgelehnt wurde. Als »Junior-Partner« hätten die USA Russland durchaus akzeptiert, aber auf Augenhöhe niemals. In diesem Erinnerungsband schlussfolgerte Burns, dass Russland niemals »unser Land war«.[49] Nur selten ist das (gescheiterte) Ziel einer politischen Einvernahme Russlands so präzise formuliert worden.

Mit den ersten beiden Osterweiterungen der Nato kamen Länder ins Bündnis, die schwierige eigene geschichtliche Erfahrungen mit dem zaristischen Russland und mit der Sowjetunion hatten, die eins zu eins auf Russland übertragen wurden. Begünstigt wurde das durch die im Westen vorherrschende Siegermentalität. Wenn man erst einmal dem Kreis der Sieger angehört und es keine gemeinsame Geschichtsaufarbeitung gibt, dann fallen die eigenen geschichtlichen Probleme unter den Tisch, und das, was historisch am anderen schmerzt, wird in den Vordergrund geschoben. Laut Robert Gates stellten die Neuankömmlinge die knallharte Frage, ob die USA bereit seien, ihre Kinder zu schicken, um für Polen, Tschechien oder Ungarn zu kämpfen, obwohl das aktuelle Russland für diese Erwartung 1997 keinen Anlass bot. Gates begriff nur zu gut, dass für die Neumitglieder die Nato kein Kaffeekränzchen darstellte, sondern harten sicherheitspolitischen Interessen diente, und er kritisierte, dass sich Washington darüber offenbar überhaupt nicht im Klaren sei.[50]

Das führt uns stracks in das Jahr 2008 und zur umstrittensten Beschlussfassung der Nato in ihrem Verhältnis zu Russland: die Öffnung der Nato-Tür für eine spätere Mitgliedschaft der Ukraine und Georgiens. Von William Burns, damals US-Botschafter in Moskau, stammte der inzwischen weltweit bekannte Vermerk *Njet means njet* (Nein heißt nein), mit dem er im Vorfeld der geplanten nächsten Erweiterung der Nato die russische Haltung dazu beschrieb. Das sei keine isolierte Meinung, betonte Burns, sondern eine konsolidierte russische Position.

In seinen Aufzeichnungen ging es nicht nur darum, »rote Linien« Russlands zu notieren (Achtung Nato: Bis hierher und keinen Schritt weiter). Burns, der zu keinem Zeitpunkt ein Russland-Freund war, berichtete pflichtgemäß und akkurat, dass Russland die Spaltung der Ukraine fürchte und es zu einem Krieg kommen könne. Wörtlich hieß es bei Burns:

> »Experten sagen uns, dass Russland besonders besorgt ist, dass die starken Meinungsverschiedenheiten in der Ukraine über die Nato-Mitgliedschaft, da ein Großteil der ethnisch-russischen Gemeinschaft gegen die Mitgliedschaft ist, zu einer großen Spaltung führen könnten, die Gewalt oder schlimmstenfalls einen Bürgerkrieg nach sich ziehen könnte. In diesem Fall müsste Russland entscheiden, ob es interveniert. Eine Entscheidung, mit der sich Russland nicht auseinandersetzen möchte.«[51]

Eine ähnliche Sicht hatte Putin Anfang 2008 in der Pressekonferenz nach seinem Treffen mit dem ukrainischen Präsidenten Juschtschenko geäußert. Er bestritt damals nicht das Recht der Ukraine, sich seine Sicherheitsstruktur zu wählen, machte aber auf reale Konsequenzen aufmerksam. Russland könnte unter Umständen gezwungen sein, aus eigenen Sicherheitsinteressen seine Atomwaffen auch auf die Ukraine zu richten. Das wolle er sich gar nicht vorstellen müssen. Putin sprach ebenfalls über die Befürchtung, in Sewastopol könnte eine Nato-Basis entstehen.

Juschtschenko zeigte sich gesprächsbereit und antwortete unter anderem, dass eine Nato-Basis laut der Verfassung der Ukraine ausgeschlossen sei.[52] Formal gesehen stimmte das: Nur ein Land, das schon über eine Militärbasis in der Ukraine verfügte – also Russland –, konnte mit Zustimmung der Ukraine seinen Präsenzvertrag auf dem Weg eines Abkommens verlängern. Tatsächlich beinhaltet auch die ukrainische Verfassung aus dem Jahr 2019 ein Verbot der Errichtung ausländischer militärischer Stützpunkte in der Ukraine. Gleichzeitig war die Ermächtigung einer russischen Präsenz weggefallen. Schließlich hatte Russland 2014 die Krim annektiert, worauf in Kapitel 5 noch ausführlich eingegangen wird.[53]

Dieses Verbot ausländischer Stützpunkte wiederum alarmierte nun die USA. Wie vertrug sich das: die Ziele einer Integration in die EU und die Nato in einer neuen Verfassung festzuschreiben und gleichzeitig ausländische Militärbasen (diesmal der Nato) auszuschließen? Kein Problem, versicherten ukrainische Politiker 2019. Man werde alle Voraussetzungen des Nato-Beitritts erfüllen.[54]

So war im Jahr 2019 eine Konstellation greifbar, die Russland bereits im Jahr 2000 als Gefahr für die eigene Sicherheit betrachtet hatte. Die andere Sicherheitsbedrohung, nämlich dass die Nato an die russische Grenze vorstoßen könnte, was Russland 2000 in seinem nationalen Sicherheitskonzept bereits als Problem dargestellt hatte, rückte mit den Jahren 2004 und 2008 immer näher.

Auch Deutschland stimmte auf dem Nato-Gipfel in Bukarest 2008 einer Nato-Einladung an Georgien und die Ukraine zu. Obwohl Bundeskanzlerin Angela Merkel sich zuvor gegenteilig äußerte und öffentlich die berechtigte Frage stellte, welchen Mehrwert an Sicherheit beide Länder für das Bündnis repräsentieren würden. Sie formulierte diesen Einwand damals so: »Nun meine *zweite* Bemerkung hierzu – diese meine ich ganz ernst: Länder, die selbst in regionale oder innere Konflikte verstrickt sind, können aus meiner Sicht nicht Mitglied der Nato sein.«[55] 2022 rechtfertigte sie ihre damalige grundsätzliche Zustimmung mit dem

Argument, sie habe die Nato nicht spalten wollen. Die USA und auch die neuen Mitgliedstaaten hätten es unbedingt gewollt. Aber immerhin habe sie eine schnelle Mitgliedschaft der Ukraine verhindert, denn damals sei kein Mitgliedschaftsaktionsplan vereinbart worden.

2008 legte sie öffentlich Wert auf die Feststellung, dass der Nato-Gipfel eine klare Botschaft ausgesandt habe, die lautet: »Über die Mitgliedschaft in der Nato entscheiden die Mitgliedstaaten und diejenigen, die um Aufnahme bitten, und nicht Dritte.«[56]

Tatsächlich wussten alle am Nato-Beschluss Beteiligten 2008 erstens, dass in der Ukraine keine politische Mehrheit für einen Nato-Beitritt vorhanden war. Nach Umfragen waren damals 58 Prozent der Ukrainer dagegen[57]. Auch darüber hatte die Bundeskanzlerin im März 2008 gesprochen. Alle Nato-Mitglieder wussten ebenfalls, dass dieser Schritt in Moskau auf größten Widerstand stieß. Daher hatte auch der damalige französische Ministerpräsident die ursprüngliche Ablehnung einer schnellen Nato-Mitgliedschaft der Ukraine (und Georgiens) in einem Interview wie folgt begründet: »[...] weil wir der Meinung sind, dass dies nicht die richtige Antwort auf das Kräftegleichgewicht in Europa und zwischen Europa und Russland ist, und wir zu diesem Thema einen Dialog mit Russland führen wollen.«[58] Der damalige georgische Präsident Saakaschwili wiederum betrachtete solche Überlegungen als »Beschwichtigung« gegenüber Russland.[59] Die USA setzten sich im Kreis der Nato im Grundsatz durch und bewiesen einmal mehr, dass das Konsensprinzip frei nach Wolfowitz funktionierte: Nicht alle Stimmen haben das gleiche Gewicht.

Zu diesem Zeitpunkt gab es bereits eine weitere schwere Irritation im Russland-Nato-Verhältnis. Es ging um die geplante Stationierung von Raketenabwehrsystemen in Polen und Tschechien (Radarsystem) und später auch Rumänien. Aus russischer Sicht veränderte das die militärische Positionierung der Nato zum russischen Nachteil. Moskau fürchtete, dass damit die eigenen nuklearen Kapazitäten unterlaufen werden sollten. Die Nato erklärte wiederum, das seien nur Hirngespinste und das Raketenschild sei zur Abwehr iranischer Waffen gedacht.

Im Jahr 2023 gab die Foundation for Defending Democracies eine umfassende Bewertung des iranischen Raketenprogramms heraus. Seite 43 zeigt die Reichweite der iranischen Waffen, die aufgrund einer politischen Entscheidung im Iran auf 2000 km begrenzt sind. Man kann sich so sehr leicht visuell davon überzeugen, dass ein Nato-Abwehrschild in Polen, angeblich gegen iranische Raketen, auf einer Lüge fußt.[60] Auf die Reichweitenbegrenzung der iranischen Raketen hatte der Raketenspezialist Michael Elleman bereits 2016 vor dem US-Kongress hingewiesen.[61] Eine umfassende Bewertung, warum diese Positionierungen der Nato so konfliktbeladen sind, nahm der ehemalige CIA-Analyst Ray McGovern vor. Zunächst sind die Systeme schon bautechnisch so intransparent, dass niemand weiß, was für Raketen sie enthalten und ob die nun defensiver oder offensiver Natur sind. Zudem sind sie durch einfache Software-Veränderungen gegen jedes mögliche Ziel ausrichtbar.[62] Dass es nie um den Iran ging, war bei Reuters schon 2008 nachlesbar. Dort lobte die amerikanische Lobby, dass nun Polen besser russische Raketen abfangen könne.[63]

Das alles war auch Gegenstand der amerikanisch-polnischen Diskussionen zum Thema, die wegen Wikileaks öffentlich wurden und die der *Guardian* vor vielen Jahren auswertete.[64]

Die russischen Besorgnisse sind daher auch nicht aus der Luft gegriffen, und der Streit um militärische Positionierungen der Nato vor den russischen Grenzen bzw. den russischen Positionierungen hat einen sehr ernsthaften Hintergrund. Je näher sich zwei militärische Parteien gegenüberstehen, umso kürzer wird die Zeitspanne für Interpretation und Schlussfolgerung, wie eine Militäraktion der jeweiligen Seite zu beurteilen oder gar zu beantworten ist. Deshalb hatte auch das Verbot der Mittelstreckenwaffen so große Bedeutung für die wechselseitige Sicherheit im europäischen Raum. Je kürzer die Reaktionszeit ist, die beiden Seiten zur Verfügung steht, umso größer ist das Risiko eines kapitalen Fehlers aufgrund von Fehleinschätzungen und Falschwahrnehmungen auf der jeweils anderen Seite.

2008 ignorierte die Nato russische Einsprüche gegen neue Erweiterungsschritte. Russland war zwar stärker geworden, aber aus Sicht der USA allenfalls eine »Mittelmacht«. Da konnte man es auf einen Konflikt ankommen lassen. Eine solche Haltung ist das glatte Gegenteil dessen, wozu die Nato nach ihrem Statut verpflichtet gewesen wäre. Dort heißt es ausdrücklich im Artikel 1:

> »Die vertragschließenden Staaten verpflichten sich, gemäß den Bestimmungen der Charta der Vereinten Nationen jeden internationalen Streitfall, an dem sie beteiligt sein mögen, durch friedliche Mittel in der Weise zu regeln, dass Frieden, Sicherheit und Gerechtigkeit unter den Völkern nicht gefährdet werden, und sich in ihren internationalen Beziehungen jeglicher Drohung oder Gewaltanwendung zu enthalten, die in irgendeiner Weise mit den Zielen der Vereinten Nationen nicht vereinbar ist.«

Aber nach dem vermeintlichen Ende des Kalten Krieges war das Bewusstsein für diese Verpflichtung in der Nato erloschen.

Es gab allerdings 2010 noch einmal innerhalb des Nato-Russland-Rates eine gemeinsame politische Erklärung, in der sich beide Seiten auf eine »echte Partnerschaft«, in der sie sich als Gleiche betrachteten, verpflichteten. Darin wurde festgestellt, dass die Sicherheit aller im euro-atlantischem Raum unteilbar und die Sicherheit der Nato und Russlands miteinander verflochten sei. Es gehe um einen gemeinsamen Raum des Friedens und der Sicherheit. Diese Erklärung enthält darüber hinaus die folgende Bestimmung:

> »Die [Nato-Russland-Rat-]Mitgliedsstaaten unterlassen die Androhung oder Anwendung von Gewalt gegeneinander sowie gegen einen anderen Staat, seine Souveränität, territoriale Integrität oder politische Unabhängigkeit in jedweder Weise, die nicht mit der Charta der Vereinten Nationen und den erklärten Prinzipien zur Regelung der Beziehungen zwischen den teilnehmenden Staaten, die in der Schlussakte von Helsinki enthalten sind, vereinbar ist.«[65]

Ein Nachlesen der in Helsinki 1975 verabredeten politischen Prinzipien ist empfehlenswert. Sie formulieren das Ideal eines Umgangs souveräner gleichberechtigter Staaten miteinander, deren Handeln ausschließlich dem Frieden, friedlicher Streitbeilegung und der Verständigung verpflichtet ist. Im Kalten Krieg blieben diese Regelungen – so wie auch im Jahr 2010 – nichts anderes als politische Zielvorstellungen. Bemerkenswert ist allerdings der Zeitpunkt des versuchten politischen Neuanfangs (»reset«) in den russisch-amerikanischen Beziehungen: Nach der Nato-Entscheidung 2008 und dem Russland-Georgien-Krieg machten beide Seiten erneut einen Schritt aufeinander zu.

Der Russland-Georgien-Krieg

Heute gilt der Russland-Georgien-Krieg allgemein als erster russischer Aggressionsakt in Europa im 21. Jahrhundert. Damals, im Jahr 2008, gab es eine sehr viel differenziertere Betrachtungsweise. Georgien hatte diesen Konflikt militärisch vom Zaun gebrochen, Russland hatte mit unverhältnismäßiger militärischer Macht reagiert und sich so ins Unrecht gesetzt. Nicht nur die abtrünnigen georgischen Provinzen wurden Kriegsschauplatz, sondern auch Georgien selbst. Aber Russland nutzte den Kriegsvorteil nicht und zog sich wieder militärisch aus Georgien zurück. Es griff nicht nach georgischer Erde. Damals war noch klar, dass Russland auf die Nato-Erweiterungsbeschlüsse und die neuen Stationierungsbeschlüsse der Nato reagierte, dass Georgien seit 2004 den laufenden Vertrauensbildungsprozess mit den abtrünnigen Regionen unterminierte und den Streit mit Russland erbittert und auf persönlicher Ebene führte. Weder die EU noch die USA waren mäßigend vorgegangen. Das alles ist nachlesbar.[66]

Erst nach dem Krieg waren die EU und Russland um zügige Deeskalation bemüht. Zudem war die Erinnerung an die US-Aggression gegen den Irak noch frisch, die Existenz von CIA-Geheimgefängnissen und Folterpraktiken gerade erst ans Licht der Öffentlichkeit gelangt. Da tat man sich noch etwas schwerer, mit Steinen zu werfen. Spätestens 2018 aber war das reale Geschehen in Georgien längst Geschichte und vergessen. Nun galt der Konflikt als Fallbeispiel »russischer Aggression«.

2018 beschäftigten sich US-Militärexperten mit dem Kriegsverlauf von 2008. Sie zeichneten ein sehr nüchternes Bild vom Zustand der russischen Armee. Sie sei vom angreifenden Georgien völlig überrascht worden. Bei der Kriegsführung habe sie sich wie die Sowjetarmee verhalten, nicht wie eine moderne Armee. Nichts habe richtig geklappt. Es sei weniger die russische Kriegsführung, sondern eher der schnelle Kollaps der georgischen Seite gewesen, der den Sieg gebracht habe. Dieser Krieg habe das russische Militär gelehrt, dass es nicht vorbereitet sei, es mit einem gleichwertigen Gegner aufzunehmen. Das habe zu Reformen geführt. Der russische Einsatz in Syrien ab 2015 habe demonstriert, dass die Armee seither Fortschritte gemacht habe. Aber es bleibe noch viel zu tun.[67]

Der USA-Russland-Neuanfang 2010 zeitigte einige positive Wirkungen für die internationalen Beziehungen. Er führte beispielsweise zur Zusammenarbeit der USA und Russland bei der Beseitigung syrischer Chemiewaffen. Die deutsche Bundeskanzlerin machte 2010 mit dem damaligen russischen Präsidenten Medwedjew einen gemeinsamen Versuch, einen außenpolitischen EU-Russland-Mechanismus zur politischen Konfliktbewältigung zu schaffen, ein europäisch-russisches politisches und sicherheitspolitisches Komitee.[68] Auch die Ukraine-Politik sollte in einem solchen Format besprochen werden. Die Idee starb jedoch so schnell, wie sie geboren worden war. Die EU war zu einem solchen Gesprächsformat, das Russland womöglich ein Veto- oder sichtbares Mitspracherecht gegeben hätte, nicht bereit. Ein russischer Vorschlag, die östliche Nachbarschaftspolitik der EU im Format 24+1 zu besprechen, nach dem Vorbild des Nato-Russland-Rates, wurde 2004 umgehend verworfen.[69] Eine politische Diskussion in der Kommission hat es dazu jedenfalls nicht gegeben.

Kapitel 3

Das Tauziehen um die Ukraine – die Lunte brennt

»Ich habe das Gefühl, dass der Präsident persönlich – und das ist nicht nur ein Gefühl, das habe ich gehört – dass der Präsident persönlich die Ukraine bei der Gewährung der Nato-Mitgliedschaft unterstützt.«[1]

Präsident Selenskyj über Präsident Biden
nach ihrem Treffen in Kiew im September 2021

Das offene Tauziehen um die Ukraine begann auf dem Nato-Gipfel 2008: Dort wurde der Wunsch nach Aufnahme in die Nato grundsätzlich begrüßt, man verwies allerdings darauf, dass es noch ein weiter Weg bis dahin sei. Nach dem Wahlsieg von Wiktor Janukowitsch 2010 kam es allerdings zu einem erneuten Richtungswechsel in der ukrainischen Außenpolitik, zumindest, was die Nato-Mitgliedschaft betraf: Sie stand nun nicht mehr auf der Tagesordnung. Die Ukraine-Nato-Beziehungen wurden aber auf einem niedrigeren Niveau weitergeführt. Wie die allermeisten seiner Vorgänger war Präsident Janukowitsch auf ein nach Ost und West gleichermaßen ausbalanciertes Verhältnis fokussiert. Er verfolgte einerseits das Projekt der EU-Assoziierung und versuchte, eine Mitgliedschaftsoption zu erhalten. Andererseits kümmerte er sich auch um das Verhältnis zu Russland. 2010 wurde der Pachtvertrag für Russlands Schwarzmeerflotte bis zum Jahr 2042 verlängert. Im Gegenzug erhielt die Ukraine verbilligte Gaslieferungen, was damals angesichts ihrer finanziellen Misere eine Erleichterung darstellte.[2] Dieser Handel stieß bei der Opposition auf energische Ablehnung, da die russische Armee nicht länger im Land verbleiben sollte. Regelrecht emotional aufgeladen wurde die ukrainische Situation allerdings, als Janukowitsch die neue Sprachenpolitik unterschrieb. Danach sollten Städte und Regionen die Möglichkeit haben, neben dem Ukrainischen eine weitere Amtssprache einzuführen, sofern es dort starke Minderheiten gab. Das wurde als Verrat am Ukrainischen begriffen. Frühzeitig formierte sich ein Oppositionsbündnis gegen Janukowitsch.

Der Euro-Maidan und seine Auswüchse

Zur entscheidenden innenpolitischen Wende kam es, als Janukowitsch den Assoziierungsvertrag mit der EU auf Eis legte. Obwohl ein Gipfeltreffen der Östlichen Partnerschaft in Vilnius im November 2013 das gemeinsame Bestreben bekräftigte, an der Assoziierung festzuhalten, wurde in der Ukraine kommuniziert, dass eine Abkehr vom europäischen Projekt stattgefunden habe – den genauen Verlauf dieses Schwankens der Ukraine zwischen West und Ost werden wir nachvollziehen. Janukowitsch wurde des Verrats beschuldigt. Das führte zu Demonstrationen europafreundlicher Ukrainer, dem sogenannten Euro-Maidan, später auch als »Revolution der Würde« bezeichnet. Dieser Protest verlief zunächst friedlich, wurde dann aber zunehmend gewalttätig – die Entwicklungen werden in Kapitel 6 ausführlicher dargestellt. Das Land drohte immer tiefer in einer politischen Krise und Gewaltspirale zu versinken. Das Massaker vom 20. Februar 2014 wurde schließlich zum blutigsten Tag der politischen Krise und führte zum Putsch gegen Janukowitsch. Die gezielte Tötung von

Demonstranten auf dem Maidan durch Scharfschützen wurde zunächst dem Janukowitsch-Regime, insbesondere der Spezialeinheit Berkut, angelastet. Tatsächlich gab es aber sehr schnell Hinweise darauf, dass Kräfte des oppositionellen Maidan ihre Hände im Spiel hatten.[3] Die Geschehnisse sind bis heute nicht gänzlich aufgearbeitet worden. Der Einzige, der dieses Massaker detailliert wissenschaftlich untersuchte, ist der ukrainisch-stämmige kanadische Wissenschaftler Iwan Katschanowski. Er kam bereits 2015 zu dem Schluss, dass es sich um eine wohlgeplante Operation von Maidan-Kräften handelte, die unter falscher Flagge agierten (Swoboda, Rechter Sektor und oligarchische Kräfte der Vaterlandspartei).[4] Laut Katschanowski ist aufgrund eines ukrainischen Gerichtsurteils aus dem Jahr 2023 wenigstens klar, dass es keine Hinweise auf eine russische oder westliche Verwicklung in die Taten gab.[5] Denn darüber hatte es auch mediale Spekulationen gegeben.[6]

Der Westen tolerierte die dem Massaker folgende Amtsenthebung Janukowitschs, obwohl sie mit einem Verfassungsbruch einherging. Eine umfängliche rechtliche Würdigung dieses Umstandes hat Prof. Markus Porsche-Ludwig bereits 2014 vorgelegt.[7] 2015 wies der ukrainische Präsident Poroschenko mit dieser Begründung dann ein Gesetz der Rada zurück. Das führte in Großbritannien zu einem Aha-Effekt. Dort hatte die Regierung behauptet, alles wäre verfassungskonform vor sich gegangen. Die *Huffington Post* schrieb darüber.[8]

In der Bundesrepublik Deutschland war man weniger kühn und drückte sich um eine klare Beurteilung.[9] Die *Washington Post* befand am 24. Februar 2014, dass in der Ukraine alles demokratisch zugegangen sei, aber Risiken bestünden, dass Putin versuchen könnte, das Land wieder in seinen Griff zu bekommen.[10] Was hätte sie auch anders schreiben sollen? Schließlich war der *regime change* geglückt, also war er auch demokratisch. Porsche-Ludwig verwies auf den entscheidenden Punkt: Völkerrecht schlägt Verfassungsrecht. Er zitierte den Sicherheitsberater des polnischen

Ministerpräsidenten: »Wir betrachten Janukowitsch als ehemaligen Präsidenten. Verfassungsrechtliche Verfahren haben keine Bedeutung mehr.«[11] Es kam also darauf an, wie sich die Staatengemeinschaft verhielt. Akzeptierte sie das Neue oder nicht?

Es wurde nur zu gerne akzeptiert, denn nun war im Entstehen, wofür die USA erklärtermaßen seit 1991 gearbeitet und fünf Milliarden US-Dollar aufgewendet hatten:[12] die Ausrichtung der Ukraine nach Westen. 2015 räumte Präsident Obama in einem CNN-Interview die direkte Involvierung der USA in den *regime change* auch ein. Befragt zu den Ukraine-Ereignissen 2014 und zu Putin erklärte er, dass Putin seine Entscheidungen in Bezug auf die Krim und die Ukraine »nicht aufgrund einer großen Strategie [getroffen hätte], sondern im Wesentlichen, weil er durch die Proteste auf dem Maidan aus dem Gleichgewicht geraten war und Janukowitsch dann geflohen ist, *nachdem* wir einen Deal zum Machtübergang in der Ukraine ausgehandelt hatten«.[13] Damit stellte Obama klar, dass die USA aktiv beteiligt waren. Nicht Putin hatte in die Ukraine hineinregiert, es waren die USA.

Wenn alle Archive einmal geöffnet und alle Erinnerungen geschrieben sind, wird sich vielleicht herausstellen, wann und wie die Entscheidung fiel, Janukowitsch loszuwerden und wer alles am Coup in der Ukraine beteiligt war.

Die sichtbare außenpolitische Schlüsselfigur in jenen Tagen des Maidan war Victoria Nuland, damals im State Department zuständig für Europa und später bis März 2024 stellvertretende Außenministerin der USA. Sie hat ukrainische Wurzeln. Aus ihrem berühmt gewordenen Telefonat vom 7. Februar 2014 mit dem damaligen US-Botschafter in Kiew, Geoffrey Pyatt, dessen Inhalt an die Öffentlichkeit gelangte, wissen wir, dass die USA vor dem Sturz Janukowitschs an einem Regierungswechsel in Kiew arbeiteten.[14] Besprochen wurde der geeignete Kandidat für den Posten des Ministerpräsidenten (Jazenjuk) und wer besser außen vor bleiben sollte. Nuland sinnierte darüber, wie man mittels der Vereinten

Nationen alles »zusammenleimen« könne. Eine Rolle der EU war bei diesem »Hebammenprojekt« nicht vorgesehen. »Fuck the EU«, erklärte Frau Nuland ihrem Kollegen, der ihr gerne beipflichtete. Aber es fielen auch noch zwei weitere Namen in diesem Gespräch: Sullivan und Biden. Sullivan war damals der Sicherheitsberater des US-Vizepräsidenten Biden. Nuland konstatierte, Biden sei auch »an Bord«.[15] Die ganze Riege, die sich damals mit Verve in die inneren Angelegenheiten der Ukraine einmischte und die es nicht scherte, dass das Land eine demokratisch legitimierte Regierung hatte, ist in den USA die Karriereleiter weiter aufgestiegen. Alle drei wurden zu Schlüsselpersonen im Russland-Ukraine-Konflikt.

Es ist aufschlussreich, wie der ehemalige CIA-Direktor John Brennan in einem langen Interview mit PBS 2017 in der Reihe »The Putin Files« (die Putin-Akten) das Bekanntwerden des Nuland-Pyatt-Telefonats, aber auch anderer Telefonate kommentierte. Er ging – sehr wahrscheinlich zu Recht – davon aus, dass die russische Seite die Telefonate abgefangen und öffentlich gemacht hatte. Die öffentliche Bloßstellung des Gegners hielt er für eine neue Form der russischen Kriegsführung.[16] Um von dem wahren Skandal abzulenken, erklärte er dessen Offenlegung zur Kriegsmethode.

Im Osten gärt es: Krim-Annexion und Unruhen im Donbass

Dem ersten Verfassungsbruch in der Ukraine 2014 folgte nur wenige Tage später ein zweiter durch das Parlament der Krim. Es setzte die Regierung ab, erklärte Autonomie, rief offen nach russischem Beistand und danach, Russland beitreten zu dürfen. Zusätzliche russische Truppen wurden völkerrechtswidrig auf die Krim entsandt. In weniger als einem Monat, allerdings ganz unblutig, fand ein international nicht anerkanntes Referendum statt, das sich für einen Beitritt zu Russland aussprach. Russland kam dem nur zu gerne nach, und es hatte auch im Vorfeld massiv Einfluss auf die Entscheidung genommen. Es steht außer Frage, dass das Krim-Referendum verfassungswidrig war und auch nicht fair ablief. Als Ergebnis annektierte Russland die Krim. Wenn man davon ausgeht, dass sich diese Verletzung der territorialen Integrität der Ukraine nicht militärisch lösen lässt und auch nicht, wie man es sich aktuell in der Ukraine vorstellt, durch Bestrafung der Einwohner für deren Wahlverhalten bzw. deren Verhalten während der russischen Okkupation, gibt es womöglich nur den Weg über die internationale Gerichtsbarkeit. Es hätte auch den Weg gegeben, diese Frage in einem langen Dialog-Prozess zu lösen. Denn das war Teil der Istanbuler Vereinbarungen vom März 2022.

Die Krim-Ereignisse 2014 wurden vom US-Militär aufmerksam verfolgt. Aber es gab keine Hinweise, dass sich die USA militärisch engagieren würden.[17] Obama machte im CNN-Interview 2015 sehr deutlich, dass er eine direkte militärische Auseinandersetzung zwischen den USA und Russland für hochgefährlich hielt. Später begründete die Obama-Administration ihre Weigerung, letale Waffen an die Ukraine zu liefern, mit der Sorge vor der eskalatorischen Dominanz durch Russland bzw. einer direkten militärischen Konfrontation.[18] Etwas anders beurteilte das der ehemalige CIA-Direktor John Brennan, der gegenüber PBS erklärte, die Zurückhaltung der Obama-Administration, Putin klare Grenzen aufzuzeigen, hätte Putin zum Ausreizen seines Handlungspotentials angespornt.[19] Brennan ist ein ganz typischer Vertreter der Ideologie einer extrem harten Hand der USA gegenüber potentiellen Gegnern oder gar Feinden. Diese sollen immer »einen Preis bezahlen«, ob nun für tatsächliches oder angebliches Fehlverhalten. Mike Morell, einst amtierender CIA-Direktor, erklärte beispielsweise 2016 öffentlich in der Fernsehshow von Charlie Rose, dass er in Syrien »Russen töten« wolle, als »kleinen Preis« dafür, dass Russland dem Gesuch des Assad-Regimes entsprach und militärischen Beistand leistete. Er wolle dies nicht offen tun, sondern verdeckt, aber doch schon so, dass die Nachricht in Moskau ankäme. Charlie Rose lachte dazu. Morell hatte weitere Vorschläge, wer noch zu töten sei bzw. was noch zu tun sei, um die US-Politik gegenüber Syrien zu verwirklichen. Er stieß auf keinen Widerspruch, was zeigt, dass es längst normal zu sein schien, wenn einer in den Abgründen imperialer Machtdemonstration wandelt und pure Mordlust verkörpert.[20] Niemand empörte sich, dass Morell seine Tötungsabsichten damit begründete, dass die USA im Irak von Iranern angegriffen worden waren und US-Soldaten den Preis bezahlt hatten. Vergessen war, dass die USA widerrechtlich Krieg gegen den Irak geführt hatten und dort widerrechtlich verblieben. So ist das bis zum heutigen Tag. Die USA vergelten Angriffe auf ihre widerrechtlich stationierten Truppen im Irak und in Syrien und halten das für legitim.

Auch Barack Obama sprach am 26. März 2014 in Brüssel von der Notwendigkeit, dass Russland für die illegale Annexion der Krim einen Preis bezahlen müsse. Er meinte allerdings ausdrücklich Wirtschaftssanktionen. Gleichzeitig erteilte Obama damals einer Nato-Mitgliedschaft Georgiens und der Ukraine eine Absage. Das stehe nicht auf der Tagesordnung, erklärte er. Er fügte hinzu: »Ich weiß, dass Russland zumindest im Hintergrund angedeutet hat, einer der Gründe für seine Besorgnis über die Ukraine sei eine mögliche Nato-Mitgliedschaft.« Umgekehrt erklärte Obama, dass auch die ukrainische Regierung nicht nach einer Nato-Mitgliedschaft strebe, um das Verhältnis zu Russland nicht zu gefährden, und das bleibe aus seiner Sicht auch auf absehbare Zeit so.[21] Die *Tagesschau* schätzte damals ein, dass diese Äußerung von Obama die Bereitschaft in Russland gestärkt habe, auf Diplomatie zu setzen. Sie erinnerte ebenfalls daran, dass Georgien die beiden abtrünnigen Gebiete Abchasien und Südossetien, die unter russischer Kontrolle stehen, »auch aus eigener Schuld verlor«. Die Einschätzungen Obamas wurden von der Bundesregierung geteilt, aber sie stießen in der Nato auch auf Widerspruch, zumindest im Fall Georgiens.[22]

Parallel zu den Krim-Ereignissen gärte es im Donbass bzw. überall dort, wo die politische Basis für Janukowitsch schwerpunktmäßig zu Hause war. Wie zuvor beim Maidan kam es nunmehr im Osten der Ukraine zu einer Art Anti-Maidan, zu Gebäudebesetzungen und Gewaltausbrüchen zwischen Anhängern der neuen und der alten ukrainischen Regierung. Russische Fahnen als Zeichen für Janukowitsch wurden gehisst. In dieser aufgeheizten Situation beschloss die Übergangsregierung der Ukraine am 8. April 2014, militärisch mit einer Anti-Terroroperation gegen das Aufbegehren des Donbass vorzugehen. Es folgte ein brutaler Zusammenstoß pro-russischer und pro-ukrainischer Demonstranten in Odessa im Mai 2014, bei dem es viele Tote und Verletzte gab und der bis heute nicht aufgearbeitet ist.[23] Die selbsternannten Donbass-Republiken Donezk und Luhansk riefen ihre Autonomie aus, und die Anti-Terroraktion der Kiewer Übergangsregierung wurde zum Bruderkrieg. Die aus allen Landesteilen zusammengestellte ukrainische Armee zerfiel, und ein Teil lief auf die Seite der abtrünnigen Republiken über. Neu aufgestellte Freiwilligenbataillone, die von Oligarchen finanziert wurden, schlossen auf der Seite der neuen Herrscher von Kiew die Lücken. Laut Jacques Baud, der in der Nato das russische Engagement im Donbass und auch russische Kleinwaffenlieferungen beobachtete, gab es 2014 nur ganz wenige russische Soldaten im Donbass. Überlaufende Soldaten nahmen ihre Waffen mit. Munitionsdepots wurden geplündert (so wie zuvor in der Westukraine).

Russische Waffenlieferungen an den Donbass seien – so Baud – damals nicht erfolgt.[24] Nach ukrainischen Angaben, die vom wissenschaftlichen Dienst des US-Kongresses im Jahr 2021 herangezogen wurden, waren etwa 3000 russische Militärangehörige in den autonomen Gebieten vor allen in leitender Funktion tätig. Insgesamt schätzte die ukrainische Seite die Stärke der bewaffneten Truppen der autonomen Donbass-Republiken auf rund 35 000 Mann.[25]

Das politische Auseinanderfallen der Ukraine 2014 in einen pro-westlichen und einen pro-russischen Teil folgte strukturellen, soziologischen und kulturellen Unterschieden, die seit der Staatsgründung der Ukraine vorhanden waren – wir werden in Kapitel 5 genauer darauf eingehen. Dafür liefert das neue Buch von Emmanuel Todd, einem französischen Historiker, sehr interessante Anhaltspunkte.[26] Aber erst die offen anti-russische Orientierung des Maidan und dann die der Übergangsregierung führte dazu, dass die längst vorhandenen Spannungen explodierten. In der Übergangsregierung gab es keinen einzigen Vertreter der Wählerschaft im Osten der Ukraine mehr. Stattdessen waren vier Mitglieder der extrem rechten Swoboda Teil der Riege. Aber noch kam es nicht zum territorialen Zerfall, denn der Donbass bestand zwar auf Autonomie, verblieb aber im staatlichen Verbund der Ukraine. Russland zeigte kein Interesse, sich diese Gebiete einzuverleiben. Das hätte es wahrscheinlich auch wirtschaftlich und finanziell nicht leisten können. Die westlichen Sanktionen machten ihm zu schaffen, und die Krim musste nunmehr alimentiert werden, obwohl es keine eingeplanten Mittel im Staatshaushalt gab. Für die Krim hat damals das ganze Land den Gürtel enger schnallen müssen.

Im Sommer 2014 verstärkten sich nicht nur die militärischen Auseinandersetzungen im Donbass, sondern auch die ukrainischen Bemühungen um eine Nato-Mitgliedschaft. Allerdings wurde dies zunächst nicht öffentlich gemacht, wie ein Bericht der *Kyiv Post* hervorhob.[27]

Am 17. Juli 2014 kam es zum Abschuss des Passierflugzeuges MH 17, einer Maschine der Fluggesellschaft von Malaysia, als dieses den Luftraum über dem Kriegsgebiet durchquerte. 298 Menschen starben, die Mehrheit der Opfer waren Niederländer. Warum der Luftraum für die zivile Luftfahrt nicht gesperrt worden war, beherrschte vor allem die niederländische Diskussion. 2016 gab es einen niederländischen Sicherheitsbericht, wonach es bis zum 17. Juli keine Erkenntnisse gegeben hatte, dass Waffen, die Zivilflugzeuge treffen könnten, in den Händen des Donbass waren.[28]

Die große Tragödie von MH 17 verlieh den militärischen Auseinandersetzungen in der Ukraine eine internationale Dimension. Auch der UN-Sicherheitsrat beschäftigte sich damit. Der US-Außenminister John Kerry erklärte öffentlich, die USA hätten alles genau gesehen, und wies die Schuld an der Katastrophe Russland zu. Russland müsse aufhören, die Separatisten militärisch zu versorgen.[29] Vizepräsident Biden rühmte sich vor Harvard-Studenten im September 2014, dass die USA mit ihren Informationen zu den Verursachern der Tragödie die ganze Welt aufgerüttelt haben.[30] Die *New York Times* berichtete 2024 in einem langen Artikel über die Kooperation zwischen CIA und ukrainischem Geheimdienst, die CIA sei beeindruckt gewesen, wie schnell – innerhalb von Stunden – der ukrainische Geheimdienst Informationen übergab, die die russische Schuld belegten. Daraufhin sei die Zusammenarbeit enger geworden.[31]

2023 hat ein niederländisches Gericht drei Personen als verantwortlich für den Abschuss von MH 17 befunden und in Abwesenheit verurteilt, zwei Russen und einen Ukrainer. Die Beweise, die die USA angeblich hatten, aber nicht öffentlich machten, wurden trotz gerichtlicher Aufforderung nicht vorgelegt. Das Gericht urteilte, dass der Abschuss der MH 17 auf das Konto der pro-russischen Separatisten ging und Russland involviert war. Der Internationale Gerichtshof beschäftigte sich aufgrund einer Klage der Ukraine ebenfalls mit diesem Fall. Er wies das Ansinnen, Russland für den entsetzlichen Vorfall verantwortlich zu machen, 2024 ebenso zurück wie die Bezeichnung der Kämpfer des Donbass als Terroristen.[32]

An dieser Stelle sollen nur unmittelbare politische Reaktionen auf diese Katastrophe in Erinnerung gerufen werden. Der damalige Berater des ukrainischen Innenministers, Anton Geraschtschenko, war einer der Ersten, der über die sozialen Medien über die Katastrophe informierte. Er legte sofort die Spur nach Russland. Von ihm stammt auch die erste Aufnahme, die die angebliche Geschossspur der BUK, ein mobiles Boden-Luft-Abwehrsystem sowjetischer Bauart, zeigte und die weltweit bekannt wurde.[33] Geraschtschenko schrieb: »... Dem Zynismus Putins und dem Ego der Terroristen sind keine Grenzen gesetzt! Europa, die USA, Kanada, die zivilisierte Welt – öffnet eure Augen! Helfen Sie uns allen, mehr als Sie können! Das ist ein Krieg zwischen Gut und Böse! Hier ist ein Video vom Unglücksort! Einige Schurken riefen: ›Schönheit! Es brennt wunderschön!‹ Das sind keine Menschen.«[34]

Woher wusste Geraschtschenko, was die angeblichen Mordbuben riefen? Eine Spur von Anteilnahme mit den zivilen Opfern ließ sein Beitrag jedenfalls nicht erkennen. So war das auch bei Julija Timoschenko, die in einem Fernsehauftritt an jenem Abend nur einen dürren Satz des Mitleids fand, um dann die Forderung zu stellen, dass nunmehr die Nato der Ukraine zu Hilfe kommen müsse. Dass das damals diskutiert worden sein muss, bestätigt ein Interview von Charlie Rose mit Hillary Clinton noch am Tag der Katastrophe. Clinton nahm durchaus an, dass Russland hinter allem stecke. Sie hielt als EU-Reaktion auf diesen Abschuss drei Dinge für erforderlich: schärfere Russlandsanktionen, eine Abkehr der EU von russischen Energielieferungen sowie militärisches Engagement (gemeinsam mit den USA), um die ukrainische Außengrenze zu Russland besser zu überwachen. Sie forderte auch europäische Waffenlieferungen mit dem bekannten Diktum: Putin muss einen Preis bezahlen.[35] Wäre es nach Hillary Clinton (oder nach Timoschenko und Geraschtschenko) gegangen, wären damals Nato-Staaten direkt in den Konflikt involviert worden. Da das Flugzeugwrack auf dem Gebiet der »prorussischen Separatisten« lag, wurde deren Umgang mit den Opfern skandalisiert.[36] Später erklärte die OSZE, dass die Aufständischen sich durchaus um Abtransport und gekühlte Verwahrung der allermeisten Opfer gekümmert hatten[37], aber da war es schon zu spät und die Emotionen waren hochgekocht.[38]

Die Katastrophe von MH 17 war der Moment, in dem alle hätten innehalten müssen, um zu einem sofortigen Waffenstillstand in der Ukraine zu kommen. Die OSZE plädierte dafür und sagte, dass längst genug Zivilisten gestorben seien.[39] Die EU entschied sich für einen doppelten Weg: Sie sanktionierte Russland und beförderte gleichzeitig die Abkommen von Minsk I im September 2014 und Minsk II im Februar 2015. Damit sollte erklärtermaßen dem Blutvergießen in der Ukraine ein Ende gesetzt und eine politische Lösung erreicht werden, die den territorialen Zusammenhalt der Ukraine sichern würde. Das Minsk-II-Abkommen enthält klare Bestimmungen für eine politische Lösung. Deutschland, Frankreich und Russland waren die Garanten des Prozesses. Der UN-Sicherheitsrat unterstützte ihn, und auch die Nato erklärte 2015, es gebe keine vernünftige politische Alternative dazu.[40]

Kaum war das Abkommen von Minsk II[41] unter Dach und Fach, beschloss die EU, einen substantiellen Teil ihrer Sanktionen gegen Russland (ohne Krim-Sanktionen) ab 2016 an dessen Erfüllung zu binden. Der entsprechende Beschluss ist klar:

> »Der Europäische Rat ist übereingekommen, dass die Geltungsdauer der restriktiven Maßnahmen gegen die Russische Föderation, die am 31. Juli 2014 angenommen und am 8. September 2014 ausgeweitet wurden, eindeutig an die vollständige Umsetzung der Vereinbarungen von Minsk geknüpft sein sollte, in dem Bewusstsein, dass diese Umsetzung erst bis zum 31. Dezember 2015 vorgesehen ist.«[42]

Es ist bis heute nicht aufgearbeitet, warum die EU das machte. Faktisch betrachtete sie damit Russland nicht mehr als einen Garanten des Prozesses, sondern verwandelte Russland in eine Kriegspartei (aufseiten des Donbass) und nahm es auch noch in die Pflicht für den Teil des Abkommens, den die Ukraine zu erfüllen hatte. Das widersprach völlig dem Geist der feierlichen Verständigung auf enge Zusammenarbeit, die ebenfalls in Minsk erlangt worden war, aber noch mehr den realen Möglichkeiten Russlands. Russland konnte allenfalls auf den Donbass einwirken, aber auf keinen Fall auf die Politik in Kiew. Es konnte die Sanktionen nur wieder loswerden, wenn das Minsker Abkommen vollständig umgesetzt wurde. In der Ukraine führte das zur genau umgekehrten Konstellation. Jeder Versuch zur Umsetzung des Minsk-II-Abkommens konnte als russlandfreundliche Politik diskreditiert werden. In der Folge lag die Nichterfüllung des Minsk-II-Abkommens im Interesse aller, die die Weiterführung scharfer Sanktionen gegen Russland wünschten und ihnen einen höheren Wert zumaßen als einem Einvernehmen zwischen Kiew und den Donbass-Republiken.

Präsident Selenskyjs schwieriges Erbe: Das Minsk-II-Abkommen

Nach seiner Wahl 2019 war Präsident Wolodymyr Selenskyj diesem durch die EU-Beschlüsse geschaffenen Dilemma umgehend ausgesetzt. Er war aufgrund des Versprechens gewählt worden, für Frieden mit Russland und für eine gute Entwicklung der Ukraine zu sorgen. Über 70 Prozent der Ukrainer hatten für ihn gestimmt: einen russischen Muttersprachler, Juden und landesweit bekannten Medienstar durch seine Serienrolle als kleiner Mann, der zum ukrainischen Präsidenten aufsteigt und das Land zum Guten verändert. Wie im Filmskript passte 2019 alles: Selenskyj gründete seine Partei (Diener des Volkes), und wie im Film machte er sich daran, seine Wahlversprechen einzulösen. Die ersten politischen Handlungen des neu gewählten Präsidenten, der sich zunächst mit engsten Vertrauten aus der Medienwelt umgab, legen nahe, dass es ihm ernst war, dafür zu sorgen, dass das Minsk-II-Abkommen nunmehr erfüllt und der Krieg ein Ende nehmen würde.

Selenskyj scheiterte aber an den extremen nationalistischen und auch gewaltbereiten Kräften in der Ukraine, die drohten, ihn notfalls aufzuhängen. Den Anfang machte Dmytro Jarosch, ein extremer Politiker vom Rechten Sektor.[43] Aber Jarosch blieb nicht die einzige drohende Stimme. Zahlreiche NGOs in der Ukraine zeterten, dass sie keine Politik akzeptieren würden, die zur Aufhebung von Sanktionen gegen Russland führen könnte, und viele dieser NGOs waren westlich finanziert. Keine Kapitulation vor Russland, lautete der damalige Slogan, und es kam zu öffentlichen Protesten. Der Westen schien die prekäre Lage, in der sich der ukrainische Präsident befand, kaum wahrzunehmen. Bis heute ist die Annahme weitverbreitet, dass die extremen gewaltbereiten Nationalisten in der Ukraine nur wenig Wählerzuspruch finden würden. Man übersieht, dass eine extremistische Minderheit, die gewaltbereit ist und Waffen zur Verfügung hat, Einschüchterung verbreitet und Terror ausüben kann.

Schließlich beugte sich Selenskyj dem extremen rechtsnationalistischen Druck im Land. Er erfand für sich eine neue Rolle, bei der die ernst gemeinte Erfüllung von Minsk II nicht mehr vorkam, und umgab sich in der Folge mit strammen ukrainischen Nationalisten.

Das eigentliche politische Problem der Reintegration des Donbass in die Ukraine und einer nationalen Aussöhnung war schlichte Wahlarithmetik. Die Zahl der ukrainischen Staatsbürger, die für gute Beziehungen mit Russland eintraten, wäre wegen der »Pro-Russen« im Donbass dramatisch gestiegen. Das war, wie im *National Interest* nachzulesen war, etwas, was die ukrainischen Nationalisten mehr als die militärische Auseinandersetzung (mit Russland) fürchteten.[44]

Ganz neu war diese Erkenntnis allerdings nicht. In einem geleakten Telefongespräch, das die ehemalige ukrainische Ministerpräsidentin Julija Timoschenko (Vaterlandspartei) im April 2014 führte, erzählte ihr Gesprächspartner, bei einem Treffen der Parteivorsitzenden sei über die Frage gesprochen worden, was man mit den acht Millionen ethnischen Russen im Land machen solle. Sie seien Gesetzlose. Können wir sie nicht nuklear auslöschen, fragte Timoschenko zurück, was sie später als Scherz darstellte. Tatsächlich war sie während des gesamten Telefonats eher nicht zum Scherzen aufgelegt, denn es fand nach dem Verlust der Krim statt. Sie wünschte sich unter anderem, mithilfe aller Verbündeten und der ganzen Welt Russland dafür so zu strafen, dass das Land zu einem verbrannten Feld werde.[45]

Sehr viel später, im Jahr 2022, erklärten der seinerzeitige ukrainische Präsident Poroschenko, die ehemalige Bundeskanzlerin Merkel und der französische Ex-Präsident Hollande[46] übereinstimmend, das Minsk-II-Abkommen sei nie zur Verwirklichung bestimmt gewesen. Es habe dazu gedient, der Ukraine Zeit zu geben, um sie militärisch stärker zu machen für den unvermeidlichen Krieg mit Russland.[47]

Zu einem völlig anderen politischen Schluss kam ein Papier der Londoner Denkfabrik »Chatham House« aus dem Jahr 2020. Das hielt das ganze Minsk-II-Abkommen für einen Zeitkaufversuch der russischen Seite. Minsk II habe zudem dem russischen Interesse gedient, die Ukraine weiter zu destabilisieren und womöglich über mehr Autonomie in den Donbass-Regionen auch die Zentralmacht in Kiew zu unterminieren.[48] Glaubt man einer gemeinsamen Veröffentlichung der Chefredakteurin des *Euromaidan* (Ukraine) und eines britischen Abgeordneten, die sich 2019 mit geleakten russischen E-Mails befassten, hätte alles womöglich in die Neutralität der Ukraine und also zur »Kapitulation« der Ukraine gegenüber Russland geführt.[49]

Gleichgültig welcher Interpretation man sich auch anschließt, feststeht, dass sich Russland nur auf dem Weg der Erfüllung des Minsker Abkommens vom EU-Sanktionskorsett hätte befreien können.[50] Demzufolge hatte auch nur die russische Seite ein echtes Interesse an der Erfüllung dieses Abkommens. Erst in den unmittelbaren Tagen vor Kriegsbeginn offenbarte sich, dass in Russland jedes Vertrauen verloren gegangen war, dass die Ukraine oder der Westen tatsächlich zur Umsetzung des Minsk-II-Abkommens bereit gewesen waren. Insofern bedeutete das Eingeständnis von Merkel 2022 zu den Intentionen von Minsk II für den Kreml nichts Neues. Merkels Äußerungen machten allerdings nur zu deutlich, dass die deutsche Politik in dieser Grundfrage von Krieg und Frieden gegenüber Russland auf Jahren der Vorspiegelung falscher Tatsachen basierte, die lückenlos von der neuen Koalition weitergeführt wurde. Denn als der deutsche Bundeskanzler Scholz am 15. Februar 2022 in Moskau öffentlich behauptete, er habe den ukrainischen Präsidenten nunmehr zur Erfüllung des Minsk-Abkommens überreden können, war dafür in Kiew keine politische Grundlage mehr gegeben. Selenskyjs Zustimmungsrate lag schon im März 2021 nur noch bei 38 %.

Keine einzige der Minsk-II-Vereinbarungen, die die Ukraine hätte autonom erfüllen können, war eingehalten worden. Das betraf speziell die Verfassungsreform, die Wiederaufnahme von Rentenzahlungen an die Einwohner der abtrünnigen Republiken sowie eine allgemeine Amnestieregelung. Als der ukrainische Präsident der Münchner Sicherheitskonferenz versicherte, dass die Ukraine am Minsker Abkommen festhalte, hatte er außer Beschwerden gegenüber Russland nicht Reales vorzuweisen. Alle politisch Verantwortlichen wussten das. Später berichtete der *Tagesspiegel*, was die Bundeskanzlerin Merkel zur Lage im Sommer 2021 in Bezug auf das Minsk-Abkommen gedacht habe: »Das Minsker Abkommen sei zu dieser Zeit ›ausgchöhlt‹ gewesen, sagte Merkel. Sie habe ›mit Emmanuel Macron im EU-Rat noch mal ein eigenständiges europäisches Gesprächsformat mit Putin herstellen‹ wollen. Dazu kam es jedoch nicht.« Sie hätte nicht mehr die Kraft gehabt, das durchzusetzen, weil sie schon im Abgang von der politischen Bühne begriffen war.[51]

Diese politische Lage war Anfang 2022 unverändert, und es ist nicht glaubhaft, dass der neue Bundeskanzler Scholz das nicht wusste. Zumal es noch vor seinen Besuchen in Kiew und Moskau im Februar 2022 durch Putins Äußerungen während einer gemeinsamen Pressekonferenz mit Macron zum politischen Eklat kam. Auf dieser Pressekonferenz hatte Putin die Frage gestellt, ob das Minsk-Abkommen noch gelte. Zu ihm gebe es keine Alternative. Er wählte dabei die folgenden Worte:

»Was die Vereinbarungen von Minsk betrifft – sind sie am Leben und haben sie eine Perspektive oder nicht? Ich glaube, dass es einfach keine andere Alternative gibt. Ich wiederhole noch einmal, in Kiew sagen sie entweder, dass sie sich fügen werden, oder sie sagen, dass dies ihr Land zerstören wird. Der amtierende Präsident hat kürzlich erklärt, dass ihm kein einziger Punkt dieser Minsker Vereinbarungen gefällt. *Ob du es magst oder nicht, es ist deine Pflicht, meine Schöne.* Sie muss erfüllt werden. Anders geht es nicht.« CNN befragte deshalb den ukrainischen Präsidenten, was der von der ordinären, gewaltbereiten Sprache Putins halte, der sich nicht um die Ansichten der »Schönen« schert, egal, ob sie will oder nicht. CNN beschrieb die Antwort Selenskyjs wie folgt: »Natürlich gibt es einige Dinge, über die wir mit dem Präsidenten der Russischen Föderation nicht streiten können«, sagte Selenskyj. »Die Ukraine ist eine Schönheit. Was aber das ›mein‹ betrifft, ist das eine leichte Übertreibung.« In Bezug auf die Zeile, pflichtbewusst zu sein und es zu tun (Anmerkung: das Minsker Abkommen erfüllen), fügte Selenskyj laut CNN hinzu: »Ich denke, die Ukraine ist sehr geduldig. Denn das ist Weisheit. Ich denke, das ist nicht nur für die Ukraine wichtig, sondern für ganz Europa.«[52] Ein Ja war das nicht, im Gegenteil, der ukrainische Präsident tat so, als wäre das Katz-und-Maus-Spiel, das auch er sich zu eigen gemacht hatte, Ausdruck einer europäischen Großtat. Ob Kiew das Minsker Abkommen erfüllen würde oder nicht, interessierte CNN interessanterweise überhaupt nicht. CNN schlussfolgerte aus alledem lediglich, dass Putin einen erneuten Einblick in seine vulgäre Persönlichkeit geboten habe.

2023 erklärte Selenskyj gegenüber dem *Spiegel*, er habe Merkel und Macron gesagt, dass er das Minsk-Abkommen so nicht umsetzen könne. Er hielt es für zu pro-russisch.[53]

Der Erlass zur Rückgewinnung der Krim

Im Jahr 2021 und Anfang 2022 war die Zündschnur für den Krieg, der im Februar folgen sollte, schon am Glimmen. Gestützt auf Empfehlungen des Nationalen Sicherheits- und Verteidigungsrates der Ukraine, gab der Präsident im März 2021 den Erlass 117/2021 zur Befreiung und De-Okkupation der Krim heraus. Mit diesem Erlass, der nur in ukrainischer Sprache vorliegt, wurden erstmals seit der Annexion der Krim auch ausdrücklich militärische Maßnahmen genannt. Zudem wird die Annexion als Sicherheitsbedrohung für die Ukraine (aber auch darüber hinaus) beurteilt, da Russland die Krim zu einem militärischen Brückenkopf ausbaue. Auch die Stationierung von Atomwaffen könne nicht ausgeschlossen werden. Nach dem Erlass sollten politische und diplomatische Mittel Vorrang haben (Prinzip 8). Mit Prinzip 9 behält sich die Ukraine vor, alles zu tun, einschließlich militärischer Schritte, was im Einklang mit dem internationalen Recht steht. Dieser Erlass spielt in der öffentlichen westlichen Diskussion keine Rolle, obwohl hier ein Grund dafür zu suchen ist, warum die Nato die Ukraine nicht als Mitglied akzeptieren kann, es sei denn, sie will sehenden Auges in einen Krieg mit Russland verwickelt werden. Denn eine Ukraine als Nato-Mitglied, die aufgrund der eigenen Rechtslage beschlösse, gegen die Krim militärisch vorzugehen, würde die Frage eines militärischen Beistandes nach Artikel 5 Nato-Vertrag aufwerfen. Unter diesen Bedingungen spielte die Nato mit dem Feuer, als sie auch danach immer wieder öffentlich an einer Nato-Mitgliedschaft der Ukraine festhielt. Denn auch für Russland schuf dieser ukrainische Beschluss eine veränderte Lage. Solange die Nato-Option der Ukraine nicht vom Tisch war, war auch das Risiko einer unmittelbaren Nato-Russland-Konfrontation wegen der Krim aus russischer Sicht nicht vom Tisch. Das gegenseitige Misstrauen war bereits viel zu tief, als dass klar feststellbar gewesen wäre, ob die in Aussicht gestellte Nato-Mitgliedschaft der Ukraine nur ein politisches Bonbon war oder ein ernsthaftes Unterfangen. Dazu hätten die Nato und Russland intensiv kommunizieren und Vertrauen aufbauen müssen, aber das stand nirgendwo auf der Agenda.

Stattdessen kam es im April 2021 zu einem russischen Truppenaufmarsch an den ukrainischen Grenzen. Ein Artikel erinnert an eine wütende russische Reaktion auf den Erlass: Würde die Krim militärisch angegriffen werden, wäre das der Anfang vom Ende der Ukraine.[54]

Dann folgte das Treffen zwischen Putin und Biden in Genf 2021, das ohne gemeinsame Pressekonferenz endete. Das Treffen sei konstruktiv gewesen, versicherten beide der Öffentlichkeit, sachlich und pragmatisch. Es gab aber offenbar keine Verabredung, wie man weiter miteinander verfahren würde.

Der ukrainische Präsident verstärkte unterdessen seine öffentlichen Forderungen nach einer Nato-Mitgliedschaft. Bereits Anfang 2021 hatte Selenskyj öffentlich gefragt, warum die Ukraine nicht Nato-Mitglied sei, wo sie doch Europa verteidige.[55] Einer der engsten Berater des ukrainischen Präsidenten, Oleksij Arestowytsch, hatte sich 2019 in einem Interview zum Verhältnis zwischen Nato und Russland geäußert. Er sagte damals, es sei russisches Interesse, die Ukraine zu verwüsten, damit sie für die Nato uninteressant werde. Gleichzeitig äußerte er, dass mit einer Wahrscheinlichkeit von 99,9 Prozent die Ukraine erst einen großen Krieg gegen Russland führen müsse, damit sie im Anschluss Nato-Mitglied werden könne. Würde sie nicht Nato-Mitglied, würde

Russland die Ukraine innerhalb von 10 bis 12 Jahren »absorbieren«. Vor diese Wahl gestellt, plädierte Arestowytsch für einen großen Krieg mit Russland, den die Ukraine gewinnen würde, um dann Nato-Mitglied zu werden. Ein ukrainischer Sieg wäre das »coolste Ding«.[56]

Im Herbst 2021 marschierten erneut russische Truppen an den ukrainischen Grenzen auf, und im späten Herbst stand eine drohende russische Invasion im Raum. Moskau wies das damals allerdings als unbegründete Verdächtigung zurück. Zwischen den USA und der Ukraine kam es zu einer Charta intensivierter Partnerschaft.[57] Darin unterstützten die USA das Ziel der Ukraine, Nato-Mitglied zu werden, betrachteten Russland als Okkupant des Donbass und als Anführer des dortigen militärischen Konflikts. Gleichzeitig wurde öffentlich über alle möglichen Strafaktionen gegen Russland gesprochen, einschließlich der Beendigung des Nord-Stream-2-Projektes.[58] Aber die USA machten ebenfalls deutlich, dass eine westliche Hilfe für die Ukraine nicht so weit gehen werde, dass im Fall eines russischen Angriffs auf die Ukraine die USA oder die Nato mit eigenen Truppen zu Hilfe kämen.[59] Das geht auch eindeutig aus der Gesprächszusammenfassung der Videokonferenz zwischen Biden und Putin vom 7. Dezember 2021 hervor, denn dort wies Biden nur auf ökonomische und andere Sanktionen hin.[60] Simpel ausgedrückt: man reizte, aber versprach, nicht direkt militärisch zuzubeißen.

Im selben Gespräch verpflichteten sich beide Seiten, das Besprochene weiter zu verfolgen. In diesem Punkt stimmt die russische mit der wesentlich kürzeren offiziellen Gesprächszusammenfassung des Weißen Hauses überein. Laut der Gesprächszusammenfassung des Kremls beschwerte sich Putin über die Nichtumsetzung des Minsk-Abkommens und den Beschuss des Donbass. Der amerikanische Präsident wiederum kritisierte den Truppenaufmarsch und kündigte scharfe Vergeltungsmaßnahmen für den Fall einer Invasion an. Das wiederum führte zu einer Beschwerde Putins, dass hier die Schuldfrage umgekehrt werde: Die Nato würde sich gefährlich Russland nähern, daher brauche Russland Sicherheitsgarantien. Unter anderem machte Putin geltend, dass nach der neuen Doktrin die Ukraine militärische Mittel zur Wiederherstellung ihrer territorialen Einheit in Bezug auf die Krim nicht ausgeschlossen habe. Eine Nato-Mitgliedschaft der Ukraine könne demzufolge in direkte militärische Konfrontation zwischen der Nato und Russland führen.[61]

Entsprechende russische Forderungen wurden sowohl der Nato als auch den USA am 17. Dezember 2021 zugestellt. Am 31. Dezember 2021 (Moskauer Zeit) gab es ein weiteres Telefonat zwischen dem russischen und dem amerikanischen Präsidenten. Darin verabredeten sie, über die russischen Forderungen zügig verhandeln zu wollen. Der US-Präsident machte laut russischer Gesprächszusammenfassung die folgende Aussage: »In diesem Zusammenhang betonte Joseph Biden, dass Russland und die USA eine besondere Verantwortung für die Gewährleistung der Stabilität in Europa und der ganzen Welt hätten und dass Washington nicht die Absicht habe, offensive Angriffswaffen in der Ukraine einzusetzen.«[62] Die US-Zusammenfassung ist wesentlich kürzer und konzentriert sich auf die notwendige Deeskalation, signalisiert aber auch Gesprächsbereitschaft.[63] Sie erwähnt nicht die im russischen Text enthaltene Passage, was allerdings nicht so gedeutet werden kann, als dass der russische Text erfunden worden sei. Derartige Gesprächszusammenfassungen geben immer das wieder, was aus Sicht der jeweiligen Seite wichtig ist – und offenbar war der russischen Seite die Versicherung Bidens wichtig, dass der Ukraine keine US-Offensivwaffen geliefert werden würden. Ging es um den heraufziehenden Krieg oder ging es um eine Versicherung Bidens, dass die USA einem Nato-Mitglied Ukraine nicht derartige Waffen liefern würden? Aus keiner der beiden Gesprächszusammenfassungen geht hervor, dass im Einzelnen über die strittige Nato-Mitgliedschaft der Ukraine gesprochen worden sei.

Man kann darüber streiten, ob die russischen Forderungen vom Dezember 2021 ein Ultimatum darstellten. Sowohl die Nato als auch die USA antworteten schriftlich. Im Kern wurde zurückgewiesen, was Russland gefordert hatte: die Neutralität der Ukraine, eine militärische Neupositionierung der Nato weg von den russischen Grenzen und einen Sicherheitsvertrag für Europa. Am 2. Februar 2022 machte *El Pais* beide Antworten öffentlich.[64]

In einer Analyse vom 3. Februar in *Responsible Statecraft* kam der britische Politikwissenschaftler Anatol Lieven zum Schluss, dass die US-Antwort diplomatisch professionell geschrieben war und Anknüpfungspunkte für Verhandlungen enthielt, was einigen offenbar Hoffnung auf eine gütliche Einigung machte. Die Nato-Antwort dagegen sei von einer konfrontativen Tonalität geprägt gewesen. Lieven vermutete, nicht alle Nato-Staaten hätten solcher Sprache zugestimmt.[65] Öffentlich wurde allerdings kein Dissens innerhalb der Nato erkennbar. Auf einer Pressekonferenz am 14. Februar 2022 mit dem ukrainischen Präsidenten unterstrich der deutsche Bundeskanzler die Bereitschaft zu einem »ernsthaften Dialog mit Russland über Fragen europäischer Sicherheit«. Die Nato und die USA hätten »konkrete Vorschläge« gemacht, die »wir unterstützen«. Nun warte man auf die russische Reaktion.[66] Es ist das Verfahren, das die politische Intention verrät. In Zeiten großer Dramatik verhält man sich nicht bürokratisch. Der Dissens lag auf dem Tisch, und damit war alles auf die Frage zugespitzt: Wollen wir uns einigen oder nicht? Das hätte nur in einem politischen Spitzentreffen Nato–Russland entschieden werden können. Niemand hat es anberaumt.

Die russischen Vorschläge wurden am 12. Januar 2022 nur in einer Sitzung des Nato-Russland-Rates auf Botschafterebene besprochen. Die sind weisungsgebunden. Oberflächlich zeigte sich die Nato flexibel, aber in der Sache machte sie keinen einzigen Schritt auf Russland zu. Das machte der Nato-Generalsekretär in der anschließenden Pressekonferenz nur zu deutlich.[67] Macron verwandte sich zwar gegenüber Putin noch am 20. Februar 2022 für weitere Gespräche mit den USA, hatte aber, so die russische Bewertung am 21. Februar 2022, auch keine neue Bewegung aufseiten der USA zu verkünden. Eine eigene Entscheidungsmacht hatten weder Scholz noch Macron. So blieb alles, was sich an Konflikten seit 2008 angehäuft hatte, ungelöst. Hinzu kam, dass beginnend mit dem 16. Februar 2022 die Kämpfe im Donbass wieder aufflammten.[68] Diese Intensivierung gehe von der ukrainischen Seite aus, beschwerte sich der russische Außenminister. Die OSZE stelle das nicht korrekt dar.[69] Die ukrainische Regierung wiederum beschuldigte Russland der Desinformation und die OSZE, »pro-russisch« zu berichten, nachdem westliche Regierungen ihre Mitglieder zum Schutz vor möglichen Gewaltausbrüchen in der Region von dieser Mission abgezogen hatten.[70]

Man kann nicht ausschließen, dass der Verlauf der Münchner Sicherheitskonferenz 2022 für den russischen Kriegsentschluss eine Rolle spielte. Dort traten sowohl der ukrainische Präsident Selenskyj als auch die US-Vizepräsidentin Kamala Harris auf. Sie unterstrich den festen Willen der USA, die Ukraine in die Nato aufzunehmen. Außerdem drohte der ukrainische Präsident Selenskyj in seiner Rede damit, die Ukraine könne das Budapester Abkommen aufkündigen. In diesem war 1994 festgelegt worden, dass unter anderem Russland die Grenzen der Ukraine achten werde und die Ukraine im Gegenzug auf die von der Sowjetunion hinterlassenen Atomwaffen verzichten werde. Selenskyj sah durch die Annexion der Krim dieses Memorandum als verletzt an, was bedeutete, dass die Ukraine ihren Status als kernwaffenfreie Macht infrage stellen könne. Das war möglicherweise das Tüpfelchen auf dem i.

Zu diesem Zeitpunkt war Putin mit der Forderung der Duma konfrontiert, den separatistischen Gebieten zu Hilfe zu kommen. In der Duma hatte sich ein entsprechender Antrag der Kommunisten in freier Abstimmung durchgesetzt. Der Antrag der Putinnahen Partei, die diese Frage zunächst in die ministerielle Abstimmung verwiesen hätte, fand keine Mehrheit.

Diese Sachlage spielte auch auf der Pressekonferenz nach dem Treffen des Bundeskanzlers mit dem russischen Präsidenten am 15. Februar 2022 eine Rolle. Das breche den Minsker Prozess ab und stelle eine große Tragödie dar, erklärte Scholz. Gleichzeitig ging aber aus seinen Ausführungen auch hervor, dass er beim Minsker Prozess keinen Eilbedarf sah. Die zuständigen Gremien sollten weiter verhandeln, auf der Basis von ukrainischen Vorschlägen, die nun schnell vorgelegt würden.[71] Niemand hat den deutschen Bundeskanzler je gefragt, ob er damals in Moskau selbst glaubte, was er sagte, oder ob das vorgeschlagene bürokratische Vorgehen dem Ernst der Lage angemessen war. In seiner Pressekonferenz mit Selenskyj am 14. Februar 2022 betonte er zweimal, er sei, was die ukrainischen Verpflichtungen bei Minsk II angehe, mit Selenskyj zu einem Übereinkommen gelangt. Das Problem war nur, dass Selenskyj das in der Pressekonferenz nicht bestätigte. Medien fragten nicht nach, obwohl ihnen hätte auffallen müssen, dass die ukrainische Seite in dieser sensiblen Frage öffentlich keine Zusagen machte bzw. den deutschen Kanzler nicht bestätigte,[72] zumal der ukrainische Präsident Scholz damals auch noch in der Nato-Mitgliedschaftsfrage in die Parade fuhr. Erst äußerte sich Selenskyj auf der Pressekonferenz in Sachen Nato-Mitgliedschaft ziemlich wolkig. Daraufhin erklärte der deutsche Bundeskanzler, die Frage einer Nato-Mitgliedschaft der Ukraine stelle sich aktuell gar nicht, und die russische Seite blase etwas auf, was nicht real sei. Darauf wiederum entgegnete Selenskyj, dass das ukrainische Ziel sehr wohl die Nato-Mitgliedschaft sei, es allerdings nicht von ihr allein abhänge, ob es sich verwirklichen lasse.

Die russische Duma wiederum wies Putin die Entscheidung zu, wie nun die Donbass-Frage zu regeln sei. Ob das alles nur ein Produkt innerrussischer politischer Winkelzüge war oder nicht, am Ende musste laut russischer Verfassung Putin entscheiden.

Dem ging eine Sitzung des russischen Nationalen Sicherheitsrates voraus, die öffentlich gemacht wurde. In dieser Sitzung spielten zwei Fragen die Hauptrolle: Ist eine Umsetzung des Minsk-Abkommens noch realistisch, und ist eine Verständigung mit den USA über die russischen Sicherheitsinteressen denkbar? Hatte Macron recht, als er im Telefonat mit Putin am 20. Februar andeutete, die USA seien gesprächsbereit? Die Debatte dazu macht eines überdeutlich: Es gab in diesem Kreis niemanden mehr, der dem Westen vertraute oder die Hoffnung hatte, es würde zu echten Verhandlungen kommen. Die Stimmung war resigniert: Was immer wir tun, Sanktionen sind uns gewiss, aber die werden auch nicht ewig dauern.

Man kann nur spekulieren, was das Ziel der damaligen öffentlichen Übertragung der Sitzung des Sicherheitsrates in Moskau war. Wäre an dem Tag eine diplomatische Intervention der USA gegenüber Putin erfolgreich gewesen? Ging es aus russischer Sicht nur noch darum, der nichtwestlichen Welt zu erklären, was im russischen Denken eine Rolle spielte? Man muss fast vermuten, dass es damals nicht mehr um den Westen ging. Der verbreitete längst, dass alles, was aus Moskau komme, nur Lüge sei. Im globalen Süden, der nicht so dachte, dürften viele damit beschäftigt gewesen sein, diese Sitzung sehr genau zu analysieren.

Geschadet hat es, wie die folgenden Ereignisse zeigten, Russland in jenen Ländern jedenfalls nicht. Aber mit dieser Sitzung und der anschließenden Erklärung des russischen Präsidenten, dass die autonomen Donbass-Republiken nunmehr von Russland anerkannt würden und Russland militärisch Beistand leisten werde, schloss sich die Tür zum Frieden in Europa. Russland eröffnete den Krieg. Seitdem ist Russland offiziell in einer militärischen Allianz mit den nunmehr von ihm anerkannten Donbass-Gebieten, die inzwischen, aber das kam später, in die Russische Föderation eingegliedert wurden – wiederum, nach dem Vorbild der Krim als ein Ergebnis von Referenden, die, wie schon im Jahr 2014, ebenfalls nicht international anerkannt sind. Mit der Aggression vom 24. Februar 2022 entschied sich der russische Präsident Putin für die Sprache der Macht. Aber was damit in die Welt kam, entwickelte sich zu sehr viel mehr als nur einem Krieg zwischen zwei Staaten, es wurde zur Auseinandersetzung um die künftige Weltordnung.[73]

Kapitel 4

Der endlose Kalte Krieg oder Wie der Westen Putin erschuf

»Aus Sicht der BRICS ist die Hybris und Arroganz der politischen Entscheidungsträger im von den USA geführten Westen so atemberaubend, dass man sie kaum glauben kann. Es ist, als hätten sie die Fähigkeit verloren zu sehen, wie andere sie sehen. Oder es ist ihnen einfach egal.«

Ramesh Thakur[1], Emeritus der Crawford School of Public Policy, Australien

2006 warf der amerikanische Russland-Experte Stephen Cohen die Frage auf, ob der Kalte Krieg je zu Ende gegangen sei. In einem langen Artikel in *The Nation* unter der Überschrift: »Der neue Kalte Amerikanische Krieg« vertrat Cohen die Ansicht, in den USA herrsche das Kalte-Kriegs-Denken weiter vor. Cohen hoffte vergeblich, seine Analyse würde die Außenpolitik der USA beeinflussen.[2] Seine Publikation führte allerdings zu interessanten Reaktionen, die Cohen 2007 zur Erwiderung veranlassten.[3] Einige meinten, die Behauptung, die USA-Russland-Beziehungen würden in einen Kalten Krieg abgleiten, sei Unsinn. Andere wiederum teilten den Befund von Cohen, dass sich die US-Russland-Beziehungen drastisch verschlechterten, wiesen die Schuld dafür jedoch ausschließlich Russland zu. Die US-Politik habe damit nichts zu tun. Dann gab es noch das Lamento, dass niemand wisse, was man tun könne. Die beschriebenen Reaktionen stehen beispielhaft für die bis heute andauernde Debatte, wer die Schuld am aktuellen Desaster eines Stellvertreterkrieges zwischen Russland und der Nato trägt, der auf dem Rücken der Ukraine ausgetragen wird.

Präziser ausgedrückt muss es natürlich heißen: Wie ist die Schuld verteilt? Alle Staatenbeziehungen sind im Guten wie im Schlechten Ergebnis menschlicher Entscheidungen. Den einen Unfehlbaren gibt es nicht. Aktionen rufen Gegenreaktionen hervor, ob nun gewollt oder ungewollt. Konflikte und ihre Zuspitzung entstehen nicht aus dem Nichts. Jederzeit gibt es eine Wahl: Häuft man auf alte Probleme noch neue, ignoriert man sie oder stemmt man sich entschieden gegen immer größeren Dissens.

Hörten die USA je auf, in Russland einen Feind zu sehen?

Cohen jedenfalls hielt die Lage schon 2006 für so gefährlich, dass er den Vorschlag machte, dass Washington die Siegermentalität ablegen, Russland als souveränes Land mit eigenen legitimen Interessen ansehen und umgehend die Politik der Nato-Osterweiterung beenden solle. Er erhob damals einen schweren Vorwurf: Nach 1991 sei die US-Politik Russland gegenüber weniger kompromissbereit gewesen als gegenüber der Sowjetunion. Zwar sei man oberflächlich freundlich gewesen, ganz auf Du und Du, in Wahrheit aber habe sich die US-Seite völlig rücksichtslos verhalten und die Schwächung Russlands nach 1991 ausgenutzt. Das sei begleitet worden von gebrochenen US-Versprechen, unentwegten Belehrungen und Forderungen nach einseitigen Konzessionen.

Als Beispiele führte Cohen an:

Erstens: die Remilitarisierung der US-Russland-Beziehungen in Form der militärischen Einkreisung Russlands durch die Nato und die bereits erfolgte bzw. geplante Errichtung aller möglichen Militärbasen.
Zweitens: Die Leugnung legitimer Interessen Russlands in seiner Nachbarschaft, während die USA in Gestalt des Diplomaten Richard Holbrooke vollmundig verkündeten, dass die Ukraine zum »Kern des US-Sicherheitsinteresses« gehöre.
Drittens: Die permanente Einmischung in die inneren Angelegenheiten Russlands seit 1992, das Paktieren mit Anti-Kreml-Gruppen, auch Oligarchen, das Anschwellen der öffentlichen Bezeichnungen von Putin als »Dieb«, »Faschist« oder »Saddam Hussein« und die mehr oder minder unverhüllten Aufforderungen zum *regime change.*
Viertens machte er Heuchelei und Doppelstandards aus. Was Washington mache, sei immer richtig, mache Moskau das Gleiche, werde es abgewertet. Jede pro-amerikanische Regierung im russischen Orbit sei ein Grund zu amerikanischer Freude, aber Russland werde sofort an den Pranger gestellt, wenn ihm eine pro-russische Regierung in seiner Nachbarschaft eher zusage.

Schließlich nannte Cohen noch den Versuch der USA, die nukleare Dominanz herzustellen, die im Kalten Krieg nicht gelungen war. Das sei der eigentliche Sinn der Kündigung des ABM-Vertrags gewesen.

Cohen war kein »Putin-Apologet« und wollte keine »Beschwichtigungspolitik« gegenüber Moskau. Cohen glaubte, Washington könnte Russland in eine Lage treiben, die für die Sicherheit der USA, wenn nicht für die ganze Welt, gefährlich werden könnte. Er gab einer Politik den Vorzug, die den Hippokratischen Eid in die internationalen Beziehungen einführen sollte: Richte keinen Schaden an.

Jahre später, 2018, erklärte der amerikanisch-russische Journalist Wladimir Pozner einem amerikanischen Publikum an der Yale-Universität, wie die USA »Putin erschufen«. Im Beziehungsgeflecht seit 1991 waren die USA fast in allen Punkten dominant, das stand außer Frage. Aber wie hatten sie ihre Dominanz genutzt? Pozner analysierte politische Entscheidungen des Westens und darauffolgende Reaktionen in Russland. Der Vortrag wurde mehr als neun Millionen Mal im Internet aufgerufen.[4]

Er wurde genauso wenig verstanden wie Cohen. Nichts änderte sich an der dominierenden Haltung, Unbequemes nicht hören zu wollen oder gar durch Diffamierung abzuwehren. Westliche Stereotypen und Feindbilder saßen und sitzen viel zu tief, und die Ansicht, Russland verstehe nur die Sprache der Härte und müsse einen Preis für sein Verhalten bezahlen, ist allgegenwärtig. Die, die solches unbekümmert postulieren, kämen niemals auf die Idee, Vergleichbares über ein westliches Land und dessen politische Fehlleistungen auch nur zu denken.

Der inzwischen pensionierte Oberbefehlshaber der US-Streitkräfte in Europa, General Ben Hodges, gab 2023 einen tiefen Einblick in sein Weltbild, als er sich zum Ukraine-Krieg äußerte und ihm der folgende Satz entschlüpfte: »Russland war und ist seit Jahrzehnten eine existentielle Gefahr für Europa und die Vereinigten Staaten.« Deshalb gehe es laut Hodges im Ukraine-Krieg »um so viel mehr als nur um die Ukraine«.[5] Wer ein anderes Land zur jahrzehntelangen »existentiellen Gefahr« deklariert, deklariert Feindschaft. Denn es versteht sich von selbst, dass eine existentielle Gefahr nicht tolerabel ist. Da geht es ums nackte Überleben der einen oder anderen Seite. Offenbar glaubte Hodges, »seit Jahrzehnten«, dass sich im Fall Russlands die Frage so stellte. Mit dieser Geisteshaltung übte er seine beruflichen Verpflichtungen aus. Es ist kaum zu erwarten, dass sie in Moskau unbemerkt blieb.

Feindbilder schüren Misstrauen sowie Feindschaft und stehen Versöhnlichem im Weg. Deshalb forderte John F. Kennedy 1963, dass Feindbilder abgelegt werden müssen, wenn ein friedliches Zusammenleben unterschiedlicher Nationen gelingen soll. Frieden fußt auf der Bereitschaft, bei aller Unterschiedlichkeit das allgemein Verbindende in den Vordergrund zu stellen. Wird das Verschiedene dagegen zum Unerträglichen zugespitzt, sind immer tiefer werdende Konflikte und ultimativ auch Krieg unvermeidlich. Welchen Weg man beschreitet, ist frei wählbar. Das Verschiedene impliziert, dass es jede Menge Raum für Missverständnisse und Fehlinterpretationen der einen oder anderen Seite bietet, was nur durch beharrlichen Dialog und einen Willen zum Verstehen des anderen ausgeräumt oder abgemildert werden kann.

General Hodges repräsentierte 2023 mit seiner zugespitzten Formulierung keine Minderheit, sondern vielmehr die vorherrschende Meinung: Russland ist ein Feind und eine akute Bedrohung. Frieden ist mit dem Land nicht zu machen.

Wie konnte es so weit kommen?

Was wussten die USA 1991 über dieses neue, werdende Russland? Die Militärs kannten den einstigen sowjetischen Gegner und dessen militärisches Potential mehr oder minder genau. Sie waren beruflich auf Gegnerschaft eingestimmt, konventionell und nuklear. Die Atomwaffen der Sowjetunion verschwanden nicht, sondern gingen praktisch in die Verfügung Russlands über. Die Geheimdienste kannten ihren einstigen ideologischen Gegner auch recht gut oder glaubten zumindest, ihn zu kennen. Robert Gates, Leiter der CIA zwischen 1991 und 1993, sagte 2000 rückblickend, Präsident Reagan und die Ökonomen bei der CIA hätten recht gehabt: Man könne die Sowjetunion durch Rüstungswettlauf »in den Boden versenken«. Deren Wirtschaft halte dem nicht stand. Die Militäranalysten hätten das nicht geglaubt.[6]

Öffentlich stand die CIA in den Jahren zwischen 1989 und 1991 vor einem Dilemma: Statt ihren größten Triumph auszukosten, dass der ideologische Gegner verschwunden war, musste sie sich mit Anschuldigungen auseinandersetzen, dass sie schlampig gearbeitet und den Kollaps der Sowjetunion nicht vorausgesehen habe. Einer der Kritiker kam aus den eigenen Reihen.[7] War von dieser Seite, von den alten Hasen der Unterwanderung, des Ausspionierens, aber auch nüchterner Analysen, ein Umdenken zu erwarten? Denen drohte der Feind auszugehen, was personelle Konsequenzen hätte nach sich ziehen und Karrieremöglichkeiten beschneiden können. In dem bereits zitierten Interview aus dem Jahr 2000 sprach Robert Gates vom »Gesetz der Kultivierung des Feindes daheim«, wenn die äußere Welt sich drastisch ändert.[8] Er meinte das ausdrücklich mit Blick auf die Sowjetunion, aber Politik wird hier wie da von Menschen gemacht, und die folgen, bei aller unterschiedlichen Ideologie, gleichen menschlichen Regungen. Schon in den 90er-Jahren kam es zu einer wechselseitigen Intensivierung geheimdienstlicher Aktivitäten der USA und Russlands. Jelzin beschwerte sich bei Präsident Clinton 1997, dass die USA in Russland, aber auch in seiner Nachbarschaft gegen Russland agierten. Die Dienste beider Länder sollten ihre Kräfte stattdessen bündeln.[9]

Die Auflösung der Sowjetunion führte zu einer Sinnkrise im sowjetischen bzw. dann russischen Geheimdienstapparat. Lebensentwürfe von Personen in sicherheitsrelevanten Bereichen änderten sich drastisch. Es gab ein Überangebot an willigen Doppelagenten, Forschungsspezialisten wanderten ab und mit ihnen auch sowjetisches Know-how und Forschungsleistungen. Man muss annehmen, dass ganz ähnlich, wie sich einst Geheimdienstler wie Gehlen oder deutsche Wehrmachtsoffiziere nach dem Zweiten Weltkrieg bei den Amerikanern verdingten und ihr Russland-Bild mitnahmen[10], neue westliche Beschäftigungsverhältnisse dazu führten, dass den vermeintlichen geschichtlichen »Siegern« kein reales Russland-Bild vermittelt, sondern ihnen geschmeichelt wurde, schon aus Überlebenstrieb. Im Westen ist bis heute nicht verstanden worden, dass die gängigen Russland-Stereotype so eingängig sind, dass jeder mit einigermaßen Vernunft begabte Mensch genau weiß, was zu sagen ist, um westliche Aufmerksamkeit zu erregen und großzügig unterstützt zu werden. Bill Browder, von dem noch zu reden ist, ist ein exquisites Beispiel dafür.

Die Systemtransformation – ein beschwerlicher Weg ohne Blaupause

In Rechnung zu stellen ist auch, dass es in der Breite der Gesellschaft kaum Kenntnisse über die jeweils andere Seite gab. Das hatten die ideologische Feindschaft und die Blockbildung verhindert. Man wusste kaum etwas voneinander, mit einer Ausnahme: Im Osten, auch in der Sowjetunion, war das Interesse am Westen größer als umgekehrt, und das Abschütteln des realen Sozialismus war mit großen Hoffnungen auf das, was der Westen zu verkörpern schien, nämlich den unwiderstehlichen Geschmack von Freiheit, begleitet. Andreï Makine hat das in seinem Roman *Die Liebe am Fluss Amur* sehr eindrücklich beschrieben.

Nicht unterschätzt werden darf auch, dass seit dem 20. Jahrhundert »die Russen« mit dem alten ideologischen Gegner, der Sowjetunion, in einen Topf geworfen wurden. Damit erbte das neue Russland dieses alte Feindbild gleich mit. »Bloß weg hier, die Russen kommen« – diese Angst löste gegen Ende des Zweiten Weltkrieges massive Fluchtbewegungen Deutscher aus dem heutigen Polen aus. Nicht auszudenken, was passieren würde, wenn man »den Russen« in die Hände fiel. Das waren die, die Uhren stahlen und alles vergewaltigten, was einen Rock trug. Dass das auch die waren, die die Konzentrationslager der Nazis auf polnischem Boden befreit hatten, die so viel Leid gesehen und selbst erlitten hatten, verschwand dahinter. Jeder kennt die unsägliche Zahl der Opfer des Holocaust. Es ist sehr viel weniger gegenwärtig, wie viele zivile Opfer der Hitlerfaschismus in der Sowjetunion forderte (schätzungsweise zwischen 14 und 16 Millionen). 2021 formulierte der Bundespräsident zum 80. Jahrestag des deutschen Überfalls auf die Sowjetunion, dass in der Kriegsführung, angetrieben vom Rassenwahn, »Unmenschlichkeit das Prinzip« war.[11] Zu lange habe man diesen Opfern die Anerkennung verweigert, einschließlich Erinnerung. Dieser Befund ist leider weiterhin gültig (vergleiche Kapitel 9).

Hinzu kamen Illusionen über die Systemtransformation auf beiden Seiten. So etwas hatte es zwar in der gesamten Geschichte noch nicht gegeben, dafür gab es keine Lehrbücher und Blaupausen, aber das hinderte niemandem daran, zu glauben, es sei unkompliziert, Demokratie und Marktwirtschaft einzuführen, wenn man erst einmal das Joch des real existierenden Sozialismus abgeschüttelt hatte und zwar freiwillig. Für eine Gesellschaft, die den Transformationsweg beschreitet, sind solche Illusionen womöglich sogar zwingend, um nicht vor der Größe der Aufgabe zurückzuschrecken. Jeder gelungene Schritt, jedes Jahr, in dem etwas besser, die Reformlast weniger schwer wird, ist eine Quelle von Stolz und Ermutigung.

Für Außenstehende ist das ganz anders. Die sehen häufig nur die Probleme, das Unerreichte, das Kritikwürdige. Man müsste sehr viel langmütiger sein, wenn man beispielsweise bedenkt, dass die ersten demokratischen Gehversuche Deutschlands in die faschistische Katastrophe führten. Zu solch einem Aussatz der Geschichte entwickelte sich keine der jungen Demokratien in der Mitte und im Osten des europäischen Kontinents, auch wenn heute viele leicht bei der Hand sind, in Russland ein faschistisches System zu sehen.

All das macht Verstehen und Verständigung schwer und lastete auf den Beziehungen zu den Ländern des europäischen Transformationsraumes. Hinzu kam, dass es überall in Mittel- und Osteuropa seit dem Umbruch eine große Offenheit gab, das Erreichte ehrlich und auch kritisch zu reflektieren. Es blieb den Verantwortlichen auch gar nichts anderes übrig, wenn sie das Vertrauen der Öffentlichkeit in die schwere Reformpolitik nicht verlieren wollten. Das war grundverschieden von dem, wie in westlichen Gesellschaften Politik praktiziert wird, und wurde von zu vielen als Einladung missverstanden, sich nun erst recht aufs hohe Ross zu setzen.

Als Jelzin abtrat, sprach er von Naivität, Irrtümern, Fehlentscheidungen.[12] Würde so etwas je ein westlicher Regierungschef auch nur denken, geschweige denn sagen?

In Deutschland wissen wir inzwischen, dass auch nach über 30 Jahren der Transformation das Land mit schweren Verwerfungen und Ungleichheiten zu kämpfen hat, die sich politisch auswirken. Noch ist ganz und gar nicht vollends zusammengewachsen, »was zusammengehört« – wobei dieses Diktum immer europäisch gemeint war.

Deutschland war in einer besonderen Lage, weil die DDR der Bundesrepublik beitrat. Zudem war die Bundesrepublik Deutschland ein starkes und kräftiges Land, das bestimmte soziale Transformationslasten abfedern konnte. Aber auch das hat nicht nur positive Wirkungen gezeitigt, denn bis heute fehlt die ostdeutsche Eigentümerschaft am Transformationsprozess, den Ostdeutschland politisch in Gang setzte. Mit Eigentümerschaft ist an dieser Stelle nicht nur materielles Eigentum gemeint, sondern die Tatsache, dass sich Ostdeutsche wegen ihrer marginalen Vertretung in Verwaltung, Staat, Medien und Kultur kaum als Macher der Einigungsgeschichte seit 1990 empfinden können.

Um wie viel schwieriger ist alles, wenn man wie die Nachfolgestaaten der Sowjetunion einen Neuanfang macht, weil man ihn will,[13] dieser Neuanfang aber gleichzeitig mit der Zerstörung eines Landes einhergeht, dessen gewachsene Strukturen Lebensadern waren? Wenn man rückblickend auf die wirtschaftlichen Krisen in Ländern der ehemaligen Sowjetunion schaut, wird klar, was gemeint ist: 1998 fiel Russland in eine tiefe Krise, und die Ukraine und das Baltikum folgten auf dem Fuß.

Eine Ausarbeitung des IWF aus dem Jahr 2012 über die Erfahrungen seiner Arbeit mit Russland in den 90er-Jahren macht sehr deutlich, dass am Ende der 90er-Jahre alle (der IWF, die G 7)

»frustriert« waren, wie wenig Russland geschafft hatte auf dem Weg der Demokratisierung und der Integration in die Weltwirtschaft. Aber wenigstens sei es nicht wieder in den Kommunismus zurückgefallen bzw. stellten seine Atomwaffen keine unmittelbare Bedrohung dar.[14]

Gleichwohl beschrieb der IWF die ganze Geschichte wegen der darauffolgenden ersten Jahre des neuen Jahrtausends als »happy end«: Begonnen hatte Russland als hochverschuldetes Land und war nach 14 Jahren (2005) zu einem Kreditgeber in der Welt geworden. Der IWF schrieb das den Wirtschaftsreformen der 90er-Jahre, einer besseren Wirtschaftspolitik und höheren Energiepreisen ab 2000 zu.

In der Beschreibung des IWF, der sich nach seinen Maßstäben durchaus bemühte, fehlt jede Empathie dafür, was die Anfangsjahre der Transformation bis 2000 für Russland bedeuteten. Wen das wenige Erreichte frustrierte, hatte keine Vorstellung davon, was in jener Zeit in Russland ablief. In den Jelzin-Jahren, den Jahren des »wilden« Ostens, war Russland ein jämmerliches, dysfunktionales Land, mit mafiösen Strukturen, unter oligarchischem Einfluss, gelenkt von einem Anführer, der zunehmend verfiel. Auf all das ließ sich mit einer Mischung aus Besorgnis, Verachtung und politischer Kälte blicken. Das Land unter Jelzin muckte zwar immer mal wieder auf, wenn es seine internationalen Interessen verletzt sah, aber wer sollte es ernst nehmen oder achten, geschweige denn fürchten? Die Logik der Macht ist anders, denn sie versteht nur die eigene Sprache, die der Macht.

Putin riss das Ruder herum, als er nach Jelzins Rücktritt zum Präsidenten gewählt wurde. Seine Wahl, daran erinnerte die *Washington Post,* wurde nicht nur von russischen staatlichen Medien, sondern auch vom Medienmogul und Oligarchen Beresowski unterstützt.[15] Ein Grund für den Rücktritt Jelzins sei gewesen, dass die Partei (Einheit), die Putin stützte, in der Duma zur zweitstärksten Fraktion wurde.[16] Die stärkste Fraktion stellte die Kommunistische Partei. Deren Anführer, Gennadi Sjuganow, war einer der Herausforderer Putins in der Präsidentschaftswahl, und in der Frage der Verhinderung einer kommunistischen Machtübernahme waren sich alle anderen Kräfte mehr oder minder einig.[17] Beresowski war damals der Ansicht, die Auflösungstendenzen in Russland müssten gestoppt werden, und es müsse zu einer russischen Erneuerung kommen.[18] Korruptionsbekämpfung war allerdings in Beresowskis Weltsicht nicht vorgesehen, und er beschwerte sich bitter, als er sich unter Putin schon im Jahr 2000 mit entsprechenden Vorwürfen auseinandersetzen musste. Niemand, so Beresowski laut einem Artikel im *Guardian*, der in den vergangenen zehn Jahren in Russland nicht geschlafen habe, hätte es vermeiden können, das Gesetz willentlich oder unwillentlich zu brechen. Er forderte eine Amnestie.[19] Beresowski verließ schließlich das Land, und Großbritannien gewährte ihm Asyl.

Der russische Weg verläuft anders, als der Westen es vorsieht

Zur Überraschung aller und zum äußersten Missvergnügen einiger schaffte Putin das scheinbar Unmögliche: Er hielt das Land zusammen, wies die russischen Oligarchen in die Schranken, beendete die völlig ungebremste Ausplünderung Russlands und konzentrierte sich darauf, Russland nach innen Stabilität zu geben und nach außen russischen Interessen Geltung zu verschaffen. Unter Putin kam es zu einer kontrollierten Systemtransformation, die die Fehlentwicklungen der Jelzin-Ära korrigierte. Sie folgte jedoch nicht mehr dem Muster der IWF-Verordnungen oder den Ratschlägen von Harvard-Ökonomen wie in den 90er-Jahren. Sie lief auch nicht so ab wie die entsprechenden Prozesse in Polen, Tschechien oder Ungarn, wo sich alte und neue Funktionseliten strikt am westlichen Demokratiemodell orientierten und den Weg in die transatlantischen Strukturen suchten, die dieser politischen Wahl Rückhalt und Ausrichtung geben würden.

Diesen Weg konnte und wollte Russland nicht gehen. Zum einen, weil die Jelzin-Jahre direkt in die ökonomische und soziale Katastrophe geführt und das Land an den Rand des politischen Zerfalls gebracht hatten. Zum anderen, weil der Weg in die transatlantischen Strukturen fest verschlossen war. Dadurch verfestigte sich ein politisches System, das autoritär, von oben herab, demokratischen Elementen nur kontrolliert Raum gab. Der Staat hat eine zentrale Funktion, der Sicherheitsapparat ist mächtig, die bürgerlichen Freiheiten sind begrenzt. Der französische Historiker Emmanuel Todd bezeichnet Russland als eine »autoritäre Demokratie«. Dass es keine liberale Demokratie im westlichen Sinn ist, ist ihm völlig klar. Er macht jedoch gleichzeitig geltend, und hierbei bezieht er sich auch ausdrücklich auf die Forschungen des ukrainisch-stämmigen jüdischen Soziologen Vladimir Shlapentokh,[20] dass sich Russland für die Marktwirtschaft entschieden habe, öffentliche Zustimmung suche und der Freizügigkeit seiner Bürger keine Grenzen setze, was auf Systemstabilität hindeute. Es gebe in Russland keinen staatlich begünstigten Antisemitismus.[21] In der sowjetischen Epoche unter Stalin, aber auch nach 1968 wurde regelmäßig auf Antisemitismus zurückgegriffen, um das System zu stabilisieren, was dazu führte, dass nach 1991 sehr viele Juden nach Israel auswanderten. Erst unter Putin begannen sich die Beziehungen zu Israel zu intensivieren. Der Israel-Gaza-Konflikt und die enger gewordenen Russland-Iran-Beziehungen sind aktuelle Störfaktoren, und die *Times of Israel* monierte im Dezember 2023, dass die »warmen« russischen Gefühle gegenüber Israel es nicht daran hinderten, seine Interessen zu verfolgen und Realpolitik zu betreiben.[22]

Todd verwies auf günstige soziologische Entwicklungen in Russland, wie etwa die sinkende Arbeitslosigkeitsrate, steigende Lebenserwartung, sinkende Selbstmord- und Kriminalitätsrate und den klaren Abwärtstrend bei der Kindersterblichkeit[23]. Er betonte ebenfalls, dass Russland an ein Gemeinschaftsgefühl anknüpfe, das es schon im zaristischen Russland gegeben habe. Das sei »spezifisch russisch«. Alles in allem kam Todd zu dem Befund, und erneut verwies er auf Vladimir Shlapentokh, dass »die Lebensbedingungen in Russland, die Freiheit eingeschlossen«, niemals zuvor so gut gewesen seien wie unter Putin.[24]

Was Todd schrieb, entspricht nicht dem, was wir hörten oder hören, und er weiß das auch. Es ist sein Versuch, einem vorherrschenden Schwarz-Weiß-Bild von Russland wissenschaftliche Analysen und unbestreitbare Daten entgegenzusetzen, um begreiflich zu machen, dass Russland und das »Phänomen Putin« erklärlich sind, und dass heute etwas fehlt, was in der Frühzeit des Kalten Krieges noch üblich war: Man studierte den Gegner genau, sprach dessen Sprache, kannte dessen Kultur und analysierte messerscharf, statt sich in Postulaten zu verlieren. Das Erfreuliche ist, dass über all diese Aussagen in Frankreich breit und kontrovers diskutiert wird, ohne dass Todd der Verdächtigung ausgesetzt ist, ein Putin- oder gar Russlandversteher zu sein. Denn Todd versucht eine rationale Erklärung dafür zu finden, was sich im Stellvertreterkrieg in der Ukraine nach seinem Befund offenbart: der Realitäts- und Werteverlust eines sich auflösenden, US-geführten Imperiums.

Unter Putin knüpfte Russland an alles in seiner langen Geschichte an, was geeignet war, den eigenen Weg zu stabilisieren: die russische Tradition, Geschichte, Wissenschaft und Kultur, die russisch-orthodoxe Kirche, die starke legalistische und zentralistische Tradition. Nicht vergessen werden sollten die Vorstellungen von sozialer Gerechtigkeit. Russland war aufgrund des wirtschaftlichen Niedergangs in den 90er-Jahren mit einem massiven Armutsproblem konfrontiert, das zeitweilig bis zu 50 Prozent der Bevölkerung betraf. Das zu überwinden, wurde zu einem wichtigen innenpolitischen Ziel. Eine Untersuchung aus dem Jahr 2021 bilanzierte, dass es in Russland eine bewusste Politik gab und gibt,

Armut zu bekämpfen und soziale Unterschiede zu nivellieren. Sie war im Großen und Ganzen erfolgreich,[25] aber noch ist das Ziel nicht erreicht, die Armut bis 2024 auf 6,6 % zu drücken. Dabei geht es nicht um Armut entsprechend der internationalen Definition (ein Einkommen unter 1,90 Dollar pro Tag) – so schlecht geht es niemandem in Russland –, sondern um Armut, wie sie vom russischen Staat definiert ist (mit 12,80 Dollar pro Tag). Die Brookings Institution, ein Thinktank in den USA, schätzte 2018, dass Russland dieses Ziel 2024 erreichen könne,[26] aber das war vor dem Krieg und vor den westlichen Sanktionen 2022.

Putin benutzte an der Spitze Russlands erfolgreich alles, was er in seinem Werdegang an Kenntnissen und Fähigkeiten erworben hatte: breite juristische und ökonomische Kenntnisse, seine Schulung und Erfahrungen als Auslandsagent, die Kenntnis Ostdeutschlands und der deutschen Sprache. Nur ein US-Präsident, Bush senior, hatte ebenfalls einen geheimdienstlichen Hintergrund. Ansonsten ist die Vita von Putin in keiner Weise mit der irgendeiner politischen Führungsfigur im gesamten Transformationsraum oder gar im Westen vergleichbar. Die lange Zeit an der Spitze der Macht gibt Putin inzwischen einen Vorteil an die Hand, den niemand geringschätzen sollte: Besser als jeder andere Staats- und Regierungschef kennt er die Entwicklung von weltpolitischen Problemen und internationalen Diskussionslagen aus nächster Nähe. Gleichzeitig ist er dadurch auch besser kalkulierbar, weil seine Positionen und sein Handeln in internationalen Angelegenheiten offenliegen. Beiden Aspekten wird seit Jahren nicht ausreichend Rechnung getragen, egal, aus welcher Warte man es sieht. Einen solch formidablen Gegner sollte man niemals unterschätzen. Aber Einsichten bieten auch einen Schlüssel zur Verständigung. Das alles setzt natürlich voraus, dass man erst mal zuhört, nicht gleich Lüge schreit und zur Verständigung bereit ist.

Seit den 90er-Jahren wirken in Russland sowie im ganzen postsowjetischen Raum die Folgen der Sowjetunion und ihrer Auflösung fort, von der einst planwirtschaftlich geordneten inneren Arbeitsteilung bis hin zu ethnischen Konflikten. Logischerweise ergaben sich daraus legitime russische Interessen, den positiven Aspekt gewachsener Beziehungen der Vergangenheit zu stärken und die Konflikte unter Kontrolle zu halten. Das war eine Frage des eigenen politischen und ökonomischen Überlebens sowie der eigenen Zukunft. Auch das entzog sich jeder westlichen Vorstellung und führte schnell zur Verdächtigung, Russland sei eine abgespeckte Version der Sowjetunion und bemühe sich nur um die imperiale Konservierung des Einflusses. Wenn Putin von der Tragödie des Zerfalls der Sowjetunion sprach, hörte der Westen nur den Teil, den er hören wollte: Sowjetnostalgie, nicht aber den Teil, der die realen Probleme, die daraus entstanden, betraf. Er glaubte diesem Putin nicht, wenn der versicherte, zum Westen gehören zu wollen, und einen eigenen Weg in die Demokratie zu suchen, der den russischen Bedingungen entspräche.

Russland behauptet seinen Platz auf dem internationalen Parkett

Teil dieses russischen Weges war, dass Putin für Russland den Platz in den internationalen Beziehungen beanspruchte, den schon Gorbatschow und Jelzin vor ihm beansprucht hatten: einen auf Augenhöhe. Die Rolle des Bittstellers lag weder dem letzten Präsidenten der Sowjetunion noch den Präsidenten Russlands. Gorbatschow scheiterte im Innern, Jelzin war am Ende ein gebrochener Mann.

Putin dagegen, jünger und intelligent, trat von Anfang an sehr viel selbstbewusster auf. Das konfligierte mit dem Selbstbild der USA, aber auch der EU. Beide teilen die Annahme, sie seien berechtigt, zu kritisieren, zu beurteilen, zu verurteilen und alles ausschließlich am eigenen idealisierten Bild zu messen. Einer diplomatischen US-Note zum ersten Treffen Putins mit der finnischen Präsidentin im Jahr 2000 ist zu entnehmen, er habe »mit fast drohender Stimme« gesprochen, als er US-Überlegungen zur Schaffung eines nationalen Raketenabwehrsystems negativ kommentierte und vor einem Rüstungswettlauf warnte.[27] Diese Pläne führten 2002 zur Kündigung des ABM-Vertrags durch die USA. Der Rüstungswettlauf folgte auf dem Fuß.

In der *New York Times* fand sich im Jahr 2004 die Beschwerde, Putin hätte den Westen »verarscht. Denn er ist keine nüchterne Version von Boris Jelzin.«[28] Man müsse über Putin als eine Art Franco oder Pinochet denken. Er führe Russland in den Faschismus. Vor einem Hitler-Vergleich scheute der Autor damals noch zurück. Man kann Russland vieles vorwerfen, aber mit Faschismus, so wie es heute auch wieder zu hören ist, hat das Land nichts gemein. Russland hält sich weder für rassisch überlegen noch dafür auserwählt, die Welt zu beherrschen, von den Verbrechen des deutschen Faschismus ganz zu schweigen. Wer solche Vergleiche in die Welt setzt, tut es, um Gegnerschaft zu demonstrieren. Dass dabei auch noch gedankenlos die Verbrechen des Hitlerfaschismus kleingeredet werden, macht es nicht besser.

Zumal es in der Politik wie im »richtigen« Leben ist: Auf den Ratschlag von Freunden hört man, Ratschläge aufgeblasener Besserwisser verhallen im Wind. Vernichtende Urteile dagegen führen zu Vorsicht, Argwohn und Misstrauen. Vom Freund weiß man, dass er nie in verletzender Art und Weise agieren würde. So verhält sich nur ein bösartiger Widersacher. Wenn man sich das heutige Russland-Bild vor Augen hält, ist es ein Zerrbild, das auf Annahmen, nicht auf Einsichten fußt. Grob schraffiert, beinhaltet es, dass Russland immer schon aggressiv war, erst von absolutistischen Zaren regiert wurde und dann von mörderischen Bolschewiken (im Sprachgebrauch der Nazis war es die jüdisch-bolschewistische Verschwörung). Man glaubt, dass in Russland die (asiatische) Barbarei fortlebt und es keine vergleichbare Achtung vor dem menschlichen Leben hat wie angeblich wir,[29] dass sich in Russland exzessive Gewalt und niedrigste Mordinstinkte mit staatlichem Rückhalt paaren und alles, was Russen sagen oder tun, nur dazu dient, die westliche Demokratie zu schwächen, die Einheit des Westens zu spalten, und dass Russland bei sich bietender Gelegenheit danach trachtet, den ganzen europäischen Kontinent, wenn nicht die ganze Welt, unter seine eiserne Fuchtel zu bekommen.

Die Annahme, dass Russland sich in die US-dominierte Welt einfügen würde, sei eindeutig falsch, schlussfolgerte der britische Journalist Max Hastings in *The Times* 2024. So wie China oder der Iran betrachte Russland den Westen aus ideologischen Gründen als Feind.[30] Hastings warf dem Westen vor, sich der Größe der Herausforderung gar nicht bewusst zu sein, nur schlafzuwandeln und politische Phrasen zu dreschen. An politischen Phrasen und Vorurteilen über Russland mangelt es tatsächlich nicht. Das Land und seine politische Führung ist isoliert, paranoid, psychopathisch, von dunklen Mächten getrieben, keiner Ratio fähig, und alle lügen. Der aktuelle Kreml-Herrscher ist abwechselnd Iwan der Schreckliche, Stalin, der neue Hitler oder ein Teufel in Menschengestalt.

Dieses Russland-Verständnis, das die Gefährlichkeit Russlands ins Zentrum rückt, hat allerdings noch eine Kehrseite. Demnach ist Russland schwach, gewissermaßen ein »Obervolta mit Atomwaffen«, wie es in der Hochzeit des Kalten Krieges der US-Botschafter in Bonn, Vernon A. Walters, formulierte.[31] Später prägte Senator McCain die Bezeichnung von einer Tankstelle, die so tut, als sei sie ein Land. In diesem Bild ist Russland zurückgeblieben, unterentwickelt und voller Furcht, die eigene Herrschaft könnte am demokratischen Modell in der Nachbarschaft scheitern. In der aktuellen Kriegserzählung führt das dazu, dass das russische Militär als verlottert gilt, ohne Kampfmoral ist, keine Vorstellung von militärischer Strategie und Taktik hat und ihm demnächst die Waffen ausgehen, die außerdem auch nichts taugen.

Die Verbreiter dieses januskköpfigen Russland-Bildes sind von der Korrektheit ihres Urteils zutiefst überzeugt, und sie sind zutiefst überzeugt davon, dass ihnen die Interpretationshoheit zusteht. Das ist der heiligen Inquisition nicht unähnlich, die unerschütterlich alles richtete, was dem kirchlichen Weltbild in die Quere kam oder gar die Macht der Kirche zu stürzen drohte. Mit Realität, Fakten oder Wissenschaft hatte die Inquisition nichts am Hut. Ähnliches kann man all jenen bescheinigen, die ständig hin- und hergerissen sind, woran sie nun gerade glauben wollen: an ein übermächtiges aggressives Russland oder an eines, das beim leisesten Windhauch einstürzen wird wie ein morsches Bauwerk. Das führt dazu, dass weder die Schwächen noch die Stärken Russlands adäquat beurteilt werden können, was wiederum eine neue Quelle von Missverständnissen und Fehldeutungen ist. Jeder Versuch zu verstehen, was in Russland geschieht und warum es so und nicht anders geschieht, ist längst ideologisch vermintes Terrain. Wer es versucht, wird als Putin-Versteher oder noch Schlimmeres abgewatscht. Man denke etwa an bestimmte Reaktionen auf das Buch von Gabriele Krone-Schmalz *Russland verstehen.*[32] In derartigen Reaktionen kommt die zugrunde liegende, auf Feindschaft ausgerichtete Ideologie deutlich zum Ausdruck, auch wenn sie sich gelegentlich als Wissenschaft präsentiert.

Man kann es auch in ein Beispiel aus dem Alltagsleben übersetzen: Ein Nachbar verhält sich völlig merkwürdig. Sein Benehmen empfindet man als zutiefst verstörend. Statt sich zusammenzusetzen, um herauszufinden, was los ist, rennt man zur örtlichen Zeitung und stellt ihn an den Pranger. Die druckt alles willig, schließlich hat der Beschwerdeführer das größte Haus im Städtchen und ist auch sonst ganz einflussreich. Das geht beim ersten Mal vielleicht gut, weil der Nachbar einsieht, dass er sich wirklich merkwürdig verhalten hat, aber bei der nächsten sogenannten Irritation wird es schon schwieriger. Wieder war man ohne klärendes Gespräch zuerst zur örtlichen Zeitung gerannt, mit neuen Vorwürfen. Möglicherweise war man wieder im Recht, möglicherweise auch nicht. Über kurz oder lang ist es allerdings nur noch eine Frage der Zeit, bis die Nachbarschaft völlig vergiftet ist. Wer dann als Erstes die Axt in die Hand nimmt und zuschlägt, ist schon fast egal. Es könnte natürlich sein, dass einer der beiden Nachbarn, um des lieben Friedens willen, sich eine neue Bleibe sucht. Diese Option ist allerdings im Verhältnis zu Russland ausgeschlossen. Weder wir noch Russland können auf einen Planeten B umsiedeln und dadurch die zwistige Nachbarschaft beenden. Sind wir nun also dazu verdammt, diesen Konflikt bis zum blutigen Ende auszutragen, weil Russland ein ewiger Feind ist, so wie Hastings glaubt, oder ist das Bild falsch, haben wir also eine Alternative? Um die Beantwortung dieser Frage dreht sich alles.

Der erste unverhüllte Ausbruch dieses Nachbarschaftskonflikts – um im Bild zu bleiben – erfolgte auf der Münchner Sicherheitskonferenz 2007. Putin sorgte dort nach Wahrnehmung des Westens für einen Paukenschlag. Vielen gilt seine Rede dort inzwischen als russische Kriegserklärung an den Westen, als Zeitpunkt der Wiederaufnahme des Kalten Kriegs. Durch Putin. Der redete damals erklärtermaßen frei von der Leber weg, etwa 30 Minuten, über die USA und ihren Hegemonieanspruch, der die Sicherheit aller unterminiere. Er redete über ein verhängnisvolles militärisches Abenteurertum, er sprach über den Rüstungswettlauf, die Nato-Osterweiterung und die geplante neue Stationierung von Raketenabwehrsystemen. Nichts davon billigte er. Er machte auch Angebote, wie man bestimmte Fragen lösen könne. Er sprach, so wie Gorbatschow und Jelzin vor ihm, von einer heraufziehenden multipolaren Weltordnung. Es war nicht so, dass alle nach dieser Rede in Schockstarre verfielen. Er erhielt sogar Applaus.[33] Nur nicht von allen.

Putins Rede war kalkuliert, gänzlich »undiplomatisch«, aber die vorgetragenen Überlegungen waren bedenkenswert, auf keinen Fall dumm. Das politische Problem war dennoch sofort klar: Vor Putin hatte nie einer öffentlich gewagt, in einem solch illustren

Kreis den USA so unverblümt die Leviten zu lesen. Entsprechend konsterniert waren auch die medialen Reaktionen. Die Rede wurde als Unverschämtheit empfunden, als aggressives Benehmen, in Teilen regelrecht »paranoid« (McCain). Der US-Verteidigungsminister habe mit versteinerter Miene dagesessen, notierte der *Guardian*.[34] Der *Spiegel* machte eine »aggressive Rhetorik« aus, sprach von einem »Schock« bei den Europäern. Der Nato-Generalsekretär sei »sichtlich verärgert und enttäuscht« gewesen, denn der habe artige Ausführungen zum Nato-Russland-Rat erwartet. Er sah einen »Bruch«. Wie könne man sich denn sorgen, »wenn Demokratie und Rechtsstaat näher an die Grenzen rücken«, soll er gefragt haben und dabei passenderweise vollständig vergaß, dass die Nato eine militärische Allianz ist, deren militärische Infrastruktur Russland nicht vor seinen Grenzen wollte oder will. War die Rede aus Frust gehalten worden oder in Sorge um den Weltfrieden, fragte der *Spiegel*, oder war sie, wie damals der CDU-Außenpolitiker Friedbert Pflüger einschätzte, Ausdruck von »viel Verletzung über die verlorene Weltmachtrolle«.[35]

Der *Stern*, der 2023 zur Überzeugung gelangte, mit dieser Rede habe Putin damals dem Westen den Kalten Krieg erklärt, erinnerte auch an eine andere damalige journalistische Reaktion: »Hatte da einer endlich einmal seinen Gefühlen freien Lauf gelassen – Putin pur sozusagen, ein Ex-KGB-Oberst im anti-amerikanischen O-Ton? Wollte da einer endlich einmal die Karten auf den Tisch knallen und klarmachen, wer der Gegner ist, die wahre Gefahr für den Weltfrieden? Die USA nämlich?«[36]

Das Verbindende an den medialen Reaktionen war, dass sie nicht die tatsächlichen Aussagen Putins bzw. das zugrunde liegende russische Interesse in den Mittelpunkt rückten. Die Öffentlichkeit erfuhr dadurch gar nicht, was Putin im Einzelnen gesagt hatte. Sie erfuhr nur, welche Reaktionen und Bewertungen das Gesagte ausgelöst hatte. So kann man sich jedem Nachdenken über Inhaltliches verweigern und auch andere davon abhalten, dies zu tun. Das war getragen von der Überzeugung, dass es nichts nachzudenken gab, dass die eigene Welt heil und ganz in Ordnung war, so wie sie war. Wer das anders beurteilte oder Fragezeichen setzte, noch dazu in aller Öffentlichkeit, war folglich ein Übeltäter, ein böser Störenfried, ein aggressiver Gegenspieler, über dessen Motive man nur grübeln konnte, kurz und gut, ein anti-amerikanischer Ex-KGBler.

2013 führte WIN/ Gallup zum ersten und letzten Mal eine weltweite Umfrage durch, welches Land als die größte Gefahr für den Weltfrieden betrachtet wurde. 24 % der Befragten gaben daraufhin die USA an.[37] Kein anderes Land wurde als ähnlich gefährlich betrachtet. Man muss heute ein bisschen suchen, um diese Umfrage zu finden, die für die USA eine schwere Kritik bedeutete. Im Jahr 2023 hielt es die außenpolitische Expertin Fiona Hill, unzweifelhaft eine Neokonservative, bei einem Vortrag in Estland für zwingend notwendig, daran zu erinnern, dass die USA eine »belastete« Supermacht seien, die seit 2001 sehr viel weltweites Ansehen und öffentlichen Kredit verspielt habe. Das solle man nicht für »whataboutism« halten. Hill erklärte ihrem Publikum, dass deshalb der Ukraine-Krieg weltweit von vielen als logische Fortsetzung einer US-Politik der »harten Hand« wahrgenommen werde.[38]

Einige Monate nach dem Eklat von München 2007 äußerte sich Senator McCain auf einer öffentlichen Veranstaltung der Churchill Foundation zu Putin. Eine gute Chemie zwischen Führungspersönlichkeiten wie zwischen Bush und Putin sei zwar wichtig, werde aber überbewertet. Putin mache den USA jede Menge Probleme auf der Welt, weil er das, was er für die Sicherheitsinteressen seines Landes halte, verfolge. McCain hatte die Lacher auf seiner Seite, als er hinzufügte, dass er in Putins Augen geblickt und darin nur drei Buchstaben gefunden habe: KGB.[39] McCain drückte damals und auch in allen folgenden negativen Äußerungen über Putin geschickt alle Knöpfe eines personalisierten Feindbildes: Ein sowjetischer KGB-Agent, der im Kalten Krieg ein Feind war und es auch blieb, weil er nicht überlief, sondern im neuen Russland bis zum Präsidenten aufstieg – da sollten alle Alarmleuchten angehen. Damit stellte McCain umgehend klar, wie er persönlich mit Putin umgehen würde, sollten ihn die Wähler an die Spitze der USA bringen. Aber seine Bemerkungen enthielten auch Respekt: Er würde den Feind nicht unterschätzen. Der hatte zwar aus seiner Sicht kein Recht auf die Verfolgung eigener sicherheitspolitischer Interessen, aber immerhin bescheinigte McCain Putin die Fähigkeit, dies zu tun und damit die USA »zu ärgern«.

Was wir dürfen, dürft ihr noch lange nicht: Zur westlichen Doppelmoral

Der Auftritt Putins in München brachte noch nicht den völligen Bruch. Der kam schleichender. Auf den Georgien-Konflikt, den Georgien ausgelöst hatte, folgten härtere Töne, die wieder versöhnlicheren wichen. Die Unterzeichnung des START-Abkommens 2010 bezeichneten die Präsidenten der USA und Russlands, Obama und Medwedjew, als einen Mehrwert für die Beziehungen und für die Sicherheit der Welt.[40] Der damals deklarierte Geist künftiger Beziehungen entsprach in vielem dem, worüber Putin in München 2007 gesprochen hatte. Aber die Flitterwochen hielten nicht lange an: Die nächste öffentliche Auseinandersetzung folgte anlässlich des Angriffs auf Libyen. Der schien die Sichtweise Putins, damals Ministerpräsident, zu bestätigen, dass Nato-Staaten mit militärischen Mitteln schnell zur Hand waren, wenn es um ihre Interessen ging. Russland hatte im Sicherheitsrat die Ermächtigung zur Intervention passieren lassen und war der Meinung, dass Gaddafi zurücktreten sollte. Der Streit begann, als Putin öffentlich die Auffassung vertrat, der Westen gehe zu weit. Das wiesen die USA weit von sich: Niemand würde danach trachten, Gaddafi zu ermorden.[41]

Eine Untersuchung des britischen Parlaments im Jahr 2016/2017 zum Libyen-Krieg kam zu verheerenden Ergebnissen. Danach hatte Frankreich politische und wirtschaftliche Motive, um gegen Libyen militärisch vorzugehen. Die behauptete Schutzverpflichtung für Zivilisten beruhte auf einer völligen Fehleinschätzung der Lage, die Bedrohung für die Zivilbevölkerung war übertrieben, das islamistische Element innerhalb der Rebellengruppen nicht adäquat eingeschätzt worden. Die ganze Intervention verwandelte sich in eine »opportunistische« Operation zum *regime change*. Eine Strategie, wie man mit einem Libyen nach Gaddafi umgehen wollte, gab es auch nicht.[42]

Die unverhüllte Freude der damaligen US-Außenministerin Hillary Clinton, als sie von dessen Tod erfuhr, ging um die Welt: »Wir kamen, wir sahen, er starb.«[43] Da hatte sie die Videoaufnahmen kurz vor der Ermordung Gaddafis bzw. dessen öffentliche Zurschaustellung noch nicht gesehen. Putin reagierte dagegen auf diese Aufnahmen und erklärte tiefste Abscheu.[44]

Später wurde diese Geschichte gegen ihn gewendet: Putin habe sich die Aufnahmen von den letzten Lebensmomenten Gaddafis angeblich stundenlang immer wieder angesehen. Er habe nur Angst, selbst so zu enden wie Gaddafi, hieß es. In der Version erzählten es unter anderem britische, amerikanische und auch deutsche Medien.[45] Wer sich augenscheinlich nicht vorstellen kann, dass Putin bei dem Video Abscheu empfand, hat bis heute nicht verstanden, dass der Krieg auf der Vorspiegelung falscher Tatsachen beruhte. Mehr noch, dem ist auch die Moral verloren gegangen. Auch schlimmste Diktatoren haben ein Anrecht auf einen fairen Prozess. Im europäischen Menschenrechtsverständnis ist die Todesstrafe geächtet, hat Lynchjustiz keinen Platz. Wenn ein ehemaliges Staatsoberhaupt, vom Westen nur wenige Jahre zuvor noch hofiert, als Kriegsgefangener umgebracht und im Tod entwürdigt wird, und das anscheinend billigend oder mit Gleichmut hingenommen wird, was soll man dann noch denken? Damals geschah großes Unrecht.[46]

Inzwischen ist Libyen politisch vollständig zerrüttet und wirtschaftlich ruiniert, aber das ist eine andere Geschichte.

Es war nicht das einzige Mal, dass in den USA mit Genugtuung auf den Tod eines Menschen reagiert wurde. Alles, was Rang und Namen hatte in den USA, ließ sich im Mai 2011 im Situation Room fotografieren, als es um die Ermordung Bin Ladens ging. Der steckte hinter dem Anschlag vom 11. September 2001, und nun erreichte ihn nach US-Lesart die gerechte Strafe: KIA – Killed in Action.[47] Weil er Widerstand geleistet habe – unbewaffnet.[48] Als die Nachricht sich verbreitete, versammelten sich Tausende, die immer wieder riefen: »USA, USA, USA, CIA, CIA, CIA.« Der Gerechtigkeit war Genüge getan (Obama). *Politico* sprach später mit den Hauptakteuren dieser Operation (Neptuns Schwert). Die einzigen Bedenken betrafen das Gelingen der Operation mit Blick auf die zweite Präsidentschaft Obamas und etwaige negative Reaktionen von Pakistan. Sie hatten keinen Plan, wie mit Bin Laden umgegangen werden sollte, falls er am Leben blieb. Es herrschte Anspannung im Situation Room, weil ein Hubschrauber abgestürzt war, die so lange bestand, bis klar war, dass die US-Truppen wieder heil aus Pakistan herausgekommen waren und dass es sich bei dem Toten mit dem zerschossenen Gesicht tatsächlich um Bin Laden handelte.[49] Die *Süddeutsche Zeitung* berichtete damals über die gemischten Gefühle in Deutschland über diesen Tötungsakt.[50]

Ganz anders wurde in den USA dagegen mit mutmaßlichen »außergerichtlichen« Tötungen in Russland umgegangen. 2012 schufen sie ein erstes politisches Sanktionsinstrument gegen Russland, den Magnitsky-Act. Mit ihm können schwere Menschenrechtsverletzungen und/oder Korruption in Russland – seit 2016 weltweit – geahndet werden.[51] Zu den Begründungen dieses Gesetzes gehörte die Ablehnung »außergerichtlichen« Tötens, um Korruption zu verschleiern.[52] Seinen Namen verdankt das Gesetz dem angeblichen russischen Anwalt von Bill Browder, Sergei Magnitsky, dessen Geschichte in den Ziffern 7 bis 9 sowie 14 erzählt wird. Er deckte staatliche Korruption auf, wurde deshalb von korrupten Beamten verhaftet, in Untersuchungshaft geworfen sowie offenbar auch gefoltert und starb schließlich im Jahr 2009 einen jämmerlichen Tod. Dieser Fall veranlasste die US-Gesetzgeber zu dem Schluss, formuliert in Ziffer 13, dass die Geschichte Magnitskys »... sinnbildlich für ein breiteres Muster der Missachtung der nationalen und internationalen Menschenrechtsverpflichtungen der Russischen Föderation steht, und der Straflosigkeit für jene, die grundlegende Menschen- und Freiheitsrechte verletzen.« In Ziffer 14 machte sich der Kongress einen Bericht des Freedom House von 2011 zu eigen, der sich auch auf den Fall des Oligarchen Michail Chodorkowski bezog, und wiederholte dessen Befund: »Indem man einflussreiche und erfolgreiche Menschen so wie Chodorkowski und Magnitsky zum Schweigen bringt, macht man es reichlich klar, dass jeder in Russland zum Schweigen gebracht werden kann.«

In Ziffer 15 werden dann weitere Namen aufgelistet, die beweisen, wie gefährlich es ist, in Russland staatliches Fehlverhalten aufzudecken.

Der geistige Vater dieses Magnitsky-Acts heißt Bill Browder, der die Geschichte seines Anwaltes erzählte, weil er für ihn Gerechtigkeit wollte.[53]

Daran wäre nichts auszusetzen, wenn sie stimmen würde. Im politisch entscheidenden Punkt aber stimmt sie nicht. Tatsächlich war Magnitsky Browders Buchhalter und kein heldenhafter Kämpfer gegen staatliche Korruption, sondern verdächtig, an Steuerhinterziehung mitgewirkt zu haben. Seine Verhaftung war rechtmäßig. Als Erster stieß der Filmemacher Andrei Nekrassow auf Ungereimtheiten in der Browder-Geschichte. Er fand in den von Browder selbst veröffentlichten russischen Protokollen keinen Hinweis darauf, das Magnitsky zu irgendeinem Zeitpunkt andere der Korruption verdächtigte. Das führte dazu, dass Nekrassow beschuldigt wurde, russische Desinformation zu verbreiten und auch dazu, dass sein Film nicht, wie geplant, im deutschen öffentlich-rechtlichen Fernsehen gezeigt wurde.[54]

Im Jahr 2019 beschäftigte sich der Europäische Gerichtshof für Menschenrechte mit dem Fall Magnitsky und bestätigte in seiner Urteilsfindung das, was Nekrassow längst dokumentiert hatte. Die russischen Untersuchungen gegen Magnitsky wegen des Verdachts von Steuerhinterziehung liefen seit 2004. Als Fluchtgefahr bestand, wurde er verhaftet. Es bestanden ausreichende Verdachtsmomente gegen ihn. Die Verhaftung war nicht willkürlich gewesen (Ziffern 198 bis 205 des Urteils).[55]

In allen anderen Punkten gab das Gericht der Klägerin, der Witwe von Magnitsky, recht. Es war unzweifelhaft so, dass Magnitsky ein Opfer der miserablen Zustände in russischen Gefängnissen wurde, er nicht den notwendigen medizinischen Beistand bekam, er viel zu lange in Untersuchungshaft saß und ihm auch nicht postum der Prozess hätte gemacht werden dürfen.

Entscheidend bleibt aber, dass Magnitsky nicht der aufrechte Aufklärer russischer staatlicher Korruption war, der von der Wut korrupter russischer Beamter verfolgt wurde und das schließlich mit dem Leben bezahlte. Nein, er stand im Verdacht, Mittäter in einigen Fällen von schwerer Steuerhinterziehung gewesen zu sein. Es ging um Unternehmen, die Browder gehörten.

Als im Jahr 2019 das Urteil fiel, wurde es als später Sieg für Magnitsky gefeiert. Dass das letztinstanzliche Gericht die ganze politische Geschichte des Bill Browder zum Einsturz brachte, fand jedoch kaum Gehör in der Öffentlichkeit. Denn die »wusste« längst, wie alles war, dank des Geschichtenerzählers Bill Browder, dem das Schicksal seines jungen »Anwaltes« so nahegegangen war, dass er zum Kämpfer für Menschenrechte wurde. Browder wusste genau, wie er zu erzählen hatte, um auf offene Ohren zu stoßen. Die Frage, warum Browder seinen öffentlichen Feldzug für Gerechtigkeit und gegen russische Korruption nicht unmittelbar nach der Verhaftung Magnitzkys begonnen hatte, sondern erst nach dessen

Tod[56] – niemand hat sie je gestellt. Das Narrativ war zu mächtig, und es brachte Browder nach dem in Russland zusammengerafften Vermögen nun auch öffentlichen Einfluss, ein gutes Image und damit auch ein wirkungsvolles Schild gegen russische Auslieferungsbegehren, weil er dort ein in Abwesenheit verurteilter Steuerhinterzieher ist. Dabei kann es sich nur um russische Rachsucht handeln, nicht wahr? Im Jahr 2024, während der Aktuellen Stunde im Deutschen Bundestag zum »Tod des russischen Oppositionspolitikers Alexej Nawalny«, fiel der Name Magnitsky als mutmaßliches Mordopfer des Putin-Regimes nicht mehr.

Angebliche und tatsächliche russische Missetaten reihten sich wie Perlen auf einer Kette: 2013 gewährte Russland Edward Snowden politisches Asyl, der wegen den USA in Russland strandete. Diese Entscheidung setzte Russland in einen unauflöslichen Konflikt mit den US-Sicherheitsbehörden, deren weltweites Tun durch Snowden offengelegt wurde. Bis heute sind sich die USA nicht einig, ob sie Snowden den Tod an den Hals wünschen sollten oder nur lebenslangen Knast.

2014 folgte die russische Annexion der Krim.

Der russische militärische Beistand für Syrien 2015 durchkreuzte die US-Strategie, Assad mithilfe von Al-Qaida und dem Islamischen Staat vom Thron zu stoßen. Wenn Sie als Leser jetzt fragen: »Wie bitte? Das kann nur russische Propaganda sein, denn wir sind keine Kumpane von Terroristen!«, dann ist das nur zu verständlich. Man will es kaum glauben, genauer gesagt, man wünschte, es wäre nicht wahr. Aber es gibt Dokumente, die diese Anschuldigungen belegen. Etwa eine E-Mail von Jack Sullivan an Hillary Clinton, die lautete: »Al-Qaida ist auf unserer Seite«[57] oder eine Aufzeichnung des Geheimdienstes des Pentagon aus dem Jahr 2012, die dem Weißen Haus vorlag. Nach deren Lektüre wussten alle, die es anging, dass Islamisten das Herz des Aufstandes gegen Assad bildeten und der Pakt mit Al-Qaida die Gefahr der Entstehung eines Islamischen Staates erhöhte.[58] Es gibt Aussagen von General Michael Flynn[59] und des damaligen US-Außenministers Kerry, die das alles belegen. Nichts davon sollte die Öffentlichkeit erreichen, aber als alles an die Öffentlichkeit kam, wurde es totgeschwiegen.

Die *New York Times* berichtete als Erste über ein Treffen von Kerry mit Vertretern der syrischen Opposition 2016 anhand einzelner Tonmitschnitte. Die politisch brisanten Ausschnitte ließ sie jedoch weg.[60] Der vollständige Mitschnitt des Treffens enthält die Diskussion zur Frage, was die USA noch tun könnten, damit Assad stürzt. Von Kerry fielen zur Rolle Russlands unter anderem die folgenden Sätze: »Der Grund, warum Russland einmarschierte, war, dass ISIL (Islamischer Staat) stärker wurde. Daesh [die arabische Bezeichnung für den Islamischen Staat, Anm. d. Aut.] drohte mit der Möglichkeit, irgendwann nach Damaskus zu gehen, und deshalb kam Russland. Weil sie keine Daesh-Regierung wollten und Assad unterstützten.« Die USA hätten das für falsch gehalten. Sie dachten, Assad werde mit den Islamisten verhandeln, und die USA würden die Islamisten schon unter Kontrolle kriegen.[61] Putin erklärte später in einem Interview mit der *Financial Times* im Juli 2018 zur russischen Unterstützung für Syrien, es sei gelungen, die Staatlichkeit Syriens zu erhalten und ein Chaos wie im Fall Libyens zu verhindern.[62]

Der Fall Skripal: plausible versus wissenschaftliche Erklärung

Heute werden Assad und Putin in der Öffentlichkeit zusammengebunden wie zwei Lumpen: der eine, der mit Chemiewaffen sein Volk umbringt, und der andere, der Sergej Skripal, den sowjetisch-britischer Doppelagenten, noch Jahre nach dem Gefangenenaustausch mit Großbritannien (2010) ein Killerkommando auf den Hals schickte, weil er Verräter hasst, und dabei eine verbotene Chemiewaffe einsetzen ließ. Zur Erinnerung: Sergej Skripal und seine Tochter Julija wurden 2018 in Salisbury bewusstlos auf einer Parkbank aufgefunden. Acht Tage später verdächtigte die britische Regierung Russland, beiden durch die Vergiftung mit einem Nervengift der Nowitschok-Familie nach dem Leben getrachtet zu haben. Die Skripals wurden in Salisbury intensivmedizinisch behandelt. Julija Skripal präsentierte sich zunächst telefonisch und im Mai 2018 auch persönlich der Weltöffentlichkeit. Es ging ihr bestens. Ihr Vater ist nie wieder öffentlich in Erscheinung getreten. Die OVCW, eine unabhängige internationale Organisation, die durch die Vertragsstaaten der Chemiewaffenkonvention begründet wurde, überprüfte die Blutproben der mutmaßlichen Opfer, die durch drei unabhängige Labore untersucht wurden. Sie bestätigte das von Großbritannien identifizierte Gift in seinen Zerfallsprodukten. Ein Vorschlag Russlands in der OVCW, der eine Zusammenarbeit mit Russland bei den Untersuchungen bedeutet hätte, aber auch die unangekündigte Überprüfung russischer Chemiewaffenlaboratorien einschloss, wurde abgelehnt.

Beim Skripal-Fall lautete die angewandte Logik wie folgt: Ein russisch-britischer Doppelagent soll von Russland aus Rache für seinen Verrat ermordet werden. Auch vor der Tochter wird nicht haltgemacht. Dazu wird ruchlos eine verbotene sowjetische/russische Chemiewaffe eingesetzt. Das ist der Beweis dafür, dass Russland ein geheimes Chemiewaffenprogramm unterhält und Spezialkräfte trainiert, mit solchen Giften zu morden. So entstand ein »plausibles« Szenario. Großbritannien erfand es, die EU übernahm es und später auch die Nato. Niemand fand es problematisch, dass alles auf dem Prinzip der Beweislastumkehr fußte: Russland gilt als schuldig, bis es den Beweis des Gegenteils erbringt. Anklagevertretung, Richterspruch und Urteilsvollstreckung lagen in einer Hand. Der Skripal-Fall und später der Nawalny-Fall wirken bis heute nach.

Auf der Staaten-Konferenz der OVCW Ende November 2023 griff die EU die Fälle Skripal und Nawalny wieder auf und stellte fest, dass es keine »andere plausible Erklärung« als eine russische

Involvierung und Schuld gebe. Verbunden wurde das mit der Annahme, Russland könne im Ukraine-Krieg ebenfalls Chemiewaffen, in dem Fall Tränengas, eingesetzt haben.[63]

Was man für plausibel hält oder nicht, ist eine Sache des Blickwinkels. Mit Fakten oder Beweisen sollte man das nicht verwechseln. In beiden Fällen fällt seit Jahren unter den Tisch, dass das politisch Behauptete und die wissenschaftlich bekannten Fakten zu chemischen Nervengiften, einschließlich über die Gifte der Nowitschok-Familie, nicht zusammenpassen.

Zunächst ist festzustellen, dass es nur einen belegten Fall einer Vergiftung mit einem Gift aus der Familie der Nowitschok-Gifte gibt. Er betraf den sowjetischen Chemiewaffenspezialisten Schelesnjakow. Der atmete im Labor versehentlich eine winzige Dosis eines Nowitschok-Gifts ein. Er spürte die Vergiftung sofort, brach nach 20 Minuten zusammen und war – trotz Krankenhausbehandlung – so schwer geschädigt, dass er nach wenigen Jahren an den Folgen starb.[64] Wegen dieses Vorfalls wurden er, aber auch Kollegen zu erbitterten Gegnern von Chemiewaffen. Sie erzählten der Welt von den Nowitschoks. Aber sie sagten damals nicht alles, was sie darüber wussten.

Das erste Mal, dass Eigenschaften von Nowitschok-Giften bekannt wurden, war im Jahr 1997, als im Zuge der US-Debatte um die Ratifizierung des Chemiewaffenverbotes eine geheime Forschungsarbeit des US-Chemiewaffenspezialisten James Poarch in Teilen öffentlich wurde. Poarch hatte diese Gifte gründlich analysiert. Also waren sie damals auch schon »internationalisiert«. Er kam zum Ergebnis, dass diese Gifte so giftig seien wie der Kampfstoff VX (ein westliches Nervengift), aber so »behandlungsresistent« wie das (in Deutschland) entwickelte Soman.[65]

Warum verglich Poarch Nowitschok-Gifte mit Soman? Soman gehört zu den gefürchtetsten Nervengiften schlechthin. Warum? Es liegt an seinem blitzartigen »Alterungsprozess«, der es so gefährlich und behandlungsresistent macht. Er beträgt zwischen zwei und fünf Minuten. Nach dieser Zeitspanne ist die zerstörerische Wirkung auf das Nervensystem nicht mehr aufhebbar, jedenfalls nicht mit bekannten Gegenmitteln. Laut Poarch galt das, was für Soman galt, auch für Nowitschok-Gifte. So war das auch noch 2018, denn der Leiter des britischen Chemiewaffenlabors Porton Down sagte am 4. April 2018 ganz deutlich: Es gibt keine Gegenmittel gegen ein Gift aus der Familie der Nowitschoks.[66]

Im Klartext heißt das, dass Nowitschok-Gifte das Schlimmste der Chemiewaffenforschung repräsentieren: man braucht nur eine winzige Giftmenge (wie bei VX) und die Giftwirkung schädigt vergiftete Personen unwiderruflich.[67]

Das führt dazu, dass jede medizinische Versorgung immer zu spät kommt, wenn es um eine völlige Genesung geht.[68] Das ist auch der Grund, warum die im Skripal-Fall öffentlich auftretenden ehemaligen sowjetischen Chemiewaffenexperten Mirzayanow und Uglew im März 2018 übereinstimmend den Skripals keine Überlebensprognose gaben. Annähernd tödlich vergiftet mit einem Nowitschok (Mordabsicht!) kann man nicht überleben, jedenfalls nicht unbeschädigt.

Später machten Veröffentlichungen die schnelle und gute britische Krankenhausversorgung für die »Wunderheilung« der Skripals verantwortlich. Nur welches »Wunder« kann Medizin leisten, wenn kein Gegenmittel existiert? Der Vollständigkeit halber sei hinzugefügt, dass (hohe) Atropingaben, die im Fall Nawalny erklärend herangezogen wurden, den Alterungsprozess nicht aufzuhalten vermögen, sie sind allerdings wichtig gegen begleitende Vergiftungssymptome.

Im Fall des westlichen VX ist alles ganz anders. Dagegen existieren Gegenmittel, es »altert« auch sehr viel langsamer (innerhalb von 28 bis 36 Stunden), und daher kann man so vergiftete Menschen, falls die Dosis nicht tödlich war, auch mit einem dafür vorgesehenen Gegenmittel sehr viel besser behandeln. Das deutsche Sarin dagegen altert ebenfalls ziemlich schnell, aber nicht so rapide wie Soman. Bei Sarin dauert es fünf Stunden, bis irreversible Schädigungen des Nervensystems einsetzen. Von Überlebenden von Giftgaseinsätzen im Golf-Krieg, aber auch von den Opfern des Terroranschlags auf die U-Bahn von Tokio ist bekannt, dass sie anhaltende Schädigungen erlitten.

Kurzum: Mit einer beinahe tödlichen Giftdosis eines Nowitschok konfrontiert, die innerhalb von Minuten das Nervensystem irreversibel schädigt, wäre das Leben der Skripals keinen Pfifferling mehr wert gewesen. Auch überlebend wären sie lebenslang Gezeichnete geblieben. Sie mögen einwenden, dass die OVCW Zerfallsprodukte eines Nowitschok-Gifts (A 234) im Blut der mutmaßlichen Opfer nachwies. Das ist korrekt. Aber es beweist eben auch nur das – die Existenz von Zerfallsprodukten. Die OVCW hat sich nie öffentlich dazu geäußert, welcher Giftmenge die Zerfallsprodukte entsprachen, oder sonstige Angaben vorgelegt, die eine Enzymhemmung im Blut nachgewiesen hätten. Der Fall Nawalny ist in dieser Frage wesentlich komplizierter, denn in seinem Blut wies die Charité eine Hemmung eines wichtigen Enzyms nach. Nawalny sprach auch von Folgewirkungen. Das bedeutet, dass er zumindest mit Spuren einer Substanz, die eine derartige Wirkung auslöst, in Kontakt gekommen sein muss.

Wir lassen es an dieser Stelle damit bewenden. Die vielen Unwahrheiten, Halbwahrheiten und Täuschungen im Skripal-Fall würden definitiv den Rahmen dieses Buchs sprengen. Seine politische Wirkung jedenfalls war, dass die Beziehungen zu Russland in einer Art und Weise vergiftet wurden, wie ein Nowitschok-Gift es getan hätte, mit bleibenden Schäden. Nebeneffekte des Skripal-Falles waren, dass mehrere Staaten einräumen mussten, Nowitschok-Gifte verbotenerweise undeklariert im eigenen Labor zu haben, denn sie kannten deren chemische Strukturen und hatten sie also erforscht. Verschiedene Gifte der Nowitschok-Familie wurden in der OVCW im Verlauf des Jahres 2019 ausdrücklich verboten (in Kraft trat die Verordnung 2020) und müssen nun deklariert werden. Ebenso auch weitere Gifte, die ebenfalls bis dato verschwiegen worden waren. So wurde klar, dass es bei den Nervengiften lange ein großes Schweige-Kartell gegeben hatte, bei dem alle führenden Nationen – von Russland über die USA bis zu Großbritannien und Tschechien, um in der Chemiewaffenforschung wichtige Staaten zu nennen – mitgemacht hatten. Sie alle verletzten ein Gebot der Chemiewaffenkonvention. Da die Konvention leider Forschungen zu Chemiewaffen zulässt und es praktisch bis heute keine unangekündigten Inspektionen gibt[69], obwohl die OVCW ihrerseits die Voraussetzungen schuf, innerhalb von 24 Stunden handeln zu können, sind Missbrauch, aber auch Misstrauen und Verdächtigungen Tür und Tor geöffnet. Der einzige Weg, vertragskonform zu prüfen, ob Russland das behauptete verbotene Chemiewaffenprogramm hat, wären unangekündigte Inspektionen.

Zu nennen ist noch der politische Kontext des Skripal-Falls. Unmittelbar vorher, am 1. März 2018, hatte Putin neue russische Waffen öffentlich gemacht und gehofft, der Westen werde jetzt mit Russland reden. Was er präsentierte, waren neue Hyperschallwaffen, die praktisch in der Lage sind, jede Raketenabwehr zu umgehen. Zu Gesprächen kam es jedoch nicht. Man konnte in den folgenden Jahren den Eindruck gewinnen, dass die wenigsten an die russische Verfügung über derartige Waffen glaubten. Inzwischen ist das anders. Gleichzeitig stand die russische Präsidentenwahl vor der Tür, und es gab Stimmen, die den Skripal-Fall als Wahlunterstützung für Putin begriffen.

Überdies waren es nur noch wenige Monate bis zur Fußball-WM in Russland. Auch London hatte sich einst um die Austragung beworben. Wie schwer den Briten die Niederlage um die Austragung im Magen lag, ließ ein Artikel des *Guardian* vom Juni 2018 ahnen. Der titelte »Russland freut sich über eine Weltmeisterschaft, die selbst der MI6 Wladimir Putin nicht streitig machen konnte«.[70] So war es wahrscheinlich auch kein Zufall, dass in der

Debatte im britischen Unterhaus am 6. März 2018 dem ehemaligen Bürgermeister von London und damaligen Außenminister Boris Johnson sofort einfiel, dass die Fußball-WM in Russland boykottiert werden müsse, falls sich der Verdacht gegen Russland bestätigen sollte. Zu dem Zeitpunkt war noch alles unklar, aber eine Mehrheit der Abgeordneten war längst geneigt zu glauben, dass nur Russland dahinterstecken könne. Mit diesem Tenor fand bereits am Vorabend eine BBC-Diskussion statt, zu der auch Bill Browder eingeladen war. Der wusste auch nichts Genaues, aber sein Gefühl sagte ihm, zunächst müsse man immer das Schlimmste annehmen.[71]

Bei vielen Mitgliedern des Unterhauses war am 6. März 2018 auch ein Artikel von *Buzzfeed* aus dem Vorjahr hochpräsent. Unter der Überschrift »Von Russland mit Blut« (in Anlehnung an den Titel des zweiten James-Bond-Films *From Russia with love*) wurde unterstellt, dass es 14 russische Morde auf britischem Territorium gegeben habe, die von den britischen Behörden nicht untersucht worden seien.[72] Bestätigt wurden die in diesem Artikel erhobenen Vorwürfe von britischer Seite nie.[73] Aber das war auch nicht mehr notwendig, wenn die Geisteshaltung erst einmal geprägt ist.

Dieser von Großbritannien ausgelösten Konfliktzuspitzung ging eine nachhaltige schwere Schädigung des Verhältnisses zwischen den USA und Russland im Zuge des Präsidentschaftswahlkampfs 2016 in den USA voraus. Trumps Ansicht, ein gutes Verhältnis zu Russland sei gut für die USA, führte beim US-Sicherheitsestablishment und auch bei US-Demokraten dazu, dass alle Alarmlichter angingen. Trumps Haltung entsprach nicht dem außenpolitischen Konsens. Das »Carnegie Endowment for International Peace« formulierte die Problemlage 2017 wie folgt:

> »Solche Eskapaden deuten darauf hin, dass Trump eine abrupte Versöhnung mit Russland versuchen könnte, die die Politik von Präsident Barack Obama dramatisch

umkehren würde. Man kann den nachhaltigen Schaden, den ein solcher Schritt den Beziehungen der USA zu Europa, der Sicherheit des Kontinents und einer bereits zerfallenden internationalen Ordnung zufügen würde, kaum überbewerten.«[74]

Die US-Wahl 2016: Gab es russische Wahlbeeinflussung?

Im Sommer 2016 entstand eine große Verschwörungserzählung in den USA: Russland mische sich in die US-Wahl ein, zugunsten von Trump. Trump sei politisch erpressbar durch Russland, stecke mit ihm unter einer Decke und stehe womöglich schon längst in Russlands Diensten – kurz »Russiagate«. Ursprünglich war das alles ein Wahlkampfmanöver der Clinton-Kampagne, die sich dazu auch des Ex-MI6-Mitarbeiters Christopher Steele versicherte. Als die Wahl jedoch verloren ging, wurde Trump ein vergiftetes Geschenk hinterlassen: die Einschätzung dreier Geheimdienste, Russland habe die Wahlen zu seinen Gunsten beeinflusst, was öffentlich dann als Einmischung präsentiert wurde. Zudem machte *Buzzfeed* das sogenannte »Steele-Dossier« öffentlich.[75]

Alle Anwürfe, nicht einer davon bewiesen, haben Teile der USA hart an den Rand der politischen Phobie gebracht, und insbesondere ein unerschütterliches Bewusstsein unter US-Demokraten befördert, dass hinter der politischen Katastrophe, abgewählt worden zu sein, Putin höchstpersönlich steckte. Hillary Clinton fühlte sich um ihren Sieg betrogen,[76] für Nancy Pelosi führten alle Wege von Trump zu Putin.[77] Obwohl der Bericht des Sonderermittlers Mueller 2019 den Vorwurf einer Konspiration zwischen Trump und Putin nicht bestätigen konnte, in den Köpfen lebte er fort. Damit ist praktisch alles, was der Demokratischen Partei politisch schadet, in deren Verständnis »pro-Putin«.

In der Realität war die gesamte Trump-Präsidentschaft eine höchst gegensätzliche Mischung aus Maßnahmen, die die Beziehungen zu Russland immer schlechter machten: die Kündigung des Mittelstreckenwaffenvertrags, die Kündigung des Abkommens über den Offenen Himmel, die Weigerung, den START-Vertrag zu erneuern. Das war verbunden mit gelegentlichen, lediglich versöhnlich klingenden Gesten Trumps gegenüber Putin.

Politisch entscheidend blieb, dass 2016 das Narrativ etabliert wurde, Russland vergreife sich größenwahnsinnig an der führenden Demokratie der Welt. Welches Land war dann noch vor Russlands Einmischungsversuchen sicher, wenn es nicht einmal mehr vor den USA haltmachte? So sah es auch der damalige CIA-Chef Brennan, der dazu ausführlich in der Reihe *The Putin Files* 2017 interviewt wurde. Er erklärte, er habe den US-Präsidenten gegen Ende Juli 2016 vor russischen Einmischungen gewarnt. 2020 wurden seine handschriftlichen Notizen von diesem Treffen veröffentlicht. Heraus kam das genaue Gegenteil: Die CIA hatte aus Russland Warnungen gehört, dass die Clinton-Kampagne den Plan hatte, Trump und Russland zu verknüpfen, um von ihren eigenen Wahlkampfproblemen abzulenken.[78] Brennan war 2020 selbstverständlich empört, aber er bestätigte, dass er den Präsidenten damals beeindrucken wollte, wie gut die russischen Quellen der CIA waren. Ihm entschlüpfte auch die Bemerkung, dass das, was Frau Clinton womöglich gemacht habe, nicht illegal gewesen sei.[79]

Wegen politischer Manöver 2016 veränderten sich in den USA die politischen Konstellationen profund. Waren früher die Republikaner und die US-Geheimdienste eng verbandelt, waren es nun die US-Demokraten, aktuell mit Joe Biden an der Spitze.

Es ist wichtig, an dieser Stelle anzumerken, dass Trump im politischen Washington auch in Teilen des republikanischen Lagers kaum Freunde hatte. Jeder Fakt, der den großen Vorwurf gegen Trump und gleichermaßen an Russland hätte entkräften oder relativieren können, wurde daher mit größter Sorgfalt unter der

Decke gehalten. Exemplarisch steht dafür der Skandal um den Diebstahl von E-Mails der Demokratischen Partei, die Wikileaks am 22. Juli 2016 veröffentlicht hatte, die brisante Informationen enthielten, die sowohl der Clinton-Kampagne als auch der Parteiführung schadeten. Sie belegten, dass beide den Vorwahlkampf zulasten von Bernie Sanders manipuliert hatten. Es wurde vermutet, dass russische Hacker diese Mails gestohlen hatten.

Allerdings konnte bei der Untersuchung der Server der Zentrale der Demokratischen Partei (DNC) 2016 nicht bewiesen werden, dass russische Hacker die E-Mails gestohlen hatten. 2017 wurde das im US-Geheimdienstausschuss unter Eid eingeräumt.[80] Aber alle behielten das Gehörte für sich, bis 2020 das Sitzungsprotokoll veröffentlicht wurde. Wikileaks hatte eine russische Herkunft dieser E-Mails immer bestritten. Deren wirkliche Quelle kann man nur vermuten.

Nichts davon drang damals an die breite Öffentlichkeit. Inzwischen ist fast alles transparent, aufgearbeitet von unabhängigen Journalisten, und die Behauptungen von drei US-Geheimdiensten vom Januar 2017 zur großen russischen Wahlbeeinflussung sind enthüllt als das, was sie immer waren: bloße Annahmen und unbewiesene Verdächtigungen. Es bedarf lediglich der geistigen Bereitschaft, sich mit den Fakten zu beschäftigen[81] oder, was noch einfacher wäre, festzustellen, dass selbst die handverlesenen Geheimdienstler damals nicht die Chuzpe hatten zu behaupten, sie erzählten die Wahrheit. Der im Januar 2017 veröffentlichten Geheimdienstanalyse war ein Anhang B beigefügt. Er erklärte die Sprachregelungen. Vom höchsten Niveau des Vertrauens zu eigenen Einschätzungen sprachen die geheimdienstlichen Autoren, wenn sie mehrere Top-Quellen hatten, allerdings mit der Einschränkung, das solle man nicht für Fakten oder die Wahrheit halten. Es könne auch alles ganz anders sein.[82] 2020 stellte sich überdies heraus, dass zwei CIA-Russland-Spezialisten bei Brennan vorstellig geworden waren und vorgeschlagen hatten, den

Grad des Vertrauens in die eigenen Hypothesen herunterzustufen, was Brennan ablehnte.[83] 2024 publizierten unabhängige US-Journalisten, dass die CIA mithilfe verbündeter Geheimdienste 2016 Wahleinmischung im eigenen Land betrieben habe. Sie soll zudem eigene Erkenntnisse unterdrückt haben, dass Russland damals einen Wahlsieg von Clinton als besser ansah, weil sie als berechenbarer als Trump eingeschätzt wurde.[84]

Da jedoch alles, was die beteiligten Geheimdienste 2017 aufs Papier gebracht hatten, gern geglaubt und für hundert Prozent zutreffend gehalten wurde, wurde der abschüssige Pfad der USA-Russland-Beziehungen so zwangsläufig weiter beschritten, wie das Gravitationsgesetz auf der Erde erzwingt, dass alles nach unten fällt.

Im darauffolgenden Wahlkampf 2020 ging es wieder um russische Wahlbeeinflussung. Eine prominente Rolle spielte der Laptop von Hunter Biden, dem jüngsten Sohn des aktuellen US-Präsidenten. Der hatte ihn zur Reparatur bei einem (sehbehinderten) Computer-Spezialisten abgegeben und dann offenbar alles vergessen. Der Geschäftsinhaber mahnte vergeblich und informierte schließlich das FBI, dem er das Gerät übergab. Er hatte allerdings zuvor Kopien gemacht, weil er begriffen hatte, dass dieser Laptop brisante Informationen enthielt. Eine davon landete in den Händen von Republikanern. Die von dem Laptop herrührende Frage war: Nutzte der Sohn geschäftlich die offizielle Position seines Vaters als Vizepräsident und wusste oder profitierte der gar davon?[85]

Ex-Geheimdienstler leisteten Biden Wahlkampfhilfe und bescheinigten, dass die »Laptop-Operation« die »klassischen Merkmale einer russischen Desinformation« trage.[86] Biden benutzte dieses Attest im direkten Schlagabtausch mit Trump. Das FBI schwieg, wohl wissend, dass der Laptop und dessen Inhalte echt waren, denn es hatte ihn seit 2019 in seiner Verfügung. Schlimmer noch, wegen der »Twitter-Akten« wurde später bekannt, dass das FBI aktiv vorgebaut und Medien, aber auch soziale Netzwerke gewarnt hatte, es könne eine Laptop-Geschichte auftauchen, ein mutmaßlicher Hack der Russen, den man nicht verbreiten solle.[87]

So gewarnt, wurde gehandelt. Twitter zensierte die Veröffentlichung, Facebook schränkte die Reichweite der Berichterstattung ein, und die *Washington Post* kam zu dem Ergebnis, dass das Ganze, egal, ob es nun russische Desinformation war oder nicht, wie russische Desinformation behandelt werden sollte.[88] Losgetreten wurde die ganze Scharade vom heutigen US-Außenminister Antony Blinken, der seinen Freund Mike Morell, Ex-CIA, um Rat gebeten hatte. Morell verstand den Wink mit dem Zaunpfahl. Biden brauchte Sprechpunkte gegen Trump. Die CIA erlaubte die Veröffentlichung des Briefes der Ex-Geheimdienstler in Rekordgeschwindigkeit. Sie bestand allerdings auf dem Zusatz, dass sie sich die Einschätzung nicht zu eigen mache, aber das fiel in der Veröffentlichung unter den Tisch.[89] Der Vorsitzende des Geheimdienstausschusses, der US-Demokrat Adam Schiff, von dem jeder annahm, das er mehr wisse als die Allgemeinheit, äußerte gegenüber CNN: »Nun, wir wissen, dass die ganze Verleumdung von Joe Biden aus dem Kreml kommt …« Dagegen verwahrte sich der damalige Geheimdienstkoordinator John Ratcliffe, aber dem glaubte kaum einer, denn der arbeitete schließlich für Trump.[90] Eine spätere geheimdienstliche Einschätzung zur Rolle Russlands in der Wahl 2020 enthielt den Laptop-Vorwurf nicht mehr. Inzwischen ist klar, dass alle Informationen auf dem Laptop, einschließlich der vom Geschäftsinhaber gezogenen Kopien, original sind.

Die geheimdienstliche Analyse zur russischen Wahlbeeinflussung 2020, die die Laptop-Saga nicht enthielt, benutzte Biden 2021, um Russland öffentlich Vergeltung anzudrohen. Im gleichen Auftritt hielt er es für angezeigt, seinem Glauben Ausdruck zu verleihen, Putin sei ein Mörder.[91]

Was der Mensch Joe Biden glaubt, ist das eine, was der amerikanische Präsident Joe Biden glaubt, ist politisch. Er beging eine gezielte, mit dem Journalisten sehr wahrscheinlich verabredete Grenzüberschreitung. Auf einem solchen Niveau fielen noch nicht einmal die verfeindeten Staatsoberhäupter der USA und der UdSSR im Kalten Krieg übereinander her. Putin erwiderte die Provokation nicht, sondern gab sich konziliant. Allerdings wurde der russische Botschafter nach Moskau beordert. In einem späteren Interview mit NBC 2021, kurz vor seinem Treffen mit Biden, schätzte Putin ein, die US-Russland-Beziehungen seien auf einem historischen Tiefpunkt. Es war ein merkwürdiges Interview: Der Journalist verkörperte die vorherrschende Denkschule über Russland sowie Putin und brachte einen Vorwurf nach dem anderen an. Putin lachte, widersprach, argumentierte und war gleichzeitig darum bemüht, keine zusätzlichen politischen Hürden für das bevorstehende Treffen mit Biden aufzubauen, schließlich gab es davon längst genug.[92]

Im Jahr 2021 galt längst alles als recht und billig, was man dem russischen Anführer vorhalten durfte. Hauptsache, es war niederträchtig und ehrverletzend.

Längst hatten sich im politischen und medialen Mainstream tiefe Gewissheiten von der bösartigen, dämonischen Natur des russischen Anführers ausgebildet, der vor nichts zurückschreckt. Ein SOB (Hurensohn) eben, wie der US-Präsident 2024 befand.[93]

Hinzugefügt werden muss, dass im Jahr 2024 »Russiagate« in den USA in eine neue Runde geht, da Trump wieder als Präsidentschaftskandidat antritt. Das zeigt den anhaltenden Glauben der US-Demokraten, dass dieses Narrativ weiter verfängt. Sie haben womöglich recht, denn der liberale Mainstream interessierte sich nicht dafür, ob die Behauptungen von Russiagate nun stimmten oder nicht. Die US-Wahl wird zeigen, ob es ein Gewinnerthema ist. Dass es sich bei alledem um einen Rückfall in die McCarthy-Ära der USA handelt, ist eigentlich kaum von der Hand zu weisen.

Cyberattacken, die Unterminierung westlicher Demokratien, gezielte Morde – all das stand schon vor der russischen Aggression

2022 auf Russlands Schuldkonto. Man ist versucht, an die Situation des Jahres 2003 zu denken, als Saddam Hussein in zwei Interviews der Welt mitteilte, der Irak habe keine Massenvernichtungswaffen, und sein Land werde auch nicht mit Al-Qaida paktieren. Er hätte sich den Atem sparen können. Ihm, dem »Schlächter von Bagdad«, wurde nicht geglaubt, sondern dem amerikanischen Präsidenten und dessen Administration. Am Ende stellte sich heraus, dass der »Schlächter« die Wahrheit gesprochen hatte, aber da war es längst zu spät. Der Irak lag in Trümmern, viele Menschen waren gestorben und noch mehr vertrieben worden, Saddam wurde hingerichtet, und der Islamische Staat wurde geboren. Der CIA-Offizier John Nixon, der Saddam verhört hatte und ihn so besser kennenlernte als die meisten auf der Welt, schrieb unter dem Titel *Debriefing the President: The Interrogation of Saddam Hussein* ein ehrliches und gleichzeitig äußerst verstörendes Buch über seine Verhöre mit Saddam. Er kam zu dem Schluss, für dieses ganze furchtbare Unterfangen sei er nicht in den Krieg gezogen.

An Reputation hatte Putin im Westen nichts mehr zu verlieren – schlimmer noch: Alles Vertrauen in den Westen war dahin –, als er die Entscheidung zugunsten der militärischen Unterstützung des Donbass traf, Russland dadurch in den offenen militärischen Konflikt mit der Ukraine marschierte und sich schwer ins Unrecht setzte. Die Verurteilung Russlands durch den Westen und auch die internationale Staatengemeinschaft im Rahmen der UNO auf die russische Aggression war zwingend. Aber wo andere Staaten nüchtern reagierten, das Ausmaß des Schadens abzuwägen und zu begrenzen suchten, reagierte die westliche Politik spontan, emotional, triumphal und von dem tiefen Glauben getrieben: Man hatte den Bösewicht nun dort, wo man ihn haben wollte, isoliert am Schandpfahl der Menschheit, und mit ihm sein Land, das nun »ruiniert« werden würde. Niemand der westlichen Ankläger Russlands bzw. Putins hatte selbst eine weiße Weste, aber das schien völlig nebensächlich.

Sie erkannten nicht mehr die eigene Irrationalität und Heuchelei, das verheerende Resultat eines Pingpongspiels, in dem das gegenseitige Vertrauen völlig zerbrochen war. Jahrzehnte aufgestauter Wut, deren Amplitude Jahr für Jahr gestiegen war, brach sich Bahn. Unglückseligerweise konnte der Westen den Kreml-Chef nicht selbst stürzen, denn hätte er es gekonnt, hätte er es auch getan – frei nach dem Motto, dass das Böse vom Erdboden vertilgt werden muss. Aber mit dem Anführer einer Atommacht lässt sich so nicht umspringen, und all die Phantasien von einem todkranken Mann im Kreml, der einsam und isoliert immer nahe an der Palastrevolution dahinvegetiert, all die Hoffnungen auf oppositionelle Herausforderer oder auf einen militärischen Coup à la Prigoschin sind letztlich nur ein schwacher Trost, wenn es einen selbst in den Fingern juckt. »Zu den Waffen und auf ihn mit Gebrüll« kann man nicht rufen. Glücklicherweise ist das auch den USA, allen voran dem Pentagon, völlig klar. So kam es nicht zur unmittelbaren militärischen Konfrontation zwischen zwei Nuklearmächten, sondern »nur« zu einem Stellvertreterkrieg. Dafür muss man fast dankbar sein und gleichzeitig hoffen, dass diese rote Linie hält.

Kapitel 5

Die politische Auflösung der Sowjetunion und ihr gefährliches Erbe

»Jeder, der nicht die Auflösung
der Sowjetunion bedauert, hat kein Herz.
Jeder, der sie wiederherstellen will,
hat keinen Verstand.«[1]

Wladimir Putin

Wer die Frage beantworten möchte, wie die Auflösung der Sowjetunion auf unsere Zeit wirkte, kommt um ein paar Sachverhalte nicht herum. Man kann es natürlich auch so machen, wie ein Mitarbeiter der Jamestown Foundation, der zu dem Schluss kam, dass der Ukraine-Krieg die Vollendung der Auflösung der Sowjetunion sei, und den Kollaps der Russischen Föderation voraussagte.[2] Nur noch ein »Rumpfstaat« werde übrig bleiben. Der Atlantic Council reihte die aktuellen Entwicklungen ebenfalls in eine Zeitlinie ein, die mit der Auflösung der Sowjetunion begann. Genauer gesagt sprach er vom »Kollaps« Russlands.[3] Man kann weiter so tun, als wären das ganz unabhängige Meinungen, die ganz zufällig das amerikanische Denken bereichern. Falls man das alles so sieht und als unschuldige wissenschaftliche Diskussion auffasst, dann muss man sich gesagt sein lassen, dass in den internationalen Beziehungen nichts unschuldig ist. So wie sich die USA oder Deutschland die passenden Russland-Zitate herausziehen, ist das auch umgekehrt der Fall. Deshalb ist es so wichtig, die Realitäten nicht zu vergessen.

Ein Vielvölkerstaat zerbricht – alte Probleme in neuen Grenzen

Im Jahr 1989 wohnten knapp 282 Millionen Menschen in der Sowjetunion. Sie war ein Vielvölkerstaat mit 180 verschiedenen Ethnien. Es gab allein 18 Sprachen, die von mindestens einer Million Menschen gesprochen wurden. Die größte ethnische Gruppe bildeten die Russen (145 Millionen), gefolgt von den Ukrainern mit 44 Millionen. Danach kamen die Usbeken und die Weißrussen. Aufgrund innerer Migrationsprozesse, die in der Sowjetunion auch politisch forciert wurden, gab es kaum eine Sowjetrepublik, in der es keine ethnischen Russen gegeben hätte. Mit Ausnahme einiger asiatischer Sowjetrepubliken war Russisch die dominante Sprache. Das große Land, das ein Sechstel der Erde umspannte und sich über 11 Zeitzonen erstreckte, war reich an wertvollen Rohstoffen. Dagegen waren nur 20 Prozent der Fläche landwirtschaftlich nutzbar.[4] Bis in die 50er-Jahre hinein war die Sowjetunion weitgehend autark. Dann öffnete sie sich dem Handel mit RGW-Ländern, dem Westen, aber auch gegenüber Ländern des heutigen globalen Südens. Dabei ging es im West-Export (Öl) vor allem um den Erwerb harter Währung, um im Land vorhandene Defizite auszugleichen (Getreide), aber auch darum, auf wissenschaftlich-technischem und technologischem Gebiet aufzuholen. Anfang der 80er-Jahre begann sich zudem der Handel zwischen Russland und China zu entwickeln. Die Basis der sowjetischen Wirtschaft aber bildeten die arbeitsteiligen Beziehungen zwischen den Sowjetrepubliken. Das wurde durch die zentrale Planung nach Sektoren begünstigt. Sie setzte auf Größenvorteile, sodass es häufig nur ein bis zwei Unternehmen gab, die das ganze Land versorgten. Das führte dazu, dass 1988 der Wert des Handels innerhalb der Sowjetunion (21 % des BIP) viermal höher war als ihr Außenhandel. Damit war die Sowjetunion damals im Innern stärker verbunden als etwa die Staaten der Europäischen Wirtschaftsgemeinschaft untereinander, aber vergleichsweise weniger offen für die übrige Welt.[5] Hinzugefügt werden muss, dass die Sowjetunion wegen des Kalten Krieges immer einen starken Rüstungskomplex hatte, der aufgrund der damaligen statistischen Berechnungsmethoden nicht in volkswirtschaftlichen Statistiken auftauchte.

Die Machtübernahme von Gorbatschow und die Politik der »Neugestaltung« (Perestroika) führten zum Ende der Planwirtschaft in der Sowjetunion, ohne dadurch in irgendeiner Form einen geordneten Weg in die Marktwirtschaft zu eröffnen. Die Wirtschaft zerrüttete, und die Auslandsschulden wuchsen, ohne dass neue westliche Kredite in Aussicht gewesen wären. Sowjetische Eliten verwandelten sich in Wirtschaftsbosse und Oligarchen, der Staat verlor die politischen und ökonomischen Kontrollmechanismen, und die Unzufriedenheit in der Bevölkerung wuchs. Es mangelte zunehmend an allem, einschließlich Nahrungsmitteln. Hinzu kamen die Selbstbestimmungsbewegungen in den Unionsrepubliken, ausgehend von den drei baltischen Republiken, die im September 1991 als UN-Mitglieder anerkannt wurden. Im August 1991 scheiterte ein von kommunistischen Hardlinern in Gang gesetzter Putsch gegen Gorbatschow. Die Ukraine erklärte im gleichen Monat ihre politische Unabhängigkeit. Bestätigt durch ein ukrainisches Referendum Anfang Dezember 1991, verwandelte sich so die Ukrainische Sozialistische Sowjetrepublik in die Ukraine. Leonid Krawtschuk, einst führender kommunistischer Funktionär, der die Partei 1991 im Gefolge des Coups gegen Gorbatschow verlassen hatte, rückte zum Präsidenten der Ukraine auf. So wie Krawtschuk entstammten auch die beiden anderen Auflöser der Sowjetunion deren kommunistischen Strukturen: Der weißrussische Vorsitzende des Obersten Sowjets war an die Macht gelangt, nachdem sein Vorgänger im Sommer 1991 den Putsch gegen Gorbatschow unterstützt hatte, und Jelzin, Präsident der Russischen Sowjetrepublik, war 1990 aus der kommunistischen Partei ausgetreten.

Alle Genannten einte die Überzeugung, dass die Sowjetunion am Ende war. Allerdings musste noch Gorbatschow mit seiner Fixierung auf die Sowjetunion »entsorgt« werden. Es war, wenn man so will, eine Palast-Revolution. Die USA wussten Bescheid, Krawtschuk hatte dafür gesorgt.[6] Gorbatschow blieb ahnungslos. Die Auflöser der Sowjetunion trafen sich am 8. Dezember 1991 in Minsk.[7] Dort beschlossen sie, den Vielvölkerstaat UdSSR aufzulösen, die entstandenen Republiken als unabhängig anzuerkennen und die Gemeinschaft Unabhängiger Staaten (GUS) zu gründen. Dieser Schritt zementierte ihre Macht in ihren jeweiligen Herkunftsländern. Gleichzeitig wollten sie die vielfältigen Verbindungen und Abhängigkeiten, die entstanden waren, in den Griff bekommen. Statt eines Zwangsverbunds, so lautete die Leitidee, sollte so viel Unabhängigkeit wie möglich mit so viel Zusammenarbeit wie nötig verbunden werden. Alle früheren Sowjetrepubliken, aber auch weitere Staaten[8], wurden eingeladen, sich am neuen Verbund zu beteiligen.

Die Auflöser der Sowjetunion wussten schon, dass die »Russifizierung«, aber auch Militärdienst, Parteikarrieren, das Arbeits- und Liebesleben dafür gesorgt hatten, dass in den künftigen unabhängigen Staaten Bürgerinnen und Bürger außerhalb der Grenzen ihrer Mutterländer leben würden, mit Bindungen in andere Länder. Denn sie sahen damals vor, dass sie keine Grenzen zwischen sich wollten und Reisefreiheit herrschen sollte. Ganz konkret ergaben sich daraus Pflichten, wie etwa Rentenzahlungen. Ihnen war offenbar überhaupt nicht klar, dass es vor allem Russen sein würden, die sich aufgrund der Geschichte, aber auch gewollter sowjetischer Politik, nunmehr außerhalb des neuen Russlands befanden. Insgesamt betraf es 25 Millionen Menschen. Dass sich daraus möglicherweise Spannungsherde ergeben könnten, scheint in jenen turbulenten Dezembertagen des Jahres 1991 außerhalb der Vorstellung gelegen zu haben. Ist es möglich, dass sie noch glaubten, was 1986 in der Sowjetunion parteipolitisch proklamiert worden war: die Nationalitätenfrage sei im Sozialismus gelöst, ethnische Konflikte seien eine Sache der Vergangenheit, brüderliche Freundschaft, Zusammenarbeit und gegenseitige Unterstützung seien die Lebensweise der UdSSR? Denn sie waren doch gleichzeitig Augenzeugen und aktive Teilnehmer eines Prozesses, in dem die Sowjetunion exakt anhand der ethnischen Linien aufbrach, die schon beim Zerfall des Russischen Reiches zu beobachten waren.[9]

Relativ schnell gehörte es allerdings dann zu den Prioritäten Russlands, dafür zu sorgen, dass »die eigenen Landsleute« woanders gut behandelt wurden und volle Minderheitenrechte genossen, wie sie die Europäische Menschenrechtskonvention vorsieht. Man befürchtete, dass sonst Konflikte importiert bzw. nach Europa exportiert werden. Mehrere russische Vertreter, darunter Putin, erklärten ihre Sichtweise den Teilnehmern des 101. Bergedorfer Gesprächskreises im Jahr 1993. Präsident Jelzin warb Mitte der 90er-Jahre in westlichen Hauptstädten, darunter Bonn, dafür, das Problem der russischen Minderheiten anzuerkennen und zu helfen, eine Lösung dafür zu finden. Jelzins Abgesandte warnten, dass sich aus ungelösten Minderheitenfragen nicht nur interne, sondern auch internationale Konflikte ergeben könnten. Die größte nationale Minderheit ethnischer Russen gab es in der Ukraine. Besonders in Lettland und in Estland repräsentierten sie jedoch prozentual eine so große Minderheit, dass hieraus von Anfang an die größten Spannungen entstanden. Das politische Bemühen um die Lage der Russen außerhalb Russlands wurde in den neuen unabhängigen Staaten vor allem als Fortsetzung einer russischen Hegemonialpolitik verstanden, zumal russische Nationalisten das auch aktiv proklamierten. Während ihrer Amtszeit, sagte Ex-Bundeskanzlerin Merkel im Jahr 2022, habe sie den Eindruck gehabt, sie habe sich vor allem mit Fragen der ehemaligen Sowjetunion befasst.[10] Das war ganz sicher so, nur dass die bis heute offenen Konflikte Wurzeln haben, die manchmal bis zu 1000 Jahre in die Geschichte zurückreichen. Allein daraus ergibt sich ein hohes Missbrauchspotential bzw. umgekehrt ein Mediationsbedürfnis, das politisch äußerst anspruchsvoll ist.

Die Abkommen von Minsk und Alma-Ata: Erste Antworten, viele Fragen

Mit dem Abkommen von Minsk im Dezember 1991 wurden die Russische Föderation und Belarus zu eigenständigen politischen Akteuren. Ein Schlüsselartikel dieser Vereinbarung war der Artikel 6.[11] Der Vertrag wurde zunächst zwischen der Russischen Föderation, Belarus und der Ukraine ausgehandelt. Darin verpflichteten sich die Parteien auf Zusammenarbeit zur Friedenssicherung und zur Reduzierung der Rüstungs- und Militärausgaben. Sie kündigten an, perspektivisch alle Nuklearwaffen eliminieren zu wollen, unter strikter internationaler Kontrolle. Alle würden die Anstrengungen der jeweils anderen nach Nuklearwaffenfreiheit und Neutralität respektieren. Sie würden gemeinsame Befehlsgewalt über die Armee, einen gemeinsamen militärischen und strategischen Raum haben und eine gemeinsame Kontrolle über die Nuklearwaffen ausüben. Letzteres sollte in einem speziellen Abkommen präzisiert werden. Den Text dieses Artikels las Jelzin telefonisch dem US-Präsidenten vor, noch bevor er Gorbatschow darüber unterrichtete. Er betonte, dass auch Kasachstan dem ganzen Projekt positiv gegenüberstehe.[12] Kasachstan war die vierte Republik, auf deren Territorium sowjetische Atomwaffen lagerten.

In Artikel 7 der Verabredungen von Minsk sind die Vorstellungen von den Gebieten künftiger Zusammenarbeit niedergelegt, darunter die Koordinierung der Außenpolitik, Zusammenarbeit bei der Schaffung und Entwicklung eines gemeinsamen Wirtschaftsraums, Zusammenarbeit im Verkehr, der Kommunikation und beim Umweltschutz, in Migrationsfragen und bei der Bekämpfung organisierter Kriminalität. Jeder werde die territoriale Integrität des anderen achten. Die Grenzen zwischen ihnen sollten offen sein und alle Bürger gleiche Rechte genießen.

Auf das Abkommen von Minsk folgte am 21. Dezember 1991 die Konferenz von Alma-Ata. An ihr nahmen sieben weitere ehemalige Sowjetrepubliken teil: Armenien, Aserbaidschan, Kasachstan, Moldawien, Tadschikistan, Turkmenistan und Usbekistan. Alma-Ata präzisierte einige in Minsk noch nicht gelöste Fragen. In einer Erklärung stimmten alle Teilnehmer zu, dass Russland die Nachfolge des ständigen Sitzes der Sowjetunion im Sicherheitsrat antreten sollte. Positiv wurde hervorgehoben, dass die Ukraine und Weißrussland (neben der Sowjetunion) zu den Gründerstaaten der Vereinten Nationen gehörten. Allen weiteren Mitgliedern der GUS wurde ebenfalls Unterstützung zur Teilhabe an der internationalen Staatengemeinschaft zugesagt.[13] Im Protokoll von Alma-Ata wurde festgehalten, dass die militärische Befehlsgewalt bis zur Auflösung der Armee der Sowjetunion an Russland übergehen sollte.[14] Gleichzeitig verabschiedeten vier ehemalige Sowjetrepubliken (Kasachstan, Russland, Ukraine, Weißrussland) nochmals eine gemeinsame Erklärung, wie mit den sowjetischen Nuklearwaffen, die auf ihren Gebieten stationiert waren, umgegangen werden sollte. Nach dieser Verabredung sollten die Atomwaffen, die in Kasachstan, der Ukraine und in Weißrussland lagerten, verschrottet werden. Alle vier Staaten sollten, solange es diese Waffen gab, eine gleichberechtigte Mitsprache für den Fall ihres Einsatzes haben. Alle vier bekannten sich zum Ziel der Atomwaffenfreiheit und sprachen sich gegen einen Ersteinsatz solcher Waffen aus.[15]

Die Vereinbarungen von Alma-Ata dokumentieren eine große Friedensbereitschaft der damaligen »Zertrümmerer« der Sowjetunion. Sie beinhalteten auch die klare Formulierung, dass die Sowjetunion somit aufhören werde zu existieren. Sie »zerfiel« nicht. Sie löste sich nicht in einem chaotischen Prozess auf. Sie wurde vertraglich abgeschafft.

Betrachtet man die Regeln zur Kontrolle über das Atomwaffenpotential der Sowjetunion, so handelten die damaligen Akteure äußert verantwortungsvoll. Sowohl Gorbatschow als auch Jelzin hielten das für das außenpolitisch Wichtigste. Nach Alma-Ata trat Gorbatschow zurück, aber nicht ohne zuvor den US-Präsidenten anzurufen und ihm zu versichern, dass die Kontrolle über das atomare Potential der Sowjetunion geregelt sei. Die Welt sollte ruhig schlafen können. Gorbatschow hoffte auf die Unterstützung von Bush, damit die GUS lebensfähig werde. Er selber werde sich dafür verwenden. Bush dankte Gorbatschow damals für dessen Beitrag zum Weltfrieden.[16] Er verhielt sich in diesem letzten Gespräch mit Gorbatschow, vergleicht man seine Telefonate mit anderen damaligen Politikern aus der Sowjetunion, sehr viel herzlicher und anerkennender. Die beiden Politiker hatten sich gut kennengelernt und persönliches Vertrauen zueinander entwickelt. Sie teilten damals ursprünglich die Überzeugung, dass die Auflösung der Sowjetunion vermieden werden sollte, weil sie das für eine große Gefährdung der Sicherheit und Stabilität in Europa und der Welt hielten. Beide hatten nicht die Macht, den Lauf der Geschichte aufzuhalten.

Trotz des erklärten guten Willens in Minsk und Alma-Ata blieb damals sehr vieles völlig ungelöst. Es war ein Ding der Unmöglichkeit, auch nur im Ansatz alle Fragen zu erfassen oder die wesentlichen Wirkungen zu übersehen. Ein Schnitt musste her, ein Neubeginn, der von oben eingeleitet wurde.

In den folgenden Jahren zeigte sich, dass alles viel komplizierter war, als in Minsk oder Alma-Ata angenommen.

Es ist sehr kompliziert zu erfassen, was den postsowjetischen Trennungsprozess politisch so schwierig machte, gerade für die Ukraine, gerade für Russland. Dieses Buch kann das nicht leisten. Aber eine sehr detaillierte ukrainische Aufzeichnung von politischen Stimmungen jener Jahre in beiden Sowjetrepubliken und dann in den voneinander getrennten Ländern könnte man so interpretieren, dass sich die Ukraine gegen Russland wenden musste, immer in der Sorge, sonst nicht zu einer eigenen Identität zu finden, und dass sich umgekehrt für Russland, das sich ebenfalls neu erfinden musste, die Trennung als eine Amputation darstellte.[17] Was diese Aufzeichnung sehr klar belegt, ist, dass die Sensoren jeder Seite damals voll ausgefahren waren und alles, was beim jeweils anderen in den Folgejahren geschah, gesagt oder nicht gesagt wurde, analysiert, kommentiert und hin und her gewendet wurde. Es fehlte jede Gelassenheit, jeder Abstand. Beide neuen Länder, die Ukraine und Russland, verband eine gemeinsame Geschichte, aber sie konnten (und können) sich nicht darauf einigen, wie sie verlaufen ist. Dank der CIA, die mit der *New York Times* über ihre Anwerbepraxis von russischen Staatsbürgern mittels der Ukraine nach 2014 plauderte, scheint es auch danach noch so gewesen zu sein, dass Russen, die sich nie hätten westlich anwerben lassen, viel gelöster mit Ukrainern umgingen. Das war so, als würden Freunde reden, während sie gemeinsam ein Bier trinken, wurde der *New York Times* gesteckt.[18]

Die GUS beendete nicht die faktische russische Dominanz, die schon in der Sowjetunion bestanden hatte. Das war ein Ding der Unmöglichkeit: Russland war viel zu groß und das ökonomische Schwergewicht. Überdies hatten die Gründer der GUS praktisch auch die militärische Führung an Russland abgegeben und ihm den ständigen Sitz im Sicherheitsrat als Nachfolger der Sowjetunion überlassen. Das wurde ergänzt durch die vielen Konflikte, die in den Jahrhunderten gemeinsamer Geschichte schlummerten und jetzt zu neuem Leben erwachten.

Minsk und Alma-Ata waren Grundsatzdokumente, mehr als Garantie für die Welt als zur Organisierung der Entflechtung eines ehemaligen Imperiums gedacht. Die damals ungelösten Fragen, wie die Auflösung und Restrukturierung der sowjetischen Armee vonstattengehen oder was mit den Schulden der Sowjetunion geschehen sollte, bargen den Keim des Zwists in sich. Der immense wirtschaftliche Verflechtungsgrad und darauf beruhende einseitige und wechselseitige Abhängigkeiten hatten vertraglich auch keine Rolle gespielt. Man zog Grenzen, ohne die Bedeutung der Grenzziehung zu klären – galten sie nun definitiv (ukrainische Position) oder nur im Kontext der GUS (russische Position) –, und glaubte, mit engster Zusammenarbeit würde sich alles schon finden.

So kam es, wie es kommen musste. In der Ukraine wurde die GUS als Beschränkung der eigenen Staatlichkeit empfunden und stieß auf massive Vorbehalte. Die Ratifizierung der Charta scheiterte im ukrainischen Parlament. Das führte zu der paradoxen Situation, dass die Ukraine zwar Gründer der GUS, aber nicht ihr Mitglied wurde. Sie verabschiedete sich allerdings nicht komplett, sondern zog es vor, überall dort mitzuarbeiten, wo es ihr nützlich schien, und die GUS hat sich dem nicht verwehrt. Der ukrainische Rückzug aus der GUS hatte allerdings zunächst eine schwere sicherheitspolitische Konsequenz: Es bestand nunmehr die Gefahr der Weiterverbreitung von Atomwaffen. Tatsächlich lagerten sowjetische Atomwaffen auf ukrainischem Territorium, aber sie waren nicht unter ihrer Kontrolle und unterlagen nicht ihrer Verfügungsgewalt.[19] Nach dem GUS-Vertrag sollten sie nach Russland zur Vernichtung gebracht werden. Gleichzeitig verlor die Ukraine durch den Ausstieg aus der GUS die Mitsprache über einen etwaigen Einsatz des nuklearen Erbes der Sowjetunion. Wenn heute gelegentlich behauptet wird, dass die Ukraine niemals den Fehler hätte machen sollen, »ihre« Atomwaffen abzugeben – was sie 1994 im Ergebnis des Budapester Memorandums[20] tat –, dann ist das nicht korrekt.[21] Die Ukraine hatte solche Waffen zwar auf ihrem

Staatsgebiet, besaß sie aber nicht. Aber die Behauptung erinnert daran, dass in der Ukraine damals mit dem Gedanken gespielt wurde, das, was bei ihr lagerte, in die Finger zu kriegen. Ob ihr das gelungen wäre, steht auf einem anderen Blatt.

Im Jahr 2021 lebten diese politischen Überlegungen, sich zum Kernwaffenstaat zu entwickeln, wieder auf. Im Unterschied zu den 90er-Jahren stellte sich der Westen taub. In den 90er-Jahren führten solche ukrainischen Gedankenspiele zum Budapester Memorandum. Mit ihm sollte der Ukraine der Schritt in die Kernwaffenfreiheit erleichtert werden, wie schon aus dem Titel des Memorandums hervorgeht.[22] Damals hätten weder die westlichen Nuklearmächte noch Russland geduldet, dass noch ein weiteres Land zur Atommacht aufsteigt.

Die Krim: Von Beginn an ein Zankapfel

Die Krim war schon von Anfang an ein die Ukraine-Russland-Beziehungen belastendes Problem. Bereits vor der förmlichen Auflösung der Sowjetunion kam es zu Sezessionstendenzen auf der Krim und zu unterschiedlichen Interpretationen zum Status von Sewastopol. Zudem beanspruchten viele russische Stimmen, vor allem in der Duma, diese Gebiete als »russisch«. Die Versuche der Krim und von Sewastopol, sich von der Ukraine zu lösen, dauerten bis 1995 an. Die Ukraine erkannte diese Bestrebungen weder als Sozialistische Sowjetrepublik noch als darauffolgender unabhängiger Staat an. Sie pochte auf die territoriale Integrität und griff notfalls auch zu Verfassungsänderungen, um die Selbstbestimmungsbewegung niederzuschlagen. Das endete mit einer Reihe von Gesetzesänderungen in Kiew, die 1995 letztlich in der gesetzlichen Aufkündigung des Autonomiestatus der Krim und ihrer Unterordnung unter die Kiewer Zentralgewalt mündete. Ein Appell der Krim an Russland um Beistand verhallte dort ungehört.[23]

Dann schien das Problem von den Problemen der wirtschaftlichen Transformation auf der Krim, in der Ukraine, aber auch in Russland überwölbt zu werden. Doch es schlummerte fort: Nirgendwo sonst in der Ukraine war in den 90er-Jahren der Wunsch nach Zugehörigkeit zu Russland so manifest wie auf der Krim.[24]

Die Abkommen von Minsk und Alma-Ata hatten die Aufteilung der sowjetischen Streitkräfte späteren Verhandlungen überlassen. Nun war die Krim historisch der Standort der sowjetischen Schwarzmeerflotte, und das machte das ganze Krim-Problem noch komplizierter. Aufgrund ihrer strategischen Bedeutung für die Projektion militärischer Macht im Schwarzen Meer, aber auch für die Flussmündung der Donau, hatte Katharina die Große diese Halbinsel Ende des 18. Jahrhunderts für das russische Zarenreich erobern lassen. Das war Teil ihres Planes, das Osmanische Imperium zurückzudrängen und ein Byzantinisches Imperium zu schaffen, das, wären ihre Pläne aufgegangen, bis zum Bosporus gereicht und dem Russischen Reich den Zugang zum Mittelmeer eröffnet hätte.

Die Jahrhunderte, die folgten, veränderten nichts an der strategisch bedeutsamen Lage der Krim, und die Schwarzmeerflotte spielte in all den Jahren eine wichtige politische und militärische Rolle. Die Verhandlungen um die Aufteilung der Schwarzmeerflotte – bei denen es nie nur um die aufzuteilenden Schiffe ging, sondern im Hintergrund immer die Frage nach dem Besitz der Krim mitschwang – beschwerten die Beziehungen zwischen der Ukraine und Russland über Jahre.[25] Am Ende überwog das gemeinsame Interesse an einer pragmatischen Lösung, die für beide Länder Stabilität bedeutete. Ob das eine Verhandlung unter »Gleichen« war, sei dahingestellt, jedenfalls waren sich beide Staaten am Ende einig: Russland sicherte sich den Löwenanteil der Flotte, bezahlte der Ukraine eine finanzielle Entschädigung und bekam das Recht, in Sewastopol stationiert zu bleiben. Die Ukraine verteidigte ihren Anspruch auf die Krim. Das russische Stationierungsrecht wurde als zeitlich befristetes Pachtrecht ausgestaltet, das einvernehmlich verlängert werden konnte. Besiegelt wurde 1997 alles mit dem Freundschaftsvertrag zwischen Russland und der Ukraine, in dem auch die Minderheitenfragen geregelt wurden.

Aus allem ergibt sich, dass Russland aus strategischen Gründen an freundschaftlichen Beziehungen zur Ukraine interessiert war und ein Interesse an einer russlandfreundlichen Ukraine-Regierung hatte. Das stellte sich aus russischer Sicht als eine Sicherheitsgarantie dar, denn nur so blieb das Stationierungsrecht auf der Krim unbestritten. In den folgenden Jahren, mit dem Aufbau neuer militärischer Nato-Präsenz am Schwarzen Meer, dürfte dieses Interesse noch gestiegen sein.

Eindeutig ist weiterhin, dass die russische Regierung in den 90er-Jahren die Selbstbestimmungsbestrebungen der Krim nicht ausnutzte, um die Krim aus dem territorialen Verbund der Ukraine zu reißen. Sie hatte andere Prioritäten und andere Probleme. Nationalistischen Versuchungen in der Duma trat Jelzin entschieden entgegen. Man kann darüber rechten, ob Russland wirtschaftlich und militärisch überhaupt in der Lage gewesen wäre, den Konflikt mit der Ukraine eskalieren zu lassen. Aber die gleiche Frage ließe sich umgekehrt auch an die Ukraine stellen. In den 90er-Jahren ging es keinem der beiden Länder gut. Realpolitik war der einzig vernünftige Weg, die Scherben der Abschaffung der Sowjetunion aufzusammeln und in die Zukunft zu blicken. Zumal 1994 mit der Wahl von Kutschma ein ukrainischer Präsident an die Macht kam, der nach Ost und West gleichermaßen blickte, weil alles andere für die Ukraine verheerend gewesen wäre.

Bei allen politischen Zwistigkeiten zwischen der Ukraine und Russland konnten beide Länder nicht ignorieren, dass sie auf ihrem Weg in die Zukunft wirtschaftlich in einer Weise miteinander verbunden waren, die sich nicht aufbrechen ließ. Sie hatten zusammen das wirtschaftliche Korsett der Sowjetunion gebildet, aber spielten jeweils in einer völlig anderen Liga. Ob in Industrie, Landwirtschaft, Bauwesen, Transport/Kommunikation oder sonstigen Sektoren: der

Anteil der Produktion in der Russischen Sowjetrepublik lag 1988 überall zwischen 50 und 66 %, der ukrainische Anteil zwischen 13 und knapp 17 %.[26] Bei wichtigen Rohstoffen wie Öl (91 %) und Gas (77 %) hatte Russland praktisch das ganze Land beliefert und die Ukraine keine nennenswerte Rolle gespielt.[27] Ein bisschen besser sah es bei Kohle aus. Aus Russland kamen 55 % der Kohleproduktion, 24 % aus der Ukraine und 19 % aus Kasachstan.[28] Nur bei der Eisenerzproduktion war die Ukraine stark: Auf sie entfielen 46 %, gefolgt von 44 % durch Russland und 10 % durch Kasachstan.[29] Betrachtet man die verschiedenen Sektoren der Industrieproduktion, hatte die Ukraine 1989 – bezogen auf ihren Anteil an der sowjetischen Industrieproduktion – nur bei elektrischen Motoren gegenüber Russland die Nase vorn. Beide waren im Bereich von Ausrüstungen für Tierhaltung und Futterproduktion annähernd gleichrangig. In allen übrigen Sektoren dominierte Russland.[30] Es gab möglicherweise ein Gebiet, auf dem die Ukraine und Russland in der Sowjetunion ebenbürtige Partner waren: bei der Produktion strategischer Atomwaffen. Das geht aus einer Erklärung Putins aus dem Jahr 2000 hervor, mit der er die Skeptiker einer Ratifikation des START-2-Abkommens zu überzeugen suchte. »Wie Sie wissen«, sagte Putin, »ist der bisherige Produktionsaufbau verloren gegangen, sein wesentlicher und wichtigster Bestandteil ist in der Ukraine geblieben und völlig verfallen.«[31]

Souveräne Staaten, aber in Abhängigkeit voneinander

Nach dem Ende der Sowjetunion standen alle Ex-Sowjetrepubliken vor dem gleichen Dilemma: Aufgrund der Entwicklungen in der Sowjetunion waren sie voneinander ökonomisch zutiefst abhängig. Allerdings hatte Russland strukturelle Vorteile. Allein wegen der schieren Größe und der damit verbundenen

Konsumption im eigenen Gebiet war es sehr viel weniger abhängig vom Austausch mit den anderen Republiken als umgekehrt.[32] Der Anteil des Handels zwischen den Republiken an der Mehrwertschöpfung lag im Fall Russlands bei 18 %, bei der Ukraine bei gut 39 % und bei dem heutigen Belarus sogar bei knapp 70 %. Relativ ausgewogen war dagegen die Verfügbarkeit gut ausgebildeter Arbeitskräfte. Obwohl die Russen einen hauchdünnen Vorsprung auf dem Gebiet der wissenschaftlich ausgebildeten Kräfte hatten, war die geografische Verteilung der wissenschaftlichen Kräfte unter europäischen Sowjetrepubliken einigermaßen ausgewogen, mit einem gewissen Vorsprung des Baltikums. Ganz auffällig ist, dass die Wissenschaftslandschaft der damaligen Sowjetunion klar von jüdischen Wissenschaftlern geprägt wurde.[33] Umgekehrt hatte Russland nach 1990 ungefähr 800 000 Wissenschaftler, die sich nur mit Marxismus-Leninismus auskannten und damit, salopp ausgedrückt, beim Neuanfang unbrauchbar waren. Das waren Ausgangskonstellationen, mit denen man leben und auf denen man aufbauen musste.

Hinzu kam der Zusammenbruch des RGW-Handels sowie die Tatsache, dass industriell vieles stark überaltert war und die Produkte sowohl in der Industrie als auch in der Landwirtschaft nicht westlichen Standards entsprachen.

Russland und die Ukraine saßen insofern im selben Boot, aber Russland hatte fast überall die bessere Platzierung. 1991 betrug das russische Pro-Kopf-Einkommen der Bevölkerung 3493 Dollar. Das der Ukraine lag bei 1467 Dollar. Die alten arbeitsteiligen Verflechtungen spiegelten sich auch im Außenhandel wider. 1996 gingen 56 % der ukrainischen Exporte nach Russland. Fast 50 % ihrer Importe kamen aus Russland. Die ukrainische Handelsbilanz war negativ und die unbezahlten Gasrechnungen der Ukraine gegenüber Russland waren hoch.

Gleichwohl würde man einen Fehler machen, wenn man die Abhängigkeit als völlig einseitig charakterisierte. So wie die Ukraine den russischen Markt und russische Energieimporte brauchte, brauchte auch Russland stabile Abnehmer für seine Waren. Die russischen Energieexporte waren eine Lebensader für Russland, und die Ukraine verfügte nunmehr über die Pipeline-Infrastruktur, die die russischen Gaslieferungen nach Europa brachte. Hätte Russland damals aus politischen Gründen kein Öl oder Gas mehr an die Ukraine und andere Ex-Sowjetrepubliken liefern können, dann wären alle gemeinsam im Chaos untergegangen.

Wenn man es so betrachtet, erschließt sich die Schizophrenie aller Klagen in Bezug auf russische Energielieferungen als »Waffe«. Öl und Gas wurden überall gebraucht: in der ehemaligen Sowjetunion, im Baltikum, auch in der Ukraine. Aber überall gerieten diese Bedürfnisse in Konflikt mit den erstarkenden nationalistischen, identitären Bewegungen. Man brauchte russische Energie, aber empfand sie als Fortsetzung des sowjetischen Jochs. Die nationalistischen Blickwinkel versperrten die Sicht darauf, dass auch Russland damals schwersten Schaden genommen hätte, hätte es nicht mehr auf seine Energieexporte bauen können, weder in die Nachfolgestaaten der Sowjetunion noch nach Ost-, Mittel- und Westeuropa. Russland fehlten schlicht die materiellen Grundlagen, um Energie zur Waffe zu machen. Anders ausgedrückt: Der heutige Kampf gegen russische Energielieferungen hätte, wäre er damals geführt worden, sehr wahrscheinlich Russland und den ganzen europäischen Transformationsraum verheert, mit nicht auszudenkenden Folgen für ganz Europa, von Lissabon bis Wladiwostok. Darum haben ihn damals die USA auch noch nicht geführt. Ganz im Gegenteil: Man kooperierte. 2005 gaben der damalige US-Präsident Bush und Präsident Putin eine gemeinsame Erklärung zur Zusammenarbeit in Energiefragen ab. Die USA planten, mehr Öl und Flüssigerdgas (LNG) aus Russland zu beziehen. Umgekehrt wollten sie bessere Investitionsbedingungen in Russland schaffen.[34]

Mit dem Freundschaftsvertrag von 1997[35] schien das russisch-ukrainische Verhältnis auf eine stabile Bahn zu gelangen. Eine enge Partnerschaft und Kooperation sollte nun die gegenseitigen Beziehungen bestimmen. Der Vertrag öffnete den Weg zu einer großen Zahl bilateraler Abkommen. Wichtige Fragen waren dabei die künftige Energiezusammenarbeit, aber auch die Zusammenarbeit im industriellen Bereich und in der Rüstungstechnologie. Im Energiebereich ging es auf russischen Vorschlag um die Modernisierung des Pipelinesystems, das durch die Ukraine führte, um auf diese Weise den gestiegenen Energiebedarf in den europäischen Staaten zu decken. Das war ein Hauptelement der Unterredungen zwischen dem ukrainischen Ministerpräsidenten Juschtschenko und Präsident Putin bei ihrem Treffen im Jahr 2000. Die intensivierten bilateralen Beziehungen zwischen Russland und der Ukraine hatten ebenfalls Auswirkungen auf die Zusammenarbeit der GUS. Für Putin war die GUS damals erklärtermaßen nicht die Wiederauflage der Sowjetunion in neuem Format, sondern »ein Mechanismus«, um die »besten Aspekte der Sowjetunion« zu bewahren.[36] Ähnlich dachte offenbar auch der gerade wiedergewählte ukrainische Präsident Kutschma. Die Jahre 2000 bis 2004 schienen gute Jahre im russisch-ukrainischen Verhältnis. Die tiefe Wirtschaftskrise 1998/1999 war überwunden. Beide Volkswirtschaften wuchsen.

Putin besuchte 2004 die Ukraine anlässlich der Feierlichkeiten zum 60. Jahrestag ihrer Befreiung von der faschistischen Okkupation. Im Rahmen dieses Besuches gab er ein Liveinterview, das drei ukrainische Fernsehsender in Kooperation ausstrahlten. Ein Moderator beschrieb, dass es sehr viel besser geworden sei in den bilateralen Beziehungen. Es gebe keine politischen Probleme, die den Menschen unter den Nägeln brennen, und er fragte, warum es so lange gedauert habe, einen solchen Zustand zu erreichen.[37] Tatsächlich stieß dieses Interview auf großes Interesse in der Ukraine. Schon im Vorfeld der Sendung waren 80 000 Zuschauerfragen eingegangen, von Männern und Frauen gleichermaßen, und im Lauf der Sendung schwoll die Zahl der Fragen weiter an. In dieser Livesendung erteilte Putin jeder Sowjetnostalgie eine Absage. Er setzte auf die enge ökonomische Zusammenarbeit im Rahmen eines gemeinsamen Wirtschaftsraumes. Er äußerte ebenfalls, dass sich die beiden Länder durch die Zusammenarbeit sehr nahekommen können, vorausgesetzt, das entspreche einem Mehrheitswillen beider Seiten. An einer Stelle wurde Putin mit einem Satz von Bismarck konfrontiert, der geäußert hatte, dass man den ukrainischen Separatismus stärken müsse, wenn man Russland maximal schwächen möchte. Der Fragesteller vermutete, dass das auch das aktuelle Ziel westlicher Politik sei, und fragte Putin, ob der eine pro-russische Einflusskampagne in der Ukraine plane. Der verneinte: Er halte einen solchen Versuch aus Moskau für kontraproduktiv. Die Entscheidung müsse in der Ukraine getroffen werden. Er habe die Ukraine gern, so damals Putin.

Polarisierung trotz Freundschaftsvertrag: Die Orangene Revolution und die Wahl 2004

Nur wenige Tage danach fanden die Präsidentschaftswahlen in der Ukraine statt. Vorwürfe wegen Wahlfälschung wurden laut, und massiver öffentlicher Protest regte sich, der als sogenannte Orangene Revolution von 2004 in die Geschichtsbücher einging. Unter der Oberfläche hatte es offenbar längst gebrodelt, das Putin-Interview war nur ein Wohlfühlmoment gewesen. Nun brach die tiefe innenpolitische Polarisierung in der Ukraine erstmals offen auf. Damals standen sich in der Wahl zwei Kontrahenten gegenüber: Juschtschenko, der seine Machtbasis im Westen und der Mitte der Ukraine hatte, und Janukowitsch, dessen Machtbasis im Osten der Ukraine lag. Beide hatten unter Präsident Kutschma bereits politische Verantwortung getragen, wobei Janukowitsch 2004 als amtierender Ministerpräsident mit einem »Amtsbonus« ins Rennen ging.

Juschtschenko galt als Hoffnungsträger der westlichen Orientierung. 2005 kam eine Untersuchung des Wilson Centers zum Ergebnis, dass es sehr wahrscheinlich auf beiden Seiten Wahlfälschungen gegeben hatte, die größere Verzerrung allerdings zugunsten von Janukowitsch.[38] Der Wahlsieg von Juschtschenko war dennoch unzweifelhaft. Er versprach nunmehr den Ukrainern, eine neue Ära sei angebrochen – die Befreiung von Oligarchenherrschaft und Korruption. »Wir sind ein neues Land«, erklärte er.[39] 2020 schätzte der Atlantic Council es so ein, dass durch die Protestbewegung der Orangenen Revolution beendet worden sei, was die ersten 14 Jahre der ukrainischen Entwicklung gekennzeichnet habe. In dieser Zeit seien die politischen, kulturellen, sozialen und ökonomischen Grenzen zwischen der Ukraine und Russland verschwommen geblieben und die Mehrheit der Menschen auf beiden Seiten der Grenze hätten ihr Schicksal als »untrennbar miteinander verbunden« betrachtet. Das sei 2004 zu Ende gegangen.[40]

Russland kritisierte 2004 die Orangene Revolution als Ergebnis westlicher Einmischung in die ukrainischen Verhältnisse. Zu einem gewissen Teil stimmte das auch: Westliche Gelder und NGOs verfolgten eindeutig die Unterstützung des als pro-westlich geltenden Juschtschenko.[41] Gleichwohl akzeptierte Russland den Wahlausgang in der Ukraine und verfolgte weiter den Kurs, die Beziehungen zum Westen voranzutreiben.[42] Die Präsidentschaft von Juschtschenko (2005–2010) war für die Ukraine keine gute Zeit. Seine Amtszeit war von Rivalitäten mit Julija Timoschenko überschattet, die ebenfalls eine große Machtbasis in der Ukraine für sich geschaffen hatte, und von der Tatsache, dass Janukowitsch bei späteren Parlamentswahlen die größten Stimmengewinne einfuhr. Daher löste Janukowitsch noch unter Juschtschenko die bisherige Ministerpräsidentin Timoschenko ab, wenn auch nur kurzzeitig, und führte schließlich die Opposition im ukrainischen Parlament an. Kurzum: auch die Juschtschenko-Administration löste das Dilemma der Ukraine, wie sie sich orientieren sollte, nicht auf. Vor allem aber litt die Ukraine neben ihrem zentralen Transformationsgebrechen, der uneingeschränkten Oligarchenherrschaft, an den weltweiten Krisenprozessen. Der größte außenpolitische Erfolg von Juschtschenko lag in der grundsätzlichen Einladung der Nato an die Ukraine, Mitglied zu werden, aber innenpolitisch hatte er dafür keinen Rückhalt.

Das ganze Projekt der Nato-Mitgliedschaft belastete die ukrainisch-russischen Beziehungen schwer. In Russland glaubte man, dass eine Nato-Mitgliedschaft das Land zerreißen würde. Russische Analysten warfen Juschtschenko zudem vor, die ukrainische Identitätsfindung mit einer »anti-russischen Hysterie« zu verbinden, und fanden das »inakzeptabel«. Als Beweise dafür wurden »die Verherrlichung sowjetischer Verräter« wie Stepan Bandera oder Roman Schuchewytsch durch die Ukraine, die Einstufung der Hungersnot in der Ukraine als Völkermord, das Verbot von Filmen, die nicht ins Ukrainische synchronisiert wurden, und die Schließung und das Verbot russischsprachiger Schulen angeführt.[43] Unzweifelhaft fürchtete Moskau auch negative Auswirkungen auf die Stationierung der Schwarzmeerflotte auf der Krim.

Zudem sah Russland im ukrainischen Begehren nach Nato-Mitgliedschaft einen Bruch des Freundschaftsvertrages von 1997. Dort war in Artikel 6 festgelegt worden, dass »Jede Hohe Vertragspartei sich nicht an gegen die andere Hohe Vertragspartei gerichteten Aktionen beteiligen oder diese unterstützen [darf] und … keine Verträge mit Drittländern gegen die andere Vertragspartei [abschließen darf]. Keine Vertragspartei darf zulassen, dass ihr Hoheitsgebiet zum Nachteil der Sicherheit der anderen Vertragspartei genutzt wird.«[44] Gleichzeitig unternahm Russland Schritte, um gewachsene wirtschaftliche Beziehungen mit der Ukraine auf den Prüfstand zu stellen und sich von der Ukraine unabhängiger zu machen. US-Botschafter Burns notierte in einem Bericht für Washington, dass das ukrainische Ziel einer Nato-Mitgliedschaft dazu geführt habe, dass Russland gewachsene Zusammenarbeitsstrukturen im Flugzeug- und im Maschinenbau zu kappen beginne. Er zitierte Myroslava Scherbatyuk, Botschaftsrätin an der ukrainischen Botschaft in Moskau, mit den Worten, dass »ein stiller Prozess wirtschaftlichen Rückzugs auf vielen wichtigen Gebieten im Gang ist«.[45]

Das von Juschtschenko versprochene »neue Land« blieb weiterhin außer Sicht, und bei der darauffolgenden Präsidentschaftswahl Anfang 2010 gewann Janukowitsch, ohne dass diesmal irgendwer das Wahlergebnis angezweifelt hätte. Ganz im Gegenteil. Diese Wahl wurde nun nicht mehr als Richtungswahl verstanden.[46] Mit Timoschenko und Janukowitsch standen sich im Wahlkampf zwei etablierte Politiker gegenüber, während Juschtschenko in die politische Bedeutungslosigkeit abgestiegen war. Die Unterschiede zwischen den beiden Spitzenkandidaten schienen nicht mehr so signifikant. Timoschenko stand im Ruf, autoritäre Verhältnisse anzustreben, Janukowitsch war der Wahlfälschung 2004 verdächtig. Die Wahl habe nicht viel mehr als den Unterschied zwischen »Vergewaltigung und Diebstahl« bedeutet, zitierte *Foreign Policy* einen ukrainischen Kommentar zur damaligen Situation.[47] Kurzum, die alte Ukraine war nicht, wie das Juschtschenko 2005 vorhergesagt hatte, gestorben. Möglicherweise war nur der allgemeine Zynismus größer geworden, weil sich die politischen Machtverhältnisse im Land als ungemein resistent erwiesen hatten. Es herrschten die Oligarchen, es herrschte die Korruption, und die Mehrheit der Ukrainer blieb weiter von den Segnungen des demokratischen Aufbruchs abgeschnitten.

Erklärt das, warum der Westen ab 2010 zunehmend ungeduldig mit der Ukraine wurde und eine Richtungsentscheidung einforderte? Denn auch Janukowitsch löste sich nicht von der ukrainischen Politik, sich nach allen Seiten Optionen offenzuhalten und überall dort Vorteile mitzunehmen, wo sie sich boten. Dabei soll, so suggeriert es eine wissenschaftliche Ausarbeitung, die Ukraine in ihren wirtschaftlichen Beziehungen zu Russland sorgfältig darauf geachtet haben, dass möglichst keine Vorteile für Russland entstanden.[48] Gleichzeitig muss man vermuten, dass die oligarchischen Strukturen in der Ukraine nur allzu gern an allem festhielten, was sie unter Kontrolle hatten und was Profit abwarf. So ist es bis heute verwunderlich, dass die Ukraine mit ihrem größten Pfund in den Russland-Beziehungen, ihrer Rolle als Transitland für russische Gaslieferungen in den Westen, nicht wucherte und keine politischen Anstrengungen unternahm, ein damals vorhandenes russisches Interesse daran, dass die Ukraine Transitland bleiben solle, zur Modernisierung ihrer Pipelines zu nutzen. Zwischen der Ukraine und Russland war zwar strittig, ob man sich die Kontrolle teilen würde (Russland) oder 51 Prozent an die Ukraine gehen sollten, strategisch betrachtet machte der Streit aber keinen wirklichen Sinn.

Erst der gewaltsame Umsturz in der Ukraine 2014 brachte eine grundsätzliche Wende in den Ukraine-Russland-Beziehungen. Die neuen Machthaber von Kiew waren allesamt »pro-westlich« und zeichneten sich gleichzeitig durch eine tiefe Ablehnung guter Beziehungen zu Russland aus. Die berühmte Schaukelpolitik der Ukraine, offen nach Ost und West, sollte es – mit Ausnahme des ersten Jahres der Selenskyj-Präsidentschaft – nicht mehr geben. Dennoch scheint die Idee nicht ausgestorben, wie ein Interview mit Arestowytsch bewies. Einstiger Weggefährte von Selenskyj, Geheimdienstler und Frontkämpfer, ist er inzwischen der Spionage für Russland verdächtig und lebt in den USA. Unabhängig davon will er für die Präsidentschaft kandidieren. Er sagte, dass in der Ukraine immer noch nicht entschieden sei, welche Identität das Land haben solle: multiethnisch und föderal oder monoethnisch. Für Letzteres seien nur 20 Prozent. Nur die Klärung dieser Frage ermögliche es, so Arestowytsch, dass Menschen für die Ukraine zu leben, aber auch zu sterben bereit seien. Er will eine neutrale Ukraine, fest eingebunden in eine transatlantische Sicherheitsstruktur, die ihre geografische Lage und ihre Pluralität zur Stärke macht. In gewisser Weise klang vieles, was er sagte, wie das einstige Wahlprogramm von Präsident Selenskyj.[49]

Kapitel 6

Eine Reise ins Ungewisse: Die EU und die Ukraine

»Man darf den Menschen in der Ukraine, die bis zum Hals im Leid stecken, keine falschen Versprechungen machen.«

Jean-Claude Juncker 2023 über eine schnelle EU-Beitrittsperspektive der Ukraine[1]

Lässt man die Entwicklung der Beziehungen zwischen der EU und der Ukraine Revue passieren, muss man eine Vorbemerkung machen. Es ist wichtig, sich daran zu erinnern, dass Europa 1989/1991 mit einem einzigartigen Transformationserlebnis konfrontiert war. Die sowjetische Einflusszone zerbrach aufgrund der nationalen Demokratiebewegungen in der Mitte, im Osten und im Süden des Kontinents. In der Mitte erstarkte das vereinte Deutschland. Im Osten wurde 1991 die Sowjetunion »abgewickelt«. Das war eine ungeheure Wucht von Ereignissen, die niemand vorhergesehen hatte und für die es keinerlei politische Planspiele gab. Die damalige Europäische Gemeinschaft und ihre Mitgliedstaaten reagierten deshalb auch nicht mit einem großen politischen Entwurf, der eine Neugestaltung des gesamten Kontinents im Auge hatte, obwohl die Charta von Paris 1990 damals erste Konturen zeichnete. Die schiere Dimension des Ganzen war schlicht zu gewaltig.

Daher konzentrierten sich die EG und ihre Mitgliedstaaten auf das Nächstliegende: die eigene Gemeinschaft wurde gestärkt, der Vertrag geändert, sodass die Europäische Union entstand. 1993 starteten die Beitrittsverhandlungen mit Finnland, Österreich, Schweden, Norwegen und der Schweiz, die 1995 zum Beitritt der erwähnten ersten drei Länder führten. Im gleichen Jahr wurde die Schengen-Zone geschaffen. Gleichzeitig begann die EU, die Entwicklung der Beziehungen zu den unmittelbar angrenzenden jungen Demokratien voranzutreiben. Polen (1991), Ungarn und Tschechien (1994) waren die ersten, die sogenannte Europa-Abkommen erhielten. Der Abschluss solcher Abkommen wurde 1993 als Vorstufe zu einem späteren EU-Beitritt anerkannt. Die Europa-Abkommen regelten vor allem die wirtschaftlichen Beziehungen, und sie führten dazu, dass viel westliches, vor allem deutsches, Kapital in diese jungen Demokratien strömte und die neuen Märkte eng mit der EU verbunden wurden.

Hilfe auf Distanz: Die EU und die postsowjetischen Staaten

Der postsowjetische Raum, soweit er nicht das Baltikum betraf, lag außerhalb der damaligen politischen Prioritäten der EU. Er schien weit genug weg, um eine unmittelbare Bedrohung durch Armutswanderungen oder grenzüberschreitende Kriminalität darzustellen. Er war riesig, fremd und womöglich gar nicht europäisch. Denn der Kalte Krieg, der Europa gespalten hatte, hatte jedes gesamteuropäische Bewusstsein untergraben, und die Propaganda der vergangenen Jahrzehnte hatte dazu geführt, dass für viele Europa an der Elbe endete. Dahinter lag eine *terra incognita*, die manchem als der Beginn Sibiriens galt. Gab es womöglich noch eine gewisse Bereitschaft, sich Polen oder Ungarn als mögliche künftige EU-Mitglieder vorzustellen, so schien schon der gedankliche Sprung, dass das auch für Bulgarien oder Rumänien gelten könnte, eine zu große geistige Kraftanstrengung. Waren sie wirklich europäische Nationen? Über allem lagerten nicht aufgearbeitete Geschichten, jahrhundertealte Vorurteile, sehr viel Nichtwissen – und eine gehörige Portion Desinteresse.

So wundert es nicht, dass das Brüsseler Interesse an den allermeisten Nachfolgestaaten der Sowjetunion als Drittländern zunächst oberflächlich blieb. Die EU sah es nicht als ihre Aufgabe an, eine enge Zusammenarbeit zu etablieren oder gar an integrativen Strukturen zu arbeiten. Diese Staaten waren aus ihrem Blickwinkel Länder, mit denen man zusammenarbeiten konnte, je nach den Möglichkeiten beider Seiten, aber ohne jeglichen missionarischen Eifer oder längerfristige Pläne. Brüssel machte das, was es immer tat: Es etablierte ein Hilfsprogramm zur technischen Unterstützung für 12 GUS-Mitglieder und für die Mongolei, das Programm TACIS[2]. Es wurde 1991 geschaffen, zunächst mit einer Ausstattung von 850 Millionen ECU[3] (1991–1992), die als Zuschüsse vergeben wurden.[4] Im gesamten Zeitraum 1991 bis 1995 waren 2,268 Mrd. ECU reserviert.[5] Zwischen 1996 und 1999 ging es um 1,953 Millionen Euro.[6] Für die Jahre 2000 bis 2007 lag die gesamte TACIS-Ausstattung bei etwa 3,5 Mrd. Euro, also noch unter den Finanzhilfen für den westlichen Balkan.[7] In den Jahren 1991 bis 1995 entfielen auf die Ukraine knapp 243,2 Millionen ECU an TACIS-Mitteln.[8] Zwischen 1996 und 1999 ging es um 225 Millionen Euro.[9] Zu berücksichtigen ist, dass diese Gelder schwerpunktmäßig für nukleare Sicherheit und für den Energiesektor eingesetzt wurden und dass die Höhe der zusagten Mittel nichts darüber aussagt, wie viele EU-Mittel im gesamten Zeitraum tatsächlich den begünstigten Ländern zuflossen.

Denn damit niemand der EU vorwerfen konnte, dass mit europäischen Steuergeldern Schindluder getrieben wurde, war die Handhabung von TACIS hochkompliziert. Entsprechend groß waren die bürokratischen Hürden, die Gelder auch zu nutzen.

Dazu kamen die Probleme in den Empfängerländern. Jedenfalls hatte sich bis 1999 ein gewaltiger Mittelrückstau aufgebaut. Ergänzend zu den EU-Hilfen gab es bilaterale Mittel aus EU-Staaten.

Zunächst war TACIS ein autonomes Hilfsprogramm der EU. Mit dem Abschluss von Partnerschafts- und Kooperationsabkommen wurden die Hilfsgelder integraler Bestandteil des jeweiligen Vertragswerkes und dienten zur Finanzierung der Beziehungen.

1994 war die Ukraine unter den ersten Ländern, mit denen die EU ein Partnerschafts- und Kooperationsabkommen schloss, das 1998 förmlich in Kraft trat. Ein sogenanntes »Interim-Abkommen« sorgte dafür, dass bestimmte Handelsregelungen bereits vorläufig angewendet werden konnten.

1996 legte die Europäische Kommission einen »Aktionsplan für die Ukraine« vor. Politisch ging es der Kommission um eine Reaktion der EU auf die US-Politik, die die Ukraine zu einem strategischen Partner erhoben hatte. Die EU sollte nun ihrerseits etwas Ähnliches für die Ukraine auf den Weg bringen und ihr dabei helfen, eine stabile Verankerung in Europa zu finden. Dabei hielt es die Kommission für viel zu früh, um zu definieren, wie der Platz der Ukraine in der »europäischen Arena« aussehen könnte. Im Aktionsplan bilanzierte die Kommission das inzwischen Erreichte. Rosig war die Lage nicht, aber zumindest hatte die Ukraine, bringt man die damalige Einschätzung der Kommission auf den Punkt, ihre Unabhängigkeit bewahrt und war erste Reformschritte gegangen. Der schwierigere Teil des Weges, den die Kommission für noch nicht sicher hielt, lag noch vor ihr.

Laut Kommission musste die Ukraine das »russische Joch«[10] abschütteln. Andererseits beschrieb die Kommission, dass der »Dreh- und Angelpunkt der Außenpolitik der Ukraine ... die parallele Verbesserung ihrer Beziehungen sowohl zu Russland als auch zum Westen [sei]. In und von Europa [suche] sie einen stabilen Ankerplatz, der eine konkrete Garantie für ihre Unabhängigkeit bietet.«[11] Als Hauptaufgaben der Zukunft betrachtete die Kommission die weitere Entwicklung der Demokratie und der Marktwirtschaft in der Ukraine und die Absicherung der öffentlichen Unterstützung für die Transformation. In diesem Zusammenhang notierte die Kommission, dass die Ukrainer nach Russland blicken, wenn sie ihre eigene Lage bewerten und z. B. feststellen, dass dort das Lohnniveau höher sei. Die Kommission beschrieb auch sehr klar, dass in der Ukraine keine homogene Identität bestehe, weder ethnisch noch kulturell, und dass das Land zwischen West- und Ostorientierung hin und her schwanke. Verständnis zeigte die Kommission für die ablehnende ukrainische Haltung, sich stärker auf die GUS-Kooperationsstrukturen einzulassen, obwohl die Kommission hervorhob, dass die Ukraine wirtschaftlich stark von der Zusammenarbeit mit Russland abhängig sei.

Der gesamte Aktionsplan der Kommission macht sehr deutlich, dass die EU kein Konzept für den gesamten Kontinent hatte. Sie betrachtete die Zusammenarbeit mit Russland, der Ukraine und auch den anderen Ex-Sowjetrepubliken jeweils rein bilateral. Es fehlte jegliche Überlegung, ob die EU mit ihren Mitteln der GUS-Zusammenarbeit eine Richtung geben könnte, die für alle Beteiligten, auch die EU, vorteilhaft sein würde. Stattdessen wurde die GUS-Zusammenarbeit als Moskauer Konkurrenzprojekt verstanden, so wie sich das auch aus ukrainischer Sicht darstellte.

Der Traum von Gorbatschow, der GUS möge gelingen, was er ursprünglich durch den Zusammenhalt der Sowjetunion in neuer Form bezweckt hatte, nämlich ein gemeinsamer politischer und ökonomischer Transformationsweg, war ausgeträumt. Er war zum »russischen Joch« geworden. Dieses Verständnis beraubte die EU der politischen, aber auch der intellektuellen Fähigkeit, den Kontinent insgesamt zu sehen. Für sie war es nur noch ein Territorium, auf dem sie, je nach Sachlage, mit oder gegen Russland agierte. Denkt man genauer darüber nach, hätte die EU aus eigener geschichtlicher Erfahrung eine andere Lösung bevorzugen müssen. Eine wichtige Ursache für die Gründung der Europäischen Gemeinschaft für Kohle und Stahl (EGKS) war die Einsicht gewesen, dass der Wiederaufbau Westeuropas nicht gegen Westdeutschland, sondern nur mit dessen industriellen Ressourcen gelingen würde. Deshalb wurden die Pläne der Zerschlagung der kriegswichtigen deutschen Industrien aufgegeben und auch Frankreichs Überlegungen, sich bestimmte deutsche Gebiete einzuverleiben, ad acta gelegt. Mit der EGKS erhielt Westdeutschland die Chance auf einen politischen Neuanfang im Rahmen der westeuropäischen Integration, die sich politisch und wirtschaftlich für Westdeutschland auszahlen würde.

Anders als bei der GUS hatte die EU bei anderen Staatenvereinigungen – etwa der EFTA, die 1960 als Handels- und Wirtschaftsabkommen in Stockholm gegründet worden war – keine Probleme, diese neben sich zu dulden. Genauso hätte man es mit Russland/ der GUS machen und deren arbeitsteilige Verflechtungen im postsowjetischen Raum zu einem Stabilitätsanker entwickeln können, aufgrund des EU-Engagements fest mit der EU verbunden. So aber wurden frühzeitig die Weichen dafür gestellt, dass alles, was an russischen Zusammenarbeitsversuchen im postsowjetischen Raum unternommen wurde, nur als Fortschreibung des »russischen Jochs« und als Konkurrenzunternehmen zur EU verstanden wurde.

Die Vorhersagen der Kommission 1996, dass der weitere Entwicklungspfad der Ukraine steinig sein würde, bestätigten sich in den folgenden Jahren, und das Land erreichte seinen absoluten Tiefpunkt, ähnlich wie Russland, in den Jahren 1996 bis 1999. Nirgendwo kam die Ukraine wirklich voran. Zu den internen Reformdefiziten gesellte sich ein substantielles Desinteresse ausländischer Investoren. Der Zustrom ausländischen Kapitals blieb marginal. Die ukrainische Oligarchenschicht, die sich entwickelt hatte, blieb weitgehend unter sich und kaperte, ähnlich wie in Russland in jenen Jahren, die Politik und die Medien. Beobachter dieser Zeit kamen zu dem Schluss, dass die Ukraine ihre proklamierte europäische Identität eher wie eine Monstranz vor sich hertrage, als dass sie sie als Reformanstoß begriffen habe.[12]

Das alles stand damals allerdings nicht im Zentrum der EU-Politik. Die EU hatte seit 1999 alle Hände voll zu tun, die große Erweiterung um acht mittel- und osteuropäische Staaten zu bewältigen, und das einzige Land, das in jenen Jahren das Thema Ukraine immer wieder ansprach, war Polen, der unmittelbare Nachbarstaat. Als ein künftiges Land an der Außengrenze der EU war Polen natürlicherweise daran interessiert, dass sich diese Lage nicht verfestigte, denn eine Außengrenzlage ist für die Einwohner der betroffenen Regionen mit massiven wirtschaftlichen Nachteilen und sozialen Belastungen verbunden. Man liegt im Abseits.

Durch die Erweiterung der EU wendet sich der Blick nach Osten

Erst 2002, als die politische Einigung über die Modalitäten der großen Erweiterung gelungen war – überall musste das Vertragswerk noch ratifiziert werden –, wandte sich die EU der Frage zu, wie die bald 25 bzw. 27 Mitgliedstaaten mit den neuen Nachbarn im Osten und Süden zusammenarbeiten sollten.

Der damalige EU-Kommissionspräsident Romano Prodi entwarf das Bild eines »Ringes von Freunden«, der die EU umgeben sollte. Unüberwindbare Trennlinien sollte es nicht geben, sondern es sollte mit jedem der neuen Nachbarn der erweiterten Union individuell stärker zusammengearbeitet werden. Damit war das Konzept der Neuen Nachbarschaftspolitik geboren. Russland war das erste Land, das sich beschwerte und einen eigenständigen Platz in dieser Nachbarschaft beanspruchte. Diese russischen Einwände erkannte die EU an und machte daraufhin das Angebot einer Strategischen Partnerschaft, die auch bis 2010 recht gut funktionierte.

Auch die Ukraine war nicht glücklich mit dem neuen Politikangebot der EU, wenn auch aus einem anderen Grund. Sie wollte eine ausdrückliche Anerkennung ihres rechtmäßigen Platzes in der europäischen Gemeinschaft. Auf mehr als die Anerkennung der »europäischen Bestimmung« der Ukraine ließ sich die EU jedoch nicht festlegen. 2004 erklärte ein Vertreter der Europäischen Kommission im Rahmen von EU-US-Konsultationen auf Arbeitsebene, man sei dabei, die Ukraine von ihren EU-Ambitionen »abzubringen«.[13]

2006/2007 veränderte die EU ihre Strategie, wie sie mit den Nachbarn umzugehen gedachte. Sie schuf nun zwei Gruppen von Nachbarn: die Mittelmeeranrainerstaaten einerseits und die postsowjetischen Staaten andererseits, aber diesmal ohne die Russische Föderation. Diese Gruppenbildung hatte ursprünglich nichts mit den östlichen Nachbarn zu tun. Die sogenannte Östliche Partnerschaft entstand vielmehr als Reaktion auf das französische Projekt einer Union für den Mittelmeerraum. Dabei handelte es sich um eine Idee des damaligen französischen Präsidenten Nicolas Sarkozy, der die EU-Staaten und die Anliegerstaaten des Mittelmeers in einem institutionellen Rahmen zusammenbinden wollte. Die Mittelmeerunion existiert bis heute, ohne dass sie je zu einem eigenständigen politischen Gewicht geworden wäre. Aus Gründen der politischen Statik, um also nicht zu »mittelmeerlastig« zu werden, beschloss die EU die Östliche Partnerschaft. Hinter diesem Projekt steckten Polen, Schweden und Deutschland. Formal wurde diese Partnerschaft 2009 aus der Taufe gehoben und sie kombinierte bilaterale und multilaterale Elemente.

Die Östliche Partnerschaft erregte in Moskau Argwohn. Dort glaubte man, das Projekt stelle den Versuch dar, ehemalige Sowjetrepubliken zu einer EU-Einflusszone zu machen und die russischen Kooperationsversuche mit diesen Ländern zu unterminieren.[14] Denn so wie sich alles entwickelte, hatte Russland seine eigenen Vorstellungen einer engeren Wirtschaftsintegration (die übrigens dem EU-Modell nachempfunden war), die EU hatte ihre Vorstellungen, und beide standen mittlerweile in politischer Konkurrenz zueinander. Über einen gemeinsamen Wirtschaftsraum, der von Lissabon bis Wladiwostok reichen könnte, sprach längst niemand mehr. Dass es um Geopolitik ging, machte eine ausführliche Darstellung im *Spiegel* vom November 2014 unter der Überschrift »Wie die EU wegen der Ukraine Russland verlor« sehr deutlich. Polen wollte nie wieder eine Grenze mit Russland haben und betrachtete die Ukraine als »Puffer«. Die EU verlangte von der Ukraine eine klare Richtungsentscheidung zwischen West und Ost und lockte mit materiellen Vorteilen. Der Artikel berichtete, dass der ukrainische Oligarch Pintschuk den damaligen Erweiterungskommissar Štefan Füle gewarnt habe, Moskau werde nicht tatenlos zuschauen, wenn die EU versuche, die Ukraine in ihre »Einflusssphäre« zu ziehen.[15]

Nachdem die Ukraine Mitglied der WTO geworden war, begann die EU ein Assoziierungsabkommen mit dem Land auszuhandeln. Es war ein außerordentlich ambitioniertes Unterfangen. Es handelte sich um eine neue Generation von Abkommen, die die volle Integration der Ukraine in den europäischen Binnenmarkt und in alle übrigen EU-Politiken herbeiführen sollte, in fast allen Bereichen also außer der Mitwirkung in den höchsten EU-Entscheidungsgremien. Alles, außer Institutionen, hieß es verkürzt. Tatsächlich war aber der Gemeinsame Agrarmarkt nicht vom Assoziierungsabkommen erfasst, und im Unterschied zu den Europaabkommen wurde seitens der EU kein Niederlassungsrecht für Selbstständige gewährt.

Einen zentralen Teil des Abkommens bildeten die Freihandelsbestimmungen, die – mit Ausnahme des Agrarbereiches – einen weitgehend unbeschränkten Handel zum Ziel hatten. Nach den Schätzungen aus dem Jahr 2007 würden diese Bestimmungen der Ukraine pro Kopf größere Vorteile verschaffen, während absolut gesehen der größere Nutzen selbstverständlich (aufgrund der

Wirtschaftskraft) bei der EU lag. Insgesamt wurden Vorteile in Höhe von 8,5 Mrd. Dollar erwartet.[16]

Von Anfang an verfolgte die Ukraine das Ziel, in diesem Abkommen die Anerkennung einer EU-Mitgliedschaftsoption festzuschreiben. Das hat die EU jedoch sorgfältig vermieden. In den Hauptstädten regierte das Gefühl, man sei bei den Mitgliedschaftsverhandlungen mit der Türkei »zu schnell« gewesen und auch »zu weit« gegangen. So jedenfalls erklärte der damalige amtierende Leiter der Vertretung der EU-Kommission in Kiew, Dirk Schübel, amerikanischen Gesprächspartnern die zurückhaltende Position der EU.[17]

Es ist fraglich, ob sich die Regierungen in Kiew, die mit der EU dieses Abkommen verhandelten, der vollen Tragweite der vertraglichen Vereinbarungen wirklich bewusst waren. Nur eine kleine Gruppe von Insidern kannte die Bestimmungen.[18] Eine genaue Folgenabschätzung, was das für die Ukraine im Einzelnen bedeuten würde, wurde nie gemacht.

Das Abkommen unterwarf die Ukraine, ohne dass sie die Vorzüge einer EU-Mitgliedschaft genossen hätte, weitgehend dem Regelwerk der EU bzw. auch dessen weiterer Veränderung. Das bedeutete zwangsläufig einen weitgehenden Souveränitätsverzicht, dem auf der anderen Seite allerdings eine Blaupause für die Entwicklung einer modern regulierten ukrainischen Wirtschaft gegenüberstand. In der Praxis ist es allerdings eine schwierige Mischung für ein Land, das um Demokratieentwicklung und Identität ringt und nicht entschieden hat, wohin es blicken soll. Hinzu kam, dass seit der globalen Finanzkrise 2008 die politisch ohnehin instabile Ukraine zunehmend wirtschaftlich schwächelte und finanziell immer mehr von Krediten abhängig wurde.

Die EU-Mitgliedschaft der Ukraine rückt in weite Ferne

Was unter Juschtschenko begann, wurde unter Janukowitsch zu Ende verhandelt. Der Wunsch der Ukraine, im Abkommen zumindest die Option einer EU-Mitgliedschaft zu fixieren, scheiterte. Aber kaum war das Abkommen paraphiert, machte nunmehr die EU Bedenken geltend und setzte die Unterschrift aus. Auslöser dafür war der Prozess gegen die bisherige Ministerpräsidentin Julija Timoschenko, bei dem es insbesondere um Verträge über Gaslieferungen ging, die sie mit Russland abgeschlossen hatte. Ihr wurde Amtsmissbrauch vorgeworfen, weil sie diese ohne Einwilligung ihres Kabinetts unterzeichnet und zum wirtschaftlichen Nachteil der Ukraine zu hohe Preise vereinbart habe.

Das Gerichtsverfahren wurde von der EU als politisch motiviert betrachtet und galt als Fall von »selektiver« Justiz. Das führte aufseiten der EU zu Forderungen nach ihrer Freilassung, aber auch nach tiefgreifenden weiteren Reformen, speziell im Justizbereich. Auch Russland kritisierte die Verurteilung Timoschenkos. Das Außenministerium Russlands sah darin einen Versuch, das Gasabkommen von 2009 zu zerstören, und betrachtete das Urteil als eine anti-russische Maßnahme. »Tatsächlich sei Timoschenko für rechtsverbindliche Abkommen zwischen Gazprom und Naftogaz Ukraine verurteilt worden, die weiter gültig sind und die niemand verletzt hat«, bewertete es die Situation. Putin erklärte öffentlich, dass es gefährlich und kontraproduktiv sei, das ganze Abkommen infrage zu stellen, und erklärte, er »verstehe nicht, warum sie ihr sieben Jahre aufgebrummt haben«.[19]

Es ist bis heute nicht völlig klar, warum die EU sich in einer so bedeutsamen Frage wie ihren künftigen Beziehungen zur Ukraine am Fall Timoschenko so festbiss, zumal Timoschenko selbst einerseits dazu aufrief, das Abkommen abzuschließen, aber andererseits Sanktionen gegen die Regierenden in der Ukraine forderte.[20] Laut *Spiegel* ging es bei diesem Abkommen schließlich, wenn auch unausgesprochen, um die »Begrenzung des russischen Einflusses und um die Definition, wie weit Europa nach Osten reicht«.[21]

2015 kam durch Enthüllungen des *Spiegel* heraus, dass die Stilisierung von Timoschenko zur Märtyrerin das Ergebnis einer massiven ukrainischen Lobby-Kampagne in Deutschland war, gut dotiert mit 500 000 Euro, die Vertreter der damaligen Opposition lockergemacht hatten. Berliner Politiker ließen sich gerne vor den Karren spannen und auch Ärzte der Charité leisteten ihren Beitrag. Sie flogen zu Timoschenko, untersuchten sie und attestierten öffentlich, dass Timoschenko »schwer krank« sei.[22] »Meine Mutter stirbt, wenn ihr keiner hilft«, zitierte *BILD* Timoschenkos Tochter.[23]

Es muss offenbleiben, warum diese Lobby-Kampagne verfing, denn Berliner Politiker sind normalerweise keine Marionetten, die zu tanzen beginnen, wenn man in Kiew auch nur pfeift.

Die Verhandlungen um die Assoziierung wurden hart und auch kontrovers geführt. Im gleichen Zeitraum hatte Putin den Plan zur Schaffung einer Eurasischen Union vorgestellt, bei der er die Ukraine gerne dabeigehabt hätte. Zumindest Anfang 2011 gab es seitens Janukowitsch auch Signale, dass er keinen Widerspruch zwischen einer EU-Assoziierung und einer Mitarbeit in der Eurasischen Union sehe. Aber möglicherweise war das auch Teil des Pokerspiels von Janukowitsch, um der EU eine Mitgliedschaftsoption für die Ukraine zu entreißen, denn die Mitgliedschaft in der Europäischen Union war am Ende der strittigste Punkt in den Verhandlungen.

Warum also hat die EU nicht gleich Nägel mit Köpfen gemacht und stattdessen 2012 vor allem auf Zeit gespielt und weitergehende rechtsstaatliche Reformen in der Ukraine gefordert?

Man kann nicht ausschließen, dass es zu diesem Zeitpunkt in Berlin und Brüssel längst Überlegungen gab, dass es die Machtbasis von Janukowitsch gefestigt und ihm womöglich eine zweite Amtszeit beschert hätte, wenn die Assoziierung schnell unter Dach und Fach gebracht worden wäre. Mit einem Präsidenten Janukowitsch war aber kein Nato-Beitritt der Ukraine zu machen, da er eine neutrale Ukraine wollte. Gleich zu Beginn seiner Präsidentschaft war der Stationierungsvertrag mit Russland bis zum Jahr 2042 verlängert worden. Im Gegenzug erhielt die Ukraine deutlich verbilligte Gaslieferungen. Die politische Opposition in der Ukraine konnte das nicht verhindern, obwohl sie Sturm lief. Der *Guardian* stellte damals fest, dass diese Entscheidung »der letzte Sargnagel« für die ukrainische Revolution 2004 sei. Die Ukraine stehe wieder »unter russischem Einfluss«.[24] Tatsächlich schob dieser Beschluss die Verwirklichung des Nato-Traums vom Schwarzen Meer als einem »Nato-Binnenmeer« in die ferne Zukunft.

Nach Einschätzung des Europäischen Rechnungshofs begann die Europäische Kommission erst 2010, sich in den nicht öffentlichen Einschätzungen ihrer Finanzhilfen für die Ukraine kritischer zu deren Lage zu äußern. Vorher waren die allgegenwärtigen Probleme in der Ukraine, wie schwache *governance,* also Regierungsführung, systemische Korruption, Schattenwirtschaft und Einfluss der Oligarchen offenbar kein so großer Gegenstand von Brüsseler Besorgnis.[25]

Der Wind drehte sich in der EU erst wieder zugunsten eines Abschlusses des Assoziierungsabkommens mit der Ukraine, als es 2013 aus Moskau plötzlich Einsprüche dagegen gab. Dazu muss man wissen, dass die Abkommensvereinbarungen lange nicht öffentlich zugänglich waren. Während also die EU immer noch zögerte, machte Moskau nunmehr mobil, drohte der Ukraine unter anderem mit dem Entzug von Handelslizenzen und ging zu protektionistischen Handelspraktiken über. Aus Sicht Russlands versperrte das Assoziierungsabkommen jeden Weg der Ukraine zur Teilnahme an der Eurasischen Union (was korrekt war), aber der von Russland beklagte Souveränitätsverzicht der Ukraine gegenüber der EU wäre auch im russischen Projekt eingetreten.

Laut *Politico.eu* hielt man in Moskau die handelspolitischen Vereinbarungen der EU-Assoziierung der Ukraine für einen »selbstmörderischen Schritt«.[26] Der *Guardian* berichtete, dass russische Politiker vor politischen Unruhen in der Ukraine warnten, wobei die allerdings dachten, sie entstünden im Osten der Ukraine.[27] Öffentlich machte Russland geltend, dass der vorgesehene Freihandel der EU mit der Ukraine zu unkontrollierten Importen nach Russland führen könne, da die Ukraine gleichzeitig weiter Freihandel mit Russland betreiben werde (die Bestimmungen des Abkommens mit der EU standen dem nicht entgegen). Zur Folgenabschätzung schlug die ukrainische Regierung ein trilaterales Gesprächsformat vor, aber zu jenem Zeitpunkt sah die EU keine Notwendigkeit, irgendetwas mit Russland zu besprechen, und betrachtete die russischen Sorgen und Einwände als »Mythen«.[28] Tatsächlich sprach die EU überhaupt nicht mit Moskau über das Projekt der Ukraine-Assoziierung. Laut *Spiegel* soll Bundeskanzlerin Merkel die Notwendigkeit von Gesprächen mit Russland erst auf dem Gipfel von Vilnius erkannt haben.[29] Erst im Zug des Minsk-II-Abkommens, 2015, wurden die russischen Bedenken dann aufgegriffen und in trilateralen Gesprächsrunden verhandelt.

Schwanken zwischen West und Ost: Der Gipfel von Vilnius 2013

Tatsächlich war die ukrainische Rechtsstaatsentwicklung auch im Spätsommer/Herbst 2013 nicht wirklich vorangekommen und Julija Timoschenko saß weiter in Haft. Dennoch schwenkte die EU um, und der neue Plan bestand darin, auf dem Gipfel von Vilnius das Vertragswerk zu unterschreiben. Nachdem Moskau massive

Bedenken geltend gemacht hatte, war nunmehr die EU zu politischer Großzügigkeit bereit.

Jetzt allerdings bekam Janukowitsch kalte Füße. Allgemein wird sein Umdenken so interpretiert, dass die Ukraine zu viel Druck aus Moskau bekam und dem nicht standhielt. Diese Interpretation übersieht allerdings, dass die Ukraine Mitte 2012 erneut in eine tiefe Wirtschaftskrise geraten war und massive Finanzierungsprobleme hatte. Deshalb fanden im Oktober 2013 auch Konsultationen mit dem IWF statt.[30] Im Fall einer weiteren Kreditaufnahme beim IWF hätte die Ukraine unter anderem die Energiepreise drastisch anheben und auch Teile eines früheren Kredits zurückzahlen müssen. Beides vertrug sich nicht mit Janukowitschs Streben nach einer zweiten Amtszeit. Die Lage war ohnehin schon schlecht, und Wähler neigen dazu, bei einer Wahl die Wirtschaftslage und ihre eigene Situation zum Maßstab dafür zu nehmen, wie sie abstimmen. *»It's the economy, stupid«*, nannte das Clinton im Wahlkampf 1992. Also wandte sich Janukowitsch an die EU und bat den damaligen EU-Kommissionspräsidenten José Barroso um ein Gespräch. Barroso schickte den Erweiterungskommissar Füle. Der hörte in Kiew, dass sich die wirtschaftliche Lage verschlechtert habe und die Ukraine es nicht riskieren könne, den Handel mit Russland zu verlieren.

Wie sich Kosten und Nutzen einer EU-Assoziierung der Ukraine gestalten würden, darüber gab es 2013 verschiedene Interpretationen. Berliner Kalkulationen rechneten mit Verlusten von 3 Milliarden pro Jahr für die Ukraine im Russland-Handel, also mit einem geringen Preis verglichen mit den Chancen, die der EU-Binnenmarkt bot. Ein ukrainisches Institut wiederum hatte 160 Milliarden ausgemacht, die es die Ukraine kosten werde, die Rechtsangleichung an die EU vorzunehmen, was eine ganz andere Hausnummer war, und daran hielt sich Janukowitsch fest.[31] Das hielt wiederum die EU für völlig übertrieben. Sie rechnete mit einem Wachstumsschub in der Ukraine von bis zu 6,5 % im

Jahr.[32] Eine solide Grundlage für die Prognosen hatte anscheinend niemand.

Klar war 2013 lediglich, dass die Ukraine Geld brauchte, viel Geld, mindestens 15 Mrd. Dollar auf die Schnelle. Aber Füle konnte nur anbieten, was in der EU längst beschlossen worden war.

Dann gab es laut *Spiegel* ein heimliches Treffen zwischen Janukowitsch und Putin am 9. November 2013, in dem dieser eine Milliardenunterstützung in Aussicht gestellt haben soll.

Aber so einfach war es auch wieder nicht. Noch im September 2013 plädierte Janukowitsch vor dem Parlament dafür, alle Gesetze auf den Weg zu bringen, damit die Assoziierung gelinge. Den Druck aus Moskau empfand er als »entwürdigend«, versicherte aber gleichzeitig, die Ukraine werde immer (auch) ein strategischer Partner Russlands bleiben.[33] Als alternativer Geldgeber blieb der IWF, und auch die USA in Gestalt von Frau Nuland signalisierten Unterstützung. Aber die Konditionen waren umstritten.

Fast wie zufällig erhielt die ukrainische Regierung kurz vor dem Gipfel von Vilnius Post vom IWF, aus der klar hervorging, dass der IWF vollständig an seinen Bedingungen festhalten werde und alle Vorschläge der ukrainischen Regierung zur Änderung der Kreditbedingungen vom Tisch gewischt habe.[34] Die *New York Times* berichtete damals, dass es die Forderungen des IWF gewesen seien, die die Kiewer Regierung dazu brachten, das Projekt der EU-Assoziierung auf Eis zu legen. Der ukrainische Ministerpräsident wurde mit den folgenden Worten zitiert: »Die Position des IWF, die im Brief vom 20. November dargelegt wurde, war der Punkt, der das Fass zum Überlaufen brachte. Die Entscheidung ist schwer, aber die einzig mögliche angesichts der wirtschaftlichen Lage in der Ukraine.«[35] Die Lage war in der Tat brenzlig geworden. Nichts daran war über Nacht entstanden, sondern das Ergebnis schwerer Versäumnisse vieler Jahre. Die damaligen Daten des IWF zeigen ganz deutlich, dass die Ukraine in einer schweren strukturellen Krise steckte.[36]

Die *New York Times* beschrieb ebenfalls die damalige Empörung der ukrainischen Opposition im Parlament und die Reaktion von Julija Timoschenko, die die Regierungsentscheidung, die Assoziierung zunächst auf Eis zu legen, als »Staatsstreich« bezeichnete. Aus dem Weißen Haus hieß es, dass der US-Vizepräsident Biden in einem Telefonat mit dem ukrainischen Präsidenten sein äußerstes Missfallen zum Ausdruck gebracht habe. Wohlgemerkt, die Wellen der Entrüstung schlugen bereits hoch, obwohl die ukrainische Regierung an der grundsätzlichen Orientierung hin zur EU-Assoziierung noch festhielt.

Das gilt auch noch für die ukrainische Position auf dem Gipfel von Vilnius, bei dem es nur um ein »vorübergehendes Aussetzen« ging. Denn im Beschluss von Vilnius vom 29. November 2013 ist der Wille beider Seiten in dem langen Abschlussdokument, das 58 Punkte enthält, eindeutig festgeschrieben. Dort heißt es, dass

> »… die Teilnehmer des Gipfeltreffens in Vilnius die Entscheidung der ukrainischen Regierung zur Kenntnis [nehmen], den Prozess der Vorbereitungen für die Unterzeichnung des Assoziierungsabkommens und der vertieften und umfassenden Freihandelszone zwischen der EU und der Ukraine vorübergehend auszusetzen. Sie nehmen auch die beispiellose öffentliche Unterstützung für die politische Assoziierung und wirtschaftliche Integration der Ukraine mit der EU zur Kenntnis. Die EU und die Ukraine bekräftigen ihr Engagement für die Unterzeichnung dieses Abkommens auf der Grundlage entschlossener Maßnahmen und greifbarer Fortschritte in den drei Bereichen, die auf dem EU-Ukraine-Gipfel 2013 hervorgehoben wurden. Hierzu wurden bereits wichtige Fortschritte erzielt.«

Öffentlich kommuniziert – sowohl im Westen als auch in der Ukraine selbst – wurde aber etwas ganz anderes, nämlich: Die Ukraine beuge sich russischem Druck und erteile der EU eine Absage. Der Gipfel sei gescheitert.[37]

Im Dezember 2013 wollte der ukrainische Ministerpräsident dann bestimmte Regelungen im Agrarbereich neu verhandeln.[38] In einem Telefonat mit dem Kommissionspräsidenten Barroso, das Janukowitsch initiiert hatte und das am 2. Dezember 2013 stattfand, ging es neben der innenpolitischen Lage auch um die ukrainische Absicht, eine Delegation nach Brüssel zu entsenden, um einige Aspekte des Abkommens zu besprechen. Barroso war dafür offen, erklärte aber gleichzeitig, neue Verhandlungen über das Abkommen seien ausgeschlossen.[39]

Erst am 17. Dezember 2013 akzeptierte Janukowitsch dann ein russisches Hilfspaket: 15 Milliarden Dollar und ein Absenken der Gaspreise um ein Drittel sollten der Ukraine helfen. Janukowitsch sei als »Bittsteller mit leeren Staatskassen« nach Moskau gekommen, und Moskau habe sich in der Rolle des »Helfers in der Not« gefallen, berichtete damals die *Tagesschau*.[40] So war es auch, nur dass der »Bittsteller« vorher einmal vergeblich bei der EU und einmal beim IWF angeklopft hatte. Die EU hatte kein Geld und die Auflagen des IWF waren für ukrainischen Geschmack zu drastisch. EU und IWF gefielen sich offenbar damals nicht in der Rolle von Helfern in der Not.

Der Vertrag mit Moskau empörte die ukrainische Opposition erst recht. Der *Tagesschau* erklärte der damalige Oppositionspolitiker Klitschko scheinheilig, dass er nicht wisse, warum Janukowitsch von Moskau günstige Kredite und einen reduzierten Gaspreis bekommen habe, und fügte hinzu, er hoffe, Janukowitsch habe nicht die Interessen der Ukraine »verkauft«. Zu wem hätte Janukowitsch damals noch gehen können? Auch bei seinem Gang nach Moskau gab es keine ukrainische Zusage zur Mitgliedschaft in der Eurasischen Union. Denn das sei, berichtete die *Tagesschau* in der gleichen Sendung, wegen der ukrainischen Opposition ein »heikles Thema«.[41]

Von einer ukrainischen Absage an den ganzen Assoziierungsprozess konnte also weder im November noch im Dezember 2013 die Rede sein, auch dann nicht, wenn man sich die Gesamterklärung des Gipfels von Vilnius anschaut, der auch die Ukraine zugestimmt hatte.[42] Und auch bei seinem Gang nach Moskau im Dezember 2013 hatte Janukowitsch das Land nicht auf einen eindeutigen »pro-russischen« Kurs festgelegt.

Euro-Maidan und Krim-Annexion: Die Ukraine kommt nicht zur Ruhe

In der öffentlichen Kommunikation überwog jedoch die Stimme der ukrainischen Opposition, und das entfachte die öffentlichen Proteste, die zunächst in der Westukraine begannen, bis sie sich dann auf dem Maidan in Kiew etablierten, der 2004 schon Schauplatz der Orangenen Revolution gewesen war. Dort trafen sich aber nicht nur Menschen, die eine engere Anbindung an die EU wünschten und nunmehr ihrem Ärger Luft machten. Viel Unzufriedenheit hatte sich aufgestaut: wegen der systemischen Korruption, die auch unter Janukowitsch weiter wucherte, wegen der scharfen wirtschaftlichen und sozialen Disparitäten im Land. All das nutzte der ukrainischen Opposition, die den Maidan politisch für sich vereinnahmte. Ein Gesprächsangebot der Regierung wurde abgelehnt. Die Opposition forderte Neuwahlen, scheiterte aber mit diesem Versuch Anfang Dezember 2013 im Parlament. Also verlagerte sie ihren politischen Kampf auf die Straße. Daher sprach die ukrainische Regierung schließlich auch vom Versuch eines Staatsstreichs.[43]

Der Maidan erfreute sich der politischen Unterstützung und medialen Sympathie des Westens, und so wechselte er auf die Seite der »pro-europäischen« ukrainischen Opposition. Harter Kern des Maidan waren jedoch radikale, extrem nationalistische und anti-russische Kräfte, die Ultrafans, der Rechte Sektor und Anhänger der rechtsextremen Swoboda-Partei. Sie radikalisierten die Proteste, berichtete die *Zeit*, die hinzufügte, dass »paradoxerweise es die gewalttätigen Aktionen dieser Gruppen [waren], die die bis dahin friedlichen Demonstrationen voranbrachten«.[44] Was die *Zeit* mit »voranbrachte« meinte, ließ sie offen.

Als Erstes kamen in der OSZE Besorgnisse darüber auf, dass die Dinge eskalierten. Es gab Aufrufe nach Zurückhaltung auf beiden Seiten zugunsten einer politischen Lösung.[45] Nachdem sich die Gewaltspirale im Januar und Februar 2014 immer schneller zu drehen begann, ergriff schließlich der deutsche Außenminister im Februar 2014, also sehr spät, die Initiative und reiste gemeinsam mit seinen französischen und polnischen Amtskollegen nach Kiew zu einem Vermittlungsversuch. Die Lage sei dramatisch gewesen, denn die Ukraine habe vor einer Spaltung gestanden, erklärte Frank-Walter Steinmeier gegenüber der *Welt*. Tatsächlich hatte der Oberste Rat der Krim längst an den Präsidenten appelliert, die Einheit des Landes wiederherzustellen. Er betrachtete die Situation am 18. Februar 2014 bereits als Bürgerkrieg und drohte am 20. Februar 2014 mit Sezession.[46] Die *Welt* lobte daher auch das Husarenstück, das Steinmeier in den Vermittlungsverhandlungen in Kiew gelungen war: Ein Kompromiss zwischen der Janukowitsch-Regierung und den drei Vertretern der ukrainischen Opposition war gefunden worden. Es sollte Neuwahlen geben.[47] Der Weg für eine politische Lösung schien frei zu sein. Die russische Seite unterstützte den Kompromiss, die USA sprachen von einem »mutigen Schritt« der Opposition.[48]

Vor seinem Rückflug nach Berlin erklärte Steinmeier am 21. Februar 2014: »Wir werden ein Auge darauf haben, dass aus der Vereinbarung, die hier getroffen wurde, auch Politik wird.«[49] Tags zuvor war es zu dem größten Gewaltexzess auf dem Maidan gekommen, für den – wir hatten das in Kapitel 3 bereits einer genaueren Analyse unterzogen – fälschlicherweise der Sicherheitsapparat von Janukowitsch verantwortlich gemacht wurde. Die gewaltbereiten Teile des Maidan hatten nicht vor, das Abkommen einzuhalten. Ihr Credo lautete, dass Janukowitsch sofort das Amt aufzugeben habe. Sonst komme es zu einem bewaffneten Aufstand.[50]

Am 22. Februar 2014 erklärte der »Kommandant des Maidan«, sie hätten die Kontrolle über das Parlament erlangt.[51] Am gleichen Tag enthob das ukrainische Parlament Janukowitsch seines Amtes. Der hatte sich am Vorabend nach Charkiw abgesetzt und sprach von einem »Staatsstreich«.[52]

Mit bemerkenswerter Geschwindigkeit vergaßen Deutschland, Frankreich und Polen das ausgehandelte Abkommen vom 21. Februar 2014 und pochten nicht länger auf dessen Einhaltung.

Stattdessen überzeugte man sich selbst davon, dass es quasi eine »revolutionäre« Situation in der Ukraine gegeben habe, und nun wieder das Recht regieren müsse. Dass dabei die Demokratie mit Füßen getreten worden war – immerhin wurde der Präsident ohne eine entsprechende Grundlage in der Verfassung abgesetzt –, wurde weggewischt. Es spielte auch keine Rolle mehr, dass das ukrainische Volk in der Frage, ob sich das Land nach Westen oder Osten orientieren sollte, gespalten war. Eine Umfrage im November 2013 hatte klar gezeigt, dass die Befürworter einer Assoziierung mit der EU (39 %) Kopf an Kopf lagen mit den Befürwortern einer Zollunion mit Russland (37 %). Nach Regionen waren die ukrainischen Präferenzen klar verteilt: Die westliche Ukraine und ihre Mitte blickten nach Westen, die südliche und östliche nach Osten.[53]

Wie der Pressemitteilung zur Sitzung des UN-Sicherheitsrates vom 24. Februar 2014 zu entnehmen ist, unterstrich die US-Vertreterin, dass das ukrainische Volk seine Zukunft wählen müsse und die USA die »technische Regierung der nationalen Einheit« unterstützen. Die USA würden mit anderen Staaten für eine »starke, wohlhabende, vereinte und demokratische Ukraine« arbeiten. Am selben Tag empfand sich die CIA wieder in befreundeter Umgebung und entwickelte (gemeinsam mit MI 6 und später noch den niederländischen Kollegen) eine sehr enge Sicherheitszusammenarbeit mit den ukrainischen Partnern, die sich ausdrücklich, laut der detaillierten Beschreibungen in der *New York Times*, gegen Russland richtete. Der BND scheint dabei nicht im Spiel gewesen zu sein.[54]

Die litauische Vertreterin betonte im Sicherheitsrat, dass die »jüngsten demokratischen Veränderungen in der Ukraine eine beeindruckende Erinnerung daran seien, dass es nicht möglich ist, die Suche eines Volkes nach Freiheit und Demokratie zu ignorieren. Hoffentlich würde der in Gang gekommene historische Prozess zu einer schnellen und friedlichen Lösung der politischen Krise führen.« Frankreich erklärte, man wolle keine »politischen Bruchlinien« schaffen.[55]

Das, was sich bereits in den letzten Tagen vor dem Sturz von Janukowitsch angekündigt hatte, eine sezessionistische Bewegung auf der Krim, kam unverhüllt spätestens am 27. Februar 2014 in Gang. Der Sturz von Janukowitsch brachte alles ins Rollen. Das Parlament der Krim entzog der lokalen Regierung das Vertrauen und kündigte an, in einem Referendum über mehr Autonomierechte entscheiden zu lassen.[56] Am Tag darauf begannen Spezialkräfte der russischen Armee die Flughäfen auf der Krim zu sichern, was der russische Verteidigungsminister als Schutzmaßnahme der dort stationierten russischen Truppen bezeichnete.[57] Am 1. März 2014 erteilte der Nationale Föderationsrat der Russischen Föderation dem Präsidenten die Vollmacht zum Einsatz russischen Militärs in der Ukraine, darunter zum Schutz der russischen stationierten Truppen auf der Krim, bis sich die Lage wieder beruhigt habe. Dass vorher bereits russische Spezialkräfte auf der Krim agierten, kann man nicht ausschließen.[58]

Am 3. März 2014 riefen die ehemaligen ukrainischen Präsidenten Krawtschuk, Kutschma und Juschtschenko dazu auf, das Abkommen über die russische Truppenstationierung auf der Krim aufzukündigen.[59]

Am 5. März 2014 schlug die Kommission ein Hilfspaket für die Ukraine vor, das zusätzliche Gelder von bis zu 11 Mrd. Euro in Aussicht stellte. Etwa drei Milliarden sollten aus dem EU-Haushalt kommen, bis zu 8 Mrd. von der Europäischen Bank für Wiederaufbau und Entwicklung (EBRD) und von der Europäischen Investitionsbank (EIB).[60] Damit bewies die Kommission, dass sie durchaus Geld mobilisieren kann, wenn sie es politisch will.[61] Die *Zeit* monierte damals, dass die Ukraine kurz vor dem Staatsbankrott stehe, aber die Kommission nicht gemeinsam mit dem IWF agiere und es diesem überlasse, die Auflagen für die Ukraine zu definieren.[62] 2016 war die Einschätzung des Europäischen Rechnungshofs, es habe sich um einen politischen Notfall gehandelt, allerdings habe die Kommission die Vorschläge ohne Analyse der Bedürfnisse der Ukraine oder der Gefahren für den europäischen Steuerzahler gemacht. Eine Strategie habe es nicht gegeben.[63]

Am 6. März 2014 trafen sich die EU-Staats- und Regierungschefs zu einem außerordentlichen Gipfel in Brüssel. Eingeladen war der Regierungschef der ukrainischen Übergangsregierung, Arsenij Jazenjuk. Die EU-Staats- und Regierungschefs verurteilten das russische militärische Vorgehen auf der Krim und die Entscheidung des Parlaments der Krim, ein Referendum über den Beitritt zu Russland abzuhalten. Das sei nicht in Übereinstimmung mit der ukrainischen Verfassung und daher illegal. Sie forderten direkte Verhandlungen zwischen Russland und der Ukraine zur politischen Streitschlichtung und kündigten Sanktionen an, wenn sich Russland nicht an internationales Recht halten sollte. Gleichzeitig beschlossen sie, den politischen Teil der Assoziierung der Ukraine nunmehr zügig zu unterschreiben.[64]

Zum Verfassungsbruch in der Ukraine, mit dem der gewählte Präsident abgesetzt worden war, hatte die EU nichts zu sagen. Ihr Entschluss, die Ukraine unter den neuen politischen Gegebenheiten zu assoziieren, stand fest. Sie rügte auch nicht, dass in der Übergangsregierung vier Vertreter der extremen Swoboda saßen, und tolerierte damit die Beteiligung einer ultranationalistischen Partei.[65] Sie hatte nicht mehr vor, in eine politische Streitschlichtung zwischen der Ukraine und Russland einzugreifen oder in irgendeiner anderen Weise tätig zu werden, um den Verlust der Krim zu verhindern. Denn sonst hätte sie neben Demarchen gegenüber Moskau auf höchster Ebene auch politische Bedingungen an ihre Unterschrift unter das Assoziierungsabkommen knüpfen und von der amtierenden Regierung in der Ukraine ebenfalls ernsthafte Anstrengungen für eine einvernehmliche Lösung der Krim-Frage und eine politische Befriedung des Landes verlangen müssen. Aber das tat sie nicht. Man kann nur spekulieren, warum nicht.

Hielt sie die Krim schon für verloren für die Ukraine? Das ist gut möglich, denn den politischen Beobachtern der Entwicklungen in der Ukraine dürfte damals nicht entgangen sein, dass politische Kräfte in der Ukraine an die Macht gelangt waren, die Gegner der russischen Truppenstationierung auf der Krim waren und das Abkommen im ukrainischen Parlament bereits 2013 hatten zu Fall bringen wollen. Dass Russland dies nicht zulassen würde, selbst wenn es sich damit völkerrechtlich ins Unrecht setzte, ergab sich von selbst, und die ersten EU-Sanktionen zeigten auch, dass die EU nicht bereit war, aufgrund der Krim-Ereignisse das Tischtuch mit Russland komplett zu zerschneiden.

Schärfere Sanktionen folgten erst im Laufe des Jahres 2014. Sie wurden auf massiven amerikanischen Druck hin beschlossen. Das machte der damalige Vize-Präsident Biden während einer sehr interessanten Veranstaltung mit Harvard-Studenten öffentlich. Auf diese Weise »beschämten« die USA ihre europäischen Alliierten gleich noch einmal, die laut Biden nachgerade wie Hunde zum Jagen getragen werden müssten, wenn es um wirtschaftliche Strafaktionen gegen Russland gehe.[66]

Damals herrschte in Europa noch eine andere Stimmungslage vor. Man stellte noch die Frage, wie es hatte passieren können, dass das Verhältnis mit Russland so abstürzte und die Ukraine in einen Bürgerkrieg rutschte. Damals kam ein Team des *Spiegel* zu der Schlussfolgerung, es habe sich um eine »historische Fehlleistung« gehandelt und die deutsche Kanzlerin trage auch ihren Teil Verantwortung dafür.[67]

Abwärtsspirale der Ukraine: Die EU-Assoziierung steht unter schlechten Vorzeichen

Die weitere Entwicklung der EU-Ukraine-Beziehungen nach dem Umsturz in Kiew zeigte, dass dort rein politische Überlegungen und eigensüchtige Wirtschaftsinteressen dominierten. Ende März 2014 wurde der politische Teil der Assoziierung unterzeichnet. Es regte sich kein Widerspruch in der EU, als die ukrainische Übergangsregierung im April 2014 ihre Anti-Terror-Aktion gegen den »pro-russischen« Separatismus im Donbass und auf der Krim startete. Sie wurde gutgeheißen. Im Juni 2014 folgte die Unterzeichnung des handelspolitischen Teils des Assoziierungsabkommens. Nun waren nur noch die nationalen Ratifikationsprozeduren zu durchlaufen, für die in der Ukraine ein Parlamentsbeschluss reichte. In der EU wurde im niederländischen Referendum eine Assoziierung zunächst abgelehnt, aber dieser »Unfall« wurde schnell korrigiert. Nirgendwo, weder in der EU, geschweige denn in der Ukraine, fand eine vertiefte Diskussion statt, ob das Abkommen, so wie es 2011 zu Ende verhandelt worden war, noch in die Zeit passte oder der Anpassung bedurft hätte. Seit 2012 hatte sich die wirtschaftliche und finanzielle Lage der Ukraine drastisch verschlechtert, sodass sie seit 2013 keinen Zugang mehr zum internationalen Finanzmarkt hatte. Sie war in eine tiefe systemische Krise gerutscht, die aus der Sicht des IWF nur noch mit weitreichenden Reformschritten gelöst werden konnte, was bereits erwähnt wurde.[68] Schattenwirtschaft, Korruption und ein viel zu hoher Energiekonsum hingen wie Mühlsteine um den Hals der Ukraine. 2014 hatte sie die Krim verloren und war in eine militärische Operation gegen den abtrünnigen Donbass verstrickt. Das band weitere wirtschaftliche und finanzielle Mittel. Zudem verschlechterten sich die Beziehungen zu Russland, der Handel brach ein, und Russland verlangte im April 2014 wieder höhere Gaspreise. All das schuf zusätzliche Schwierigkeiten, insbesondere für die großen Industriebetriebe, die im Osten der Ukraine liegen.

Bezogen auf den EU-Assoziierungsprozess tat man aber zunächst so, als sei das alles kein Problem. Tatsächlich waren die Probleme in der Ukraine gewaltig, und das Assoziierungsabkommen sah sehr detaillierte und vor allem kurze Fristen vor, bis wann die Ukraine im Zuge ihrer Rechtsangleichung an das Gesetzeswerk der EU was zu erledigen hatte. Keine der Fristen war mehr realistisch. Die Annahme aus dem Jahr 2007 war überdies gewesen, dass ein steter Zufluss von Direktinvestitionen in die Ukraine dem Land helfen würde, die Modernisierungs- und Anpassungskosten an die EU zu tragen. Nichts davon hatte sich materialisiert, stattdessen kam es zu Kapitalflucht, der Bürgerkrieg verschärfte die Lage weiter, und das Land befand sich in steter Finanznot.

2014 hatten IWF, EU und andere Geber etwa 27 Mrd. Dollar für die Ukraine vorgesehen, in der Annahme, es ginge nur um die Abwendung eines Staatsbankrotts und die Abmilderung der Folgen der Rezession. Im Jahr 2015 war das alles längst Schnee von gestern. Ein neues Hilfspaket musste geschnürt werden, das zwischen 2015 und 2018 etwa 40 Mrd. Dollar für die Ukraine beinhaltete, darunter 17,5 Mrd. Dollar vom IWF. Das war allerdings auch nur ein Tropfen auf den heißen Stein, denn 2015 musste die Ukraine in etwa die gleiche Summe an den IWF aus vorausgegangenen Krediten zurückzahlen. Die Beziehungen zwischen der Ukraine und dem IWF verliefen auch nicht spannungsfrei, denn der IWF stellte wegen nicht erfüllter Auflagen immer wieder seine Zahlungen ein.

Aus EU-Sicht war spätestens 2015 abzusehen, dass die Ukraine völlig überfordert war mit dem, was an vertraglichen Verpflichtungen gegenüber der EU bestand. Nirgendwo in der Ukraine gab es eine Stelle, die die Reformschritte koordiniert oder mit der Wirtschaft oder der Zivilgesellschaft auch nur besprochen hätte. Folgenabschätzungen, wie man den Reformweg gehen und welche Auswirkungen das haben könnte, wurden nicht gemacht. Die EU wiederum begnügte sich mit der Grundentscheidung zur Assoziierung. Sie traf keinerlei Vorkehrungen, um den Reformprozess in der Ukraine politisch intensiv zu begleiten, geschweige denn, sich mit der Frage zu befassen, ob die Ukraine unter den Bedingungen eines Bürgerkrieges und der steten Verschlechterung des Verhältnisses zu Russland einen soliden Entwicklungspfad vor sich hatte.

Praktisch überließ sie den USA die politische Führung in der Ukraine. Fünfmal besuchte der US-Vizepräsident Biden die Ukraine zwischen 2014 und 2016. So häufig ist kein EU-Politiker in Kiew gewesen. Die EU organisierte Hilfe auf Beamtenebene, aber das ersetzt nicht das politische Gespräch und den politischen Fokus. Jeder, der in jenen Jahren Kiew besuchte, wusste, dass die US-Botschaft – und nicht etwa die Delegation der Europäischen Kommission oder gar die Botschaften der Mitgliedstaaten der EU – der Dreh- und Angelpunkt war. Im ersten Impeachment gegen Präsident Trump ging es auch um die Rolle der US-Botschaft in Kiew, und man erhielt einen noch besseren Einblick, wie weit ihr Einfluss dort reichte. Das FBI war seit 2014 in der Ukraine aktiv, und in einem Bericht der *Washington Post* vom Oktober 2023 rühmte sich die CIA erstmals ihres Aufbauwerkes in der Ukraine[69], bevor sie gegenüber der *New York Times* 2024 mehr in die Details ging, einschließlich der Trainings von ukrainischen Kräften für gezielte Morde und Sabotageakte, speziell auf der Krim und im Donbass. In der Ukraine bekannt gemachte Telefonate des Präsidenten Poroschenko mit dem US-Außenminister Kerry bzw. dem Vizepräsidenten Biden zeigten ebenfalls den großen Einfluss der USA. Wenn die etwas forderten, war ein ukrainischer Hinweis darauf, dass europäische Staatschefs wie Merkel und Hollande aber zufrieden seien, nichts wert. Wenn den USA eine Personalie nicht passte, musste sie weg; der Ersatzkandidat wurde mit Biden abgesprochen, nicht mit EU-Vertretern. Die betreffenden Telefonmitschnitte wurden zwar redaktionell bearbeitet, aber an ihrer Echtheit konnte kein Zweifel bestehen. Auch wenn ein Bericht der *Kyiv Post* nicht in allen Teilen korrekt ist, bekommt man schon einen Eindruck, worüber gesprochen wurde.[70] Später hieß es über Derkach, der diese Telefonate öffentlich machte, er sei ein langjähriger russischer Agent. Das Leak heizte in den USA den Parteienstreit an. In der EU hätte es zur Frage führen müssen, wie groß der US-Einfluss auf die Ukraine real war.

Wie intensiv das Mikromanagement der USA in der Ukraine verlief, wäre eine eigene Untersuchung wert. Biden rühmte sich jedenfalls bei seinem bereits erwähnten Auftritt vor Harvard-Studenten 2014, was die USA in der Ukraine alles in die Hand genommen hätten.

Man muss daher bilanzieren, dass die EU in dieser Zeit nicht die erste Geige in Kiew spielte, und sie hat es auch nicht versucht. Zwischen dem politischen Interesse an einer Ukraine, die sich für die enge Zusammenarbeit mit der EU entschied, und dem EU-Interesse an den realen Herausforderungen und Problemen der Ukraine klafften Welten.

Der Konflikt mit Russland um die Ukraine führte dazu, dass die EU sich blind und taub stellte, als die Ukraine 2014 der Krim bildlich gesprochen das Wasser abdrehte. Sie hat zum Beispiel nicht offen kritisiert, dass Kiew die Rentenzahlungen an Bewohner des

Donbass aussetzte. In der Folge wurde dieser immer mehr von der Unterstützung durch Russland abhängig.

Ein ähnliches Desinteresse zeigte die EU in der Frage der Erfüllung des Minsk-Abkommens durch die Ukraine. Frankreich und Deutschland waren zwar die EU-Staaten, die die Abkommen von Minsk I und II mit aus der Taufe gehoben hatten, aber dass Minsk II auch ukrainische Verpflichtungen beinhaltete, spielte in den Treffen der EU mit der Ukraine keine große Rolle. Im ersten Treffen des EU-Ukraine-Assoziierungsrates im Dezember 2014 hatte es noch geheißen, dass »die EU und die Ukraine darin übereinstimmen], dass das Minsk-Protokoll und -Memorandum [gemeint war damals Minsk I; Anm. d. Aut.] vollständig und ohne Verzug« erfüllt werden müsse, als ein Schritt zu einer »nachhaltigen politischen Lösung des Konflikts«.[71] Auf dem zweiten Treffen des Assoziierungsrates 2015 erinnerten dann beide Seiten an die Notwendigkeit der Erfüllung von Minsk II und daran, dass die Sanktionen gegen Russland an diese Erfüllung gebunden seien – obwohl Russland gar keine Vertragspartei war. Von ukrainischen Verpflichtungen war nicht die Rede. Auf dem dritten Treffen wurde diese Formel wiederholt, wiederum ohne Verweis auf die ukrainischen Aufgaben, und das Gleiche wiederholte sich bei dem darauffolgenden Treffen des Assoziierungsrates 2017. Der folgende Assoziierungsrat 2018 folgte der gleichen Logik. Als neues Element kritisierte er zudem »die klare Verletzung der ukrainischen Souveränität und territorialen Integrität durch aggressive Akte der bewaffneten Kräfte Russlands seit Februar 2014«.[72] Damit machte sich die EU faktisch auch die ukrainische Lesart zu eigen, wonach Russland am 20. Februar 2014 eine militärische Aggression gegen die Ukraine begonnen habe.[73] Damit aber wird der geschichtliche Ablauf verfälscht: erst kam der Coup, dann die russische Aggression.

2019, auf dem 6. Assoziierungsrat, wurde festgestellt, dass sich ein neues Fenster auftue, um Minsk II zu erfüllen. Diesmal begrüßte der Rat das »erneuerte Engagement aller Seiten« sowie das »konstruktive Herangehen der Ukraine«.[74] Tatsächlich war gerade Selenskyj gewählt worden und dessen anfängliches Bemühen um eine Überwindung der inneren Blockaden in der Ukraine und um gute Russland-Beziehungen war aufrichtig. Dass er scheiterte, hat die EU allenfalls stillschweigend zur Kenntnis genommen.[75]

Selbstverständlich muss man bei solchen gemeinsamen politischen Erklärungen immer bedenken, dass sie positiv formuliert sind, und daher ist auch viel von erreichten ukrainischen Reformfortschritten zu lesen. Die Erwartungen der EU, was in der Ukraine noch zu erledigen sei, sind ebenfalls aufmunternd formuliert.

Keine Ermunterung brauchte dagegen der Handel, der sich zwischen der EU und der Ukraine entfaltete. Die EU wurde insgesamt zum größten Handelspartner der Ukraine. Unzweifelhaft hat das Freihandelsabkommen, das ab 2015 vorläufig angewendet worden war, mit dafür gesorgt. Dabei ist anzumerken, dass dort, wo die Ukraine wettbewerbsstark war, im landwirtschaftlichen Bereich, der Handel hochreguliert war und mit Zollkontingenten gearbeitet wurde. Die Verschlechterung der ukrainisch-russischen Beziehungen schlug ebenfalls auf den Handel durch. Nach 2014 gehörten Deutschland, Italien und Polen zu den fünf wichtigsten Haupthandelspartnern der Ukraine. 2020 war Deutschland zur zweitwichtigsten Bezugsquelle von Importen der Ukraine geworden, noch vor Russland.

Im Handel zwischen der EU und der Ukraine herrscht die typische Warenstruktur zwischen Partnern, die ein ganz unterschiedliches wirtschaftliches Leistungsniveau haben. Die Ukraine war vor allem Lieferant von Rohstoffen und halbverarbeiteten Erzeugnissen, während die EU vor allem verarbeitete Produkte, sowohl Konsumgüter als auch Maschinen und Ausrüstungen, lieferte. Die Handelsbilanz, sowohl bei Waren als auch bei Dienstleistungen, war anhaltend negativ zulasten der Ukraine. Mit dem Jahr 2014 brach der Handel mit Russland substantiell ein, aber bis zum Jahr 2018 war Russland immerhin noch der Haupthandelspartner der Ukraine, wenn auch auf vergleichsweise sehr geringem Niveau. Die führende Rolle Russlands im Handel mit der Ukraine wurde ab 2019 von China abgelöst, sowohl im Ex- als auch im Import. Auch diese Handelsbilanz ist negativ. Blickt man auf die führenden fünf Länder im Export der Ukraine, so erreichte sie nur gegenüber der Türkei und Italien stabile Exportüberschüsse.[76]

Bei der Beurteilung der gesamten Handelsentwicklung der Ukraine nach 2014 ist zu berücksichtigen, dass der faktische Verlust sowohl der Krim als auch des Donbass dazu führte, dass der Wert der Exporte der Ukraine im Jahr 2020 noch unter dem von 2010 lag. Erst 2021 gelang es ihr, das damalige Ergebnis merklich zu übertrumpfen. Im Import zeigte sich das gleiche Phänomen. Sehr viel schwerer einzuschätzen ist das Engagement der EU mittels Direktinvestitionen in der Wirtschaft der Ukraine. Von dort stammte im vergangenen Jahrzehnt der Löwenanteil an Direktinvestitionen, wobei es so zu sein scheint, dass sich darunter auch Investitionen von Ukrainern verstecken, die über die EU abgewickelt werden.[77]

Seit dem Kriegsausbruch in der Ukraine 2022 hat die EU die im Assoziierungsabkommen vorhandenen mengenmäßigen Beschränkungen für den Export aufgehoben, um auf diese Weise Exportförderung zugunsten der Ukraine zu betreiben. Die Maßnahmen betrafen vor allem den landwirtschaftlichen Bereich. Das führte zu politischen Widerständen in mittel- und osteuropäischen Staaten, am sichtbarsten in Polen. Die dortigen landwirtschaftlichen Produzenten können nicht mit den vergleichsweise viel günstigeren Erzeugnissen der Ukraine konkurrieren. Das ist eine anhaltende Quelle von Spannungen, die eine Vorahnung darauf bietet, mit welchen Problemen in einem unbeschränkten europäischen Binnenmarkt, der die Ukraine umfasst, gerechnet werden muss.

Im Dezember 2023 beschlossen die EU-Staats-und Regierungschefs, mit der Ukraine Verhandlungen um einen künftigen EU-Beitritt aufzunehmen. 26 Staaten stimmten dafür. Ungarn beteiligte sich nicht an der Abstimmung und erklärte, dass es diese Entscheidung für falsch halte. Da bei jeder einzelnen Verhandlungsfrage Einstimmigkeit unter allen Mitgliedstaaten erforderlich ist, ist Streit innerhalb der EU um gemeinsame Verhandlungspositionen vorprogrammiert. Ob es dazu überhaupt kommt, ist eine andere Frage, denn es ist nur sehr schwer vorstellbar, wie es unter Kriegsbedingungen gelingen könnte, dass sich die Mitgliedstaaten, die Kommission und das Europäische Parlament in Bezug auf die verschiedenen Verhandlungsthemen ein umfassendes, sachliches Bild von den Zuständen in der Ukraine machen können. In diesen Verhandlungen wird es sehr konkret, und bisher war es so, dass das, was die Kommission den Mitgliedstaaten an Erkenntnissen vortrug, nur dann Gewicht hatte, wenn es durch gleichlautende Einsichten der Mitgliedstaaten gestützt wurde. Im Erweiterungsprozess sind sie die »Herren« des Vertrags. Realistisch betrachtet, muss man den EU-Beschluss zur Aufnahme von EU-Beitrittsverhandlungen als einen Akt politischer Solidarität deuten. Das Problem dieser Symbolik besteht allerdings darin, dass die EU ihr bisher geltendes Kriterium aufgab, wonach Beitrittsverhandlungen nur eröffnet werden, wenn die politischen Voraussetzungen von Demokratie, Rechtsstaatlichkeit und Menschenrechts- sowie Minderheitenschutz erfüllt sind. An schweren Defiziten auf diesen Feldern krankte die Ukraine bereits vor Kriegsausbruch. Das Wirken politischer Parteien, aber auch der Medien,[78] wurde während der Präsidentschaft Selenskyjs beschränkt. Das Kriegsrecht tat sein Übriges.[79] Mit der Behauptung, pro-russische Umtriebe zu bekämpfen, ist die Opposition im Land nahezu mundtot gemacht worden. Auch die älteste Kirche in der Ukraine, die dem Moskauer Patriarchen zugeordnet ist, steht längst unter Generalverdacht, allerdings regte sich dagegen Widerstand in der Rada.[80]

Im Dezember 2023 wurde der ukrainische Präsident in einem Interview mit Bret Baier von *Fox News* mit dem Vorwurf wachsender Autokratie konfrontiert, den unter anderem Klitschko, der Bürgermeister von Kiew, erhoben hatte.[81] Baier fragte konkret nach, was Selenskyj jenen sage, die auf die Schließung von oppositionellen Medien, das Verbot politischer Parteien oder die Verhaftung von Kirchenvertretern hinweisen. Der ukrainische Präsident ging darauf gar nicht ein. Das Land habe nur einen Feind, Putin, gegen den man für Demokratie und Freiheit kämpfen müsse. Er empfahl Kritikern (ohne Namensnennung) recht deutlich, sich lieber mit dem Krieg zu beschäftigen und mit Soldaten an der Front zu sprechen, statt weltweit Interviews zu geben. Er gab das Musterbeispiel eines Autokraten ab, der den Krieg zum Vorwand nimmt, Kritik niederzuschlagen und den Demokratieabbau, der unter seiner Führung stattfand bzw. stattfindet, zu legitimieren.[82]

Es ist noch nicht klar, wie hoch der Preis sein wird, den die EU dafür bezahlen muss, dass sie die antidemokratischen Entwicklungen in der Ukraine nicht klar benannt hat. Mit einer objektiven und fairen Beurteilung der Lage in der Ukraine hatte die EU-Entscheidung zugunsten der Aufnahme von Beitrittsverhandlungen mit der Ukraine jedenfalls nichts zu tun.

Finanziell unterstützt die EU die Ukraine seit dem Kriegsausbruch massiv. Das Institut für Weltwirtschaft in Kiel gibt eine gute Übersicht heraus, wie sich die Unterstützung der Ukraine seit dem 24. Januar 2022 entwickelte. Die aktuellsten Daten reichen bis zum 31. Oktober 2023 und erfassen die gemachten finanziellen Zusagen. Demnach haben die EU und ihre Mitgliedstaaten insgesamt 133,2 Mrd. zugesagt, gefolgt von den USA mit 71,4 Mrd. und anderen Gebern mit 36,4 Mrd. Euro. Diese Zusagen umfassen sowohl Haushaltshilfen für die Ukraine als auch militärische Hilfen.[83] Bei militärischen Hilfen führt die USA, gefolgt von Deutschland und Großbritannien. Exakte Angaben, wie sich diese Finanzzusagen verteilen, was davon ein Kredit und was eine Schenkung ist, existieren nicht. Man muss vermuten, dass es, so wie im Fall der EU, mehrheitlich um Kredite geht. Nach Statista-Angaben betrug der Schuldenstand der Ukraine 2021 etwas über 73 Mrd. Dollar und erhöhte sich 2022 auf knapp 112 Mrd. Dollar. Die Gesamtverschuldung im Jahr 2023 wurde auf über 200 Mrd. Dollar geschätzt, und es wird prognostiziert, dass sie im Jahr 2028 über 300 Mrd. Dollar betragen wird.[84] Das bedeutet eine große Finanzlast für die Ukraine, da die Rückzahlung der Schulden erwirtschaftet werden muss. Die Fähigkeit der Ukraine, ihre Schulden zu bedienen, hängt davon ab, was nach dem Krieg von ihr übrig ist an wirtschaftlichem und menschlichem Potential, wie viele Kriegsschäden sich aufhäufen und wer die bezahlt, beziehungsweise ob der Ukraine Schulden erlassen werden. In Friedenszeiten wären mit einem Bruchteil der Gelder womöglich sichtbare Veränderungen zum Besseren in der Ukraine erreicht worden, wenn man die Korruption in den Griff bekommen hätte. So aber ist es nur eine zusätzliche und sehr schwere Hypothek für die Zukunft.

Kapitel 7

Vom Wandel durch Annäherung zur Zeitenwende

»Die Politik der Vorherrschaft hat keine Zukunft mehr … Unter den Bedingungen der modernen Welt lassen sich die eigenen Interessen dauerhaft nur durch eine Politik der Zusammenarbeit und des gerechten Interessenausgleichs sichern.«

Hans-Dietrich Genscher, 1979[1]

Was ist Entspannungspolitik? In einem engen Sinn ist Entspannungspolitik die Politik eines relativ kurzen Zeitabschnitts in den Ost-West-Beziehungen, die in der ersten Hälfte der 60er-Jahre einsetzte und zunächst bis Ende der 70er-Jahre des vergangenen Jahrhunderts dauerte. Sie änderte nichts am Wesen des Kalten Krieges, nahm aber, wie der Name sagt, Spannungen aus den Beziehungen und verhinderte so eine ungebremste Konflikteskalation. In einem weiteren Sinn ist Entspannungspolitik ein leitendes Prinzip bei der Gestaltung der internationalen Beziehungen.

Der historische Rückblick, der nun folgen soll, ist erhellend, weil er zeigt, dass Entspannungspolitik eine politische Entscheidung ist, die in der Praxis realisiert werden kann. Sie kann bilateralen oder multilateralen Charakter haben. Das historisch älteste Dokument einer erfolgreichen Entspannungspolitik hat seit den

60er-Jahren einen würdigen Platz bei den Vereinten Nationen gefunden: Es ist die Kopie des Friedensvertrages zwischen Ägypten, das unter Pharaonenherrschaft stand, und dem Königreich der Hethiter, das im heutigen Anatolien sein Zentrum hatte. Der Vertrag datiert auf das Jahr 1269 vor unserer Zeitrechnung. Damals waren beide Staaten einflussreiche Großmächte, die sich gegenseitig über rund zwei Jahrhunderte hinweg bekriegt hatten. Die Herrscher der Reiche überließen Abgesandten die Aushandlung des Friedens, und es kam eine erstaunlich moderne Vereinbarung zustande, die beide Seiten als bindend betrachteten und unterschrieben. Das Faszinierende ist, dass schon damals wesentliche Elemente moderner Entspannungspolitik präsent waren: Freundschaft, Gewaltverzicht, Anerkennung von Grenzen, friedliche Kooperation.

Die Hethiter – Ein antikes Beispiel für friedliche Koexistenz

Es ist nicht ganz klar, von wem damals die Initiative zu diesem Vertragsschluss ausging, aber vieles spricht dafür, dass es die Hethiter waren, denn sie nutzten einen militärischen Sieg über Ramses II. nicht vollständig aus.[2] Der Vertragsschluss dokumentiert, dass beide Seiten zu der Einsicht gelangten, dass friedliche Beziehungen und gute Nachbarschaft in jeder Weise einträglicher seien als die ewigen Kriege, die außer Opfern und Kosten nichts einbrachten.

Lange war das Hethiterreich fast völlig vergessen. Erst seit etwas mehr als hundert Jahren wird es erforscht, und was die Forschung bislang zutage förderte, ist ein faszinierendes Reich, das in keine Schublade der damaligen Zeit passt. Sie waren nicht wie andere altorientalischen Gesellschaften. Es gab eine Staatsidee, die Reichsausweitung durch Verträge und föderal anmutende

Strukturen. Die Hethiter sollen einen großen Wissensdurst sowie Offenheit für Fremdes gehabt haben und sehr innovativ gewesen sein.[3] Noch ist die Forschung zu diesem untergegangenen, für 3000 Jahre vergessenen Reich nicht abgeschlossen.[4] Ihr großes Vermächtnis, das die Hethiter gemeinsam mit einem einstigen Feind schufen und so die Möglichkeit dokumentierten, Feindschaft zu überwinden, bleibt aktuell.

Feindschaft zu errichten ist leicht. Sie beruht auf dem Trennenden – und das ist leicht zu finden, denn die Welt ist reich an unterschiedlichen Völkern, Kulturen, Glaubensvorstellungen, aber auch unterschiedlich ausgestattet mit natürlichen Reichtümern und Potentialen. Unterschiedlich ist auch die Sicherheitslage. Ein Land wie die USA, von zwei Weltmeeren umgeben, hat einen ganz anderen Sicherheitskomfort als beispielsweise die große eurasische Landmasse oder Europa mit seinen vielen Völkern, die dicht gedrängt beieinander leben müssen. Da zählt jedes natürliche Hindernis wie ein Berg oder Fluss als Sicherheitsfaktor, während weite Tiefebenen förmlich dazu einladen, den Raum zu durchqueren, um ihn zu erobern.

Die Absicherung der eigenen Macht, Machtstreben, die Gier nach neuen Territorien und nach Mehrung des Reichtums waren von jeher eine Quelle von Kriegen, die in der europäischen Geschichte zur Regel wurden. Frieden war der Ausnahmezustand. Mit der fortschreitenden wissenschaftlichen und technologischen Entwicklung wurde die Kriegsführung immer verheerender und ausgeklügelter. Dadurch entstand die Einsicht, Kriegsregeln schaffen zu müssen, um zumindest die Zivilbevölkerung besser zu schützen, und es beförderte ebenfalls das politische Bemühen, Bedingungen dauerhaften Friedens zu schaffen. Gleichzeitig aber entstand im 20. Jahrhundert durch die Oktoberrevolution in Russland und den folgenden Bürgerkrieg eine ganz neue Konfliktlage.

Die spaltende Kraft der Ideologien

Nichts trennt Staaten grundsätzlicher als grundverschiedene Ideologien und sich darauf gründende politische und wirtschaftliche Systeme. Dieser Konflikt brach offen aus, noch bevor sich die Sowjetunion förmlich konstituierte. Es wird heute eher selten daran erinnert, dass einzelne westliche Mächte in den russischen Bürgerkrieg eingriffen und die antikommunistischen Kräfte unterstützten. In Großbritannien war zu jener Zeit Winston Churchill Kriegsminister, und unter seiner Verantwortung wurden im nördlichen Russland Chemiewaffen gegen Dörfer eingesetzt, die von den Bolschewiki kontrolliert wurden.[5] Ideologisch war Churchill ein »strammer Anti-Kommunist« und das sollte später eine Rolle für den Zusammenbruch der Anti-Hitler-Koalition und den Beginn des Kalten Krieges spielen. Auch andere Entscheidungen dieser Zeit haben Auswirkungen bis heute: Die Führung der 1918 gegründeten Ukrainischen Volksrepublik setzte auf die Niederschlagung der Bolschewiki und trat in Brest-Litowsk in den sogenannten Brotfrieden mit Deutschland ein. Da sie nicht lieferte, was versprochen worden war, wurde sie dann von Deutschland entmachtet, das eine Marionettenregierung einsetzte. Schließlich siegten im Bürgerkrieg die Bolschewiki und übernahmen die Macht in Kiew. Polen führte zudem einen Krieg gegen Russland, der ungelösten ethnischen Konflikten des Habsburgerreiches und unklaren Grenzziehungen als Ergebnis des Ersten Weltkriegs entsprang, aber auch von der Sehnsucht Polens nach einstigem Glanz befeuert wurde. In diesem »vergessenen« Krieg kämpfte buchstäblich »jeder gegen jeden«. Er führte zu immensen zivilen Opfern. Es kam zu massiven Attacken gegenüber Juden.[6] Im Ergebnis fiel der westliche Teil der heutigen Ukraine zunächst wieder unter polnische Kontrolle. So wurde im 20. Jahrhundert aus Lemberg zunächst wieder das polnische Lwow, dann das Lwow der sowjetischen Ukraine und schließlich 1991 das ukrainische Lwiw.

Nach dem Ersten Weltkrieg, so lautete die politische Absicht, sollte es nie wieder einen solchen Krieg geben. Mit dem Vertrag von Versailles und dem Völkerbund schienen die Vorkehrungen dazu auch getroffen, aber praktisch funktionierten sie nicht.

Die tiefen ideologischen und scheinbar unüberbrückbaren Gegensätze in Europa verhinderten, dass es vor Ausbruch des Zweiten Weltkrieges zu einer breiten Koalition gegen Hitler-Deutschland kam. Weder Frankreich noch Großbritannien oder Polen waren vor Kriegsausbruch bereit, auf Vorschläge Stalins für ein gemeinsames Bündnis einzugehen. Die Sowjetunion konnte deshalb weder der Tschechoslowakei Beistand leisten, obwohl sie damals mit ihr verbündet war, noch Truppen an die deutsche Grenze entsenden.

Diese Vorgeschichte des Ribbentrop-Molotow-Paktes ist in sowjetischen Dokumenten nachzulesen, die lange Zeit unter Verschluss waren. Kaum einer hatte damals geglaubt, dass Stalins Angebote ernst gemeint waren. Manche glauben das bis heute nicht.[7]

Erst mit dem deutschen Überfall auf die Sowjetunion, als es buchstäblich um Leben und Tod für alle ging, überwog das gemeinsame Interesse, den militärischen Griff Hitler-Deutschlands und der verbündeten Achsenmächte nach der Weltherrschaft zu beenden. Die Anti-Hitler-Koalition wurde gebildet. Sie überdauerte kaum das Ende des Krieges, aber sie zeigte, dass in extremen Situationen die Politik über jeden Schatten und auch über tiefste ideologische Gräben springen kann.

In dieser Koalition war die Möglichkeit einer alternativen Politik nach dem Zweiten Weltkrieg angelegt, hätte der Wunsch nach dauerhaftem Frieden das Trennende stabil überlagert. Das jedenfalls war die Hoffnung des US-Präsidenten Franklin D. Roosevelt, der nach der Konferenz von Jalta im März 1945 dem Kongress sagte, dass die gebildete Allianz den Krieg überdauern und eine Grundlage für dauerhaften Frieden schaffen würde.[8]

Winston Churchill dagegen hatte andere Pläne, und ihm kam zupass, das Roosevelt starb. Er beauftragte sein Militär, Überlegungen zu einer Operation »Undenkbar« anzustellen, um am 1. Juli 1945 gegen die Sowjetunion in den Krieg zu ziehen. Churchills politisches Ziel war es, die Sowjetunion dem Willen der USA und Großbritanniens zu unterwerfen. Die Antwort des britischen Militärs vom 22. Mai 1945 auf diese politische Vorgabe lautete, dass es einen »totalen Krieg« brauche, um die Sowjetunion strategisch und dauerhaft unter die politische Knute zu bringen, und dass ein solcher Krieg sehr lange dauern würde. Teil der Annahmen war, dass Polen gegen die Sowjetunion kämpfe und dass auch deutsche Truppen mitkämpfen würden.[9] *T-online* berichtete darüber 2020, mit großem Verständnis dafür, dass Churchill so viel Weitsicht aufgebracht hatte, Stalin zu misstrauen und »hellsichtiger« als die USA zu bilanzieren, dass »Sowjetrussland zu einer tödlichen Gefahr für die freie Welt geworden« war.[10] Der Kommentar zu den britischen Archivdokumenten hatte zumindest den Anstand, das Entsetzen der britischen Militärs über den Auftrag Churchills zu notieren, einen nächsten Weltkrieg zu planen. Man kann dieses Entsetzen nur teilen.

In einem anderen Dokument im britischen Archiv zur Genese des Kalten Krieges findet sich die Einschätzung, dass der Prozess der Abkehr der Sowjetunion von den Vereinbarungen über das künftige freie Europa damit begonnen habe, dass die Rote Armee »Polen überrannt« habe.[11] Von der sowjetischen Befreiung der Konzentrationslager, die Hitler-Deutschland auf polnischem Territorium errichten ließ, am bekanntesten ist Auschwitz-Birkenau, der Erinnerungsort des Holocaust schlechthin, ist nicht die Rede.

Denn es ging um Geopolitik, um die entstehende sowjetische Einflusssphäre und um die feste Annahme, aufgeschrieben im Jahr 1948, Stalin werde innerhalb weniger Tage oder Wochen nach der Weltherrschaft greifen.[12] Dabei wussten die Briten ganz genau, denn auch das enthüllt das Archiv, wie die Konfliktlage war. Sie wurde im Jahr 1946 wie folgt zusammengefasst:

> »Schon bei der Geburt des neuen Sowjetstaates schien sich die ganze Welt … gegen ihn vereint zu haben, und die durch die ausländische Intervention nach 1917 geweckten Ängste konnten in den Köpfen der Herrscher Russlands noch nicht ausgerottet werden, ebenso wenig wie die Angst vor dem Kommunismus in den Köpfen der westlichen Führer, die dennoch während des Krieges mit der Sowjetunion kooperierten.«[13]

Wie sich die Sowjetunion ihr neues Einflussgebiet schuf, folgte Sicherheitsüberlegungen. Mit Ausnahme der Tschechen und der Polen waren alle anderen Unterstützer des deutschen Hitlerfaschismus gewesen. In dieser Situation beförderte die Sowjetunion die kommunistischen Parteien in den betreffenden Ländern, so wie umgekehrt die Westmächte mit großer Sorge auf starke kommunistische Bewegungen im Westen Europas schauten, wie etwa in Italien oder Griechenland.

An Deutschland scheiden sich die Geister

In den USA zog nach dem Tod Roosevelts mit Harry Truman ein anderes politisches Format, mit einer anderen Weltsicht, ins Weiße Haus ein. Aber was war mit Stalin? War mit dem ein dauerhafter Frieden nach dem Sieg zu machen? Die Briten ängstigte, dass dessen riesige Armee damals nicht abzog. Churchill hatte viel innenpolitische Kritik dafür bezogen, dass er in Jalta Polen faktisch Stalins Einflussbereich überlassen hatte. Aber das tat er womöglich nur im Vertrauen darauf, dass Stalin sich an die Zusage halten würde, die er ihm in Moskau 1944 abgenommen hatte: Er sagte Churchill zu, Vertreter der polnischen Exilregierung bei der Zusammensetzung der künftigen polnischen Regierung einzubinden. Stalin aber hielt sich nicht daran und täuschte Churchill.[14] So trat zu den ideologisch begründeten Gegensätzen und dem gegenseitigen Misstrauen auch noch ein persönlicher Vertrauensbruch. Damit waren die Ausgangsbedingungen dafür, dass die Koalition den Sieg überdauern würde, denkbar schlecht.

Die Regelung der deutschen Frage fügte neue Streitpunkte hinzu. Es gab keine Einigung über die Zukunft Deutschlands und damit auch keine Grundlage für einen Friedensvertrag. Ökonomisch sollte Deutschland als Einheit weiterbestehen. In der Praxis war es jedoch unter den Alliierten aufgeteilt. Jeder hatte eigene Vorstellungen mitgebracht, wie es künftig laufen sollte. Jede Seite fürchtete, dass Deutschland in die Arme der jeweils anderen Seite fallen könnte, mit nicht kalkulierbaren Risiken für die eigene Sicherheit. Bereits Mitte 1946 sah deshalb Edward S. Manson in *Foreign Affairs* ziemlich schwarz dafür, dass die Teilung Europas in Ost und West noch verhindert werden könnte.[15] Der französische Außenminister Georges Bidault wurde in der gleichen Ausgabe des politischen Magazins noch deutlicher. Deutschland müsse mit allen Mitteln daran gehindert werden, ein weiteres Mal die Welt zu verwüsten. Für freundliche Gesten hatte er nichts übrig. In der deutschen Bevölkerung nahm er vor allem Nazi-Gedankengut wahr und sagte, diese habe keine Wertschätzung für Demokratie, allenfalls für »einen besseren Hitler«. Er beschwerte sich, dass die Westverschiebung Polens zu einem Sicherheitsgewinn für die Sowjetunion zulasten Frankreichs geführt habe, und erinnerte daran, dass unteilbare Sicherheit bedeute, dass verletzte Sicherheitsinteressen eines Landes zum Problem aller werden.[16]

Damals, im Sommer 1946, hatten die Glocken des Kalten Kriegs längst geläutet. Anfang 1946 hielt Stalin eine Rede, in der er den Ausbruch des Zweiten Weltkriegs als Beweis für den Zusammenhang zwischen Kapitalismus und Krieg deutete und den Sieg über den Hitlerfaschismus zum Nachweis dafür nahm, dass die Sowjetmacht das historisch überlegene System sei. Er versprach sich davon eine Stärkung der kommunistischen Bewegung.[17] Nur einen

Monat später lief dann Churchill zu Höchstform auf und hielt seine historische Rede vom Eisernen Vorhang, der sich über Europa herabgesenkt habe. Tatsächlich hatte Churchill diese Formulierung bereits vorher, im Mai 1945, in einem Brief an Präsident Truman verwendet.[18] Churchill pries die Errungenschaften der liberalen Demokratien. Obwohl seine Rede noch einige kalkulierte Artigkeiten gegenüber der noch-alliierten Sowjetunion enthielt (darunter den Ausdruck seiner persönlichen Bewunderung für Stalin), war die Kampfansage deutlich: Der Stalin zugestandene Einflussbereich sei nicht das, wofür die Alliierten gekämpft hätten. Stalin wolle die Kriegsfrüchte ernten und seine Doktrin verbreiten. Man wisse nicht, wie weit die sowjetische Aggressivität noch gehen werde. Was er aber wisse, sei, dass Moskau nichts mehr bewundere als »Kraft und Macht«. Nichts werde dort mehr verachtet als »militärische Schwäche«. Daher, so schlussfolgerte Churchill, »ist die alte Doktrin des Gleichgewichts der Mächte etwas Ungesundes. Wir können es uns nicht leisten, mit einer knappen Überlegenheit an Macht zufrieden zu sein, weil wir auf diese Weise Gefahr laufen, eine andere Macht in Versuchung zu führen, die Kraftprobe bestehen zu wollen.«[19] Damit war alles gesagt. Churchill hätte seine helle Freude daran gehabt, dass sich seine Argumentation als sehr langlebig erweisen sollte.

In Moskau reagierte die Parteipresse (*Prawda*, d.h. Wahrheit) mit scharfer Verurteilung, druckte auch die Rede nur mit Auslassungen ab. Die russische Öffentlichkeit war geschockt, denn Churchill war beliebt. Die Churchill-Rede wird dazu benutzt werden, die Warnungen vor einer kapitalistischen Einkreisung, die in der damaligen sowjetischen Propaganda eine Rolle spielten, zu verstärken, folgerte die britische Botschaft in Moskau.[20]

In den ersten Jahren der europäischen Spaltung und des Kalten Krieges herrschte eine tiefe Eiszeit in den Ost-West-Beziehungen. Das atomare Wettrüsten war in vollem Gang. Mit der Nato (1949) und dem Warschauer Pakt (1954) standen sich tief verfeindete Machtblöcke waffenstarrend gegenüber, immer auf dem Sprung, immer in der Annahme, die andere Seite werde militärisch zuschlagen. Beschreibungen legen nahe, dass in den 50er-Jahren die Militärs auf beiden Seiten damit beschäftigt waren, wie man die neu zur Verfügung stehenden Atomwaffen am besten in die Kriegsführung integrieren könnte. Eine Studie, die die damaligen militärischen Annahmen und Planungen in West und Ost untersuchte, bilanzierte, dass es schwer sei, nicht zur Schlussfolgerung zu gelangen, dass keine Seite wirklich wusste, worüber sie redete, wenn sie darüber sinnierte, was nach einem nuklearen Schlagabtausch passieren würde.[21] Daniel Ellsberg berichtete in seinem Buch *The Doomsday Machine: Confessions of a Nuclear War Planner,* dass Präsident Kennedy der erste amerikanische Präsident gewesen sei, der das Militär nach Opferzahlen im Falle eines Atomwaffeneinsatzes gefragt habe. Dieser sollte nach den damaligen Planungen simultan gegen die UdSSR und China erfolgen. Die ihm zur Verfügung gestellten Hochrechnungen sollten Kennedy (aber auch Ellsberg) tief erschüttern. Die eingeplanten Opfer (Hunderte von Millionen nach den damaligen Annahmen) hätten das größte Menschheitsverbrechen, den Holocaust, wie eine kleine Verirrung aussehen lassen. Jedenfalls verfügte Kennedy 1961 eine strikte Trennung zwischen konventionellen und nuklearen militärischen Planungen und kam 1963 zu dem Ergebnis, dass die Welt verlässlichen Frieden braucht. Er war damals bereit, das Feindbild »Sowjetunion« aufzugeben, und forderte seine Landsleute auf, es ihm gleichzutun.

Kennedy würde man heute wohl als einen »Beschwichtiger« bezeichnen, obwohl er das Gegenteil davon war. Er war fest von der Anziehungskraft der Demokratie überzeugt, aber auch davon, dass es die erste Pflicht eines Staatsmannes ist, das Überleben der eigenen Nation und im atomaren Zeitalter das Überleben der Welt zu sichern. Er wusste sehr wohl, dass eine globale Friedenspolitik das mühseligere und weniger glamouröse Werk ist und auf mehr

Widerstände stoßen würde als patriotische Posen und Drohgebärden bzw. Gewalteinsatz gegen jeweilige Gegner. Letzteres sichert gesellschaftliches Prestige und massive Konzerngewinne. Es wird immer noch als höchste Form der Vaterlandsverteidigung missverstanden. Nicht umsonst nennt man bis heute ein Schlachtfeld das »Feld der Ehre«, sterben diejenigen, die im Krieg ihr Leben verlieren, den »Heldentod«, bzw. erbringen das »ultimative Opfer«. Wenn bei Kriegsvorbereitungen oder in Kriegen die Aktienkurse der Rüstungsunternehmen anziehen, freut man sich über die wirtschaftliche Konjunktur und die Beschäftigungseffekte. Bis heute. 90 Prozent der US-Zahlungen für die Sicherheit der Ukraine seien, so der Außenminister Blinken am 20. Dezember 2023, in den USA selbst ausgegeben worden und daher den USA wirtschaftlich und sozial zugutegekommen.[22]

Tatsächlich, und das hatte Kennedy begriffen, ist im Nuklearzeitalter eine Politik der verlässlichen globalen Friedenssicherung die Essenz der Sicherung der eigenen staatlichen Existenz, die nunmehr mit der aller anderen verbunden ist.

Auch China und die Sowjetunion dachten während des Kalten Krieges über Wege zum Frieden nach. 1954 bzw. 1959 hatten die chinesische bzw. die sowjetische Führung die Idee der friedlichen Koexistenz ins Spiel gebracht. Auf den Chruschtschow-Vorschlag antwortete der Architekt der »Eindämmung« der Sowjetunion, George Kennan, 1960 mit einem streitbaren Artikel. Er zerpflückte den Text von Chruschtschow, dem er vorwarf, auf dem hohen Ross zu sitzen und Geschichtsklitterung zu betreiben. Wenn es nur um ideologische Unterschiede gehe, sei ja alles gut und schön, und es sei die Angelegenheit der Russen, wie sie im eigenen Land leben wollen. Was sie jedoch nach dem Ende des Zweiten Weltkrieges in Mittel- und Osteuropa getrieben hätten, sei eine andere Sache. Und doch, bei aller Kritik räumte Kennan ein, dass es so, wie es ist, nicht bleiben dürfe. Daher schrieb er abschließend: »Könnten wir nicht alle die Vorspiegelung, total im Recht zu sein, aufgeben und alle ein gewisses Maß an Verantwortung für die verworrenen Prozesse der Geschichte übernehmen, die die Welt in ihren gegenwärtigen gefährlichen Zustand gebracht haben?«[23]

Die Nichtweiterverbreitung von Atomwaffen ist ein erster Schritt zur Entspannung

Noch unter Kennedy wurde mit einem nuklearen Teststopp-Abkommen 1963 ein erster Schritt getan, um die nukleare Aufrüstung zu begrenzen. Es folgte der Vertrag über die Nichtweiterverbreitung von Atomwaffen (NVV), dessen Kern eine gegenseitige Verpflichtung der Nuklearwaffenbesitzer[24] und der nuklearen »Habenichtse« war. Letztere verzichteten auf den Erwerb von Atomwaffen. Erstere bekundeten in Artikel VI ihren Willen, zur atomaren Entspannung beizutragen, um auf diesem Weg zur vollständigen Abrüstung ihrer nuklearen Arsenale zu gelangen. Allen sollte die friedliche Nutzung der Kernenergie offenstehen.[25]

Die Ziele dieses Vertrags sind nur teilweise erreicht. Die Weiterverbreitung wurde mehr oder minder gestoppt, aber auf die atomare Abrüstung der Nuklearmächte wartet die Welt noch heute. Denn der NVV unterscheidet sich in zwei Fragen ganz fundamental von den Verträgen über das Verbot chemischer und biologischer Waffen: Er verbietet Atomwaffen nicht, und er enthält auch keinen Zeitplan für ihre Eliminierung. Er ist auf den guten Willen der Atommächte angewiesen, die keinerlei Anzeichen erkennen lassen, sich der Waffe zu begeben, die ihre Sonderstellung im Gefüge der internationalen Beziehungen garantiert. Wer diese Waffen hat, hat mehr internationale Macht und mehr Schutz vor einem militärischen Angriff. Weil das so ist, bleibt aber auch das Bestreben, sich dieses Sicherheitszugewinns zu versichern, in dieser Welt, obwohl sie dadurch insgesamt in einer sehr großen Unsicherheitslage verharrt. Denn abseits von willentlichem

Einsatz bleibt immer noch das Risiko menschlicher Fehlentscheidungen und technischen Versagens. Deswegen hängen bis heute Fortschritte einer Entspannungspolitik eng mit nuklearen Rüstungsbegrenzungs- und Kontrollabkommen zusammen.

In den 70er-Jahren entstand, ausgehend von der Sowjetunion, eine multilaterale Variante der Entspannungspolitik. Zweimal hatten die Staaten des Warschauer Paktes in den 60er-Jahren eine Konferenz über Sicherheit in Europa vorgeschlagen, die unter Beteiligung der USA und Kanadas ein System gemeinsamer Sicherheit für ganz Europa hervorbringen sollte. Der erste Anlauf scheiterte am westlichen Misstrauen gegenüber den verfolgten Zielen, aber schließlich entschloss sich die Nato, den Vorschlag aufzugreifen. Eine ähnliche Idee hatte die Sowjetunion bereits in den 50er-Jahren vorgelegt, die allerdings damals die USA nicht einschloss und daher auch nicht akzeptabel war.

Dass diese Konferenz schließlich in Gang kam, lag an einem Politikwechsel in Deutschland. In der Ära Adenauer hatte sich die westdeutsche Politik einerseits um die politische und wirtschaftliche Rehabilitierung im Rahmen von Nato und EU verdient gemacht. Andererseits wurde an politischen Positionen festgehalten, die Deutschland weiter zum politischen Spannungsherd in Europa machten, zumal in Deutschland die Interessen der Westmächte und der Sowjetunion direkt aufeinanderstießen, am sichtbarsten in Berlin. Die alte Bundesrepublik Deutschland hielt an ihrem Alleinvertretungsanspruch fest und erkannte die DDR nicht als deutschen Staat an.

Der deutschen Wiedervereinigungsidee der Adenauer-Ära lag die Vorstellung zugrunde, Deutschland könne in den Grenzen von 1937 wiedererstehen. Sie hielt damit in Polen Ängste vor deutschem Revisionismus lebendig. Die damalige Bundesrepublik Deutschland weigerte sich ebenfalls, das Münchner Abkommen von 1938, mit dem die Tschechoslowakei gezwungen worden war, das sogenannte Sudetenland an Hitler-Deutschland abzutreten, als von Anfang an ungültig zu erklären. Auf diese Weise wurde innenpolitisch eine Rechtsgrundlage für Entschädigungs- und Restitutionsansprüche der Millionen von Sudetendeutschen geschaffen. Außenpolitisch allerdings trat der gleiche Effekt ein wie im Falle Polens: Die Tschechoslowakei war in ständiger Sorge um ihre territoriale Einheit. Zu allem kam noch der ständige Ärger wegen Berlin dazu. Berlin war dann auch der Ort, an dem klar wurde, dass die Bundesrepublik Deutschland sich hoffnungslos verrannt hatte. Die Nichtreaktion der Westmächte auf den Bau der Mauer in Berlin, wenn nicht sogar ihre Erleichterung darüber, dass sie jetzt ein Problem weniger hatten, zeigte klar genug, dass die Bundesrepublik mit ihrer Deutschlandpolitik isoliert war.

Es waren Willy Brandt und Egon Bahr, die als Erste erkannten, dass es keine Aussicht auf eine Lösung der deutschen Frage gab, würden nicht zuerst die Spannungsursachen beseitigt und ein stabiler Modus Vivendi gefunden werden. Im Interesse des Friedens und der Sicherheit in Europa, aber auch im Interesse der Menschen in beiden Teilen Deutschlands, die unter der Trennung zu leiden hatten, musste die Bundesrepublik ihre bisherige Ost- und Deutschlandpolitik komplett neu ausrichten. Allerdings gab es darüber in der damaligen Großen Koalition keine Einigkeit.

Seit Anfang der 60er-Jahre waren Brandt und Bahr die Wegbereiter einer deutschen Außenpolitik, die behutsam, aber beharrlich, eigene außenpolitische Akzente setzte und die Gestaltung der Beziehungen zur Sowjetunion nicht mehr ausschließlich den USA überließ. Noch als Bürgermeister von Berlin baute Brandt eigene Gesprächskanäle mit Moskau auf. Ihm ist das Passierscheinabkommen zu verdanken, das 1963 abgeschlossen wurde und die Berliner Mauer ein bisschen durchlässiger machte. Das war angesichts der großen Spannungen und des wechselseitigen Misstrauens ein wichtiger diplomatischer Erfolg. Eigene Kontakte nach Moskau trugen dazu bei, Moskauer Sichtweisen aus erster Hand zu erfahren. Denn es ist ein großer politischer Unterschied, ob man direkte Gespräche führt oder, wie es zuvor der Fall war, alles über den Umweg aus Washington erfuhr. Bahr und Brandt achteten allerdings gleichzeitig sorgfältig darauf, dass es eine permanente Abstimmung mit den USA gab. Eine Politik zulasten einer Seite lehnten sie ab, und es zeigte sich, dass Washington die veränderte Politikorientierung wohlwollend begleitete. Auch dort waren die Interessen an einem Abbau der Ost-West-Spannungen gestiegen.

Annäherung auch in Deutschland und Europa

Nach der Regierungsübernahme der sozialliberalen Koalition 1969 wurde mit großer Entschlossenheit eine neue Deutschland- und Ostpolitik verwirklicht. Auf diesen Gebieten bestand zwischen den Koalitionären auch ein hohes Maß an Übereinstimmung, weil in der FDP ein Führungs- und Richtungswechsel erfolgt war. Im Ergebnis wurde eine Reihe von Verträgen ausgehandelt, die zu einer neuen Lage in Europa führten. Im Vertrag mit der Sowjetunion (»Moskauer Vertrag«) wurde das Prinzip der Unverletzlichkeit der Grenzen und der Gewaltverzicht vereinbart und der politische Status quo in Europa anerkannt. Das waren schwierige Verhandlungen, denn zunächst hatte die Sowjetunion die Unveränderlichkeit der bestehenden Grenzen durchsetzen wollen. Damit wäre allerdings die Option auf irgendeine Art von deutscher Wiedervereinigung verloren gegangen. Schließlich einigte man sich auf einen Kompromiss, der zwar die »Unverletzlichkeit« der Grenzen festschrieb, aber spätere friedliche Grenzrevisionen nicht ausschloss.[26]

Im Vertrag mit Polen (»Warschauer Vertrag«) wurde die Oder-Neiße-Grenze als polnische Westgrenze faktisch anerkannt, was der polnischen Seite besonders wichtig war. Die deutsche Seite hatte Wert auf den Gewaltverzicht und Regelungen zur Familienzusammenführung gelegt. 25 Jahre nach dem Ende des 2. Weltkrieges kam es so zu einem »erste[n] Schritt zur Normalisierung der Beziehungen zwischen der Bundesrepublik Deutschland und Polen«.[27] Dieser Vertrag wurde in Warschau 1970 unterzeichnet. Der damalige Besuch Brandts ist mit dem historischen Kniefall verbunden, den Brandt am Mahnmal für den Aufstand des Warschauer Ghettos leistete und der in seiner Symbolik als Bitte um Vergebung für deutsche Verbrechen einen bleibenden Wert entfaltete.

Im Vertrag mit der Tschechoslowakei (»Prager Vertrag«) wurde die Anerkennung der Nachkriegsgrenzen bekräftigt. Es waren die schwierigsten Verhandlungen von allen. Bei der Frage zur rechtlichen Gültigkeit des Münchner Abkommens wurde keine wirkliche Lösung erreicht. Das Abkommen wurde für unwirksam erklärt, aber eben nicht für »von Anfang an« ungültig. Alleiniger Grund für die deutsche Halsstarrigkeit damals war die innenpolitische Rücksichtnahme auf die Sudetendeutschen und deren Restitutionsforderungen. Das war ein Mangel, der die deutsch-tschechischen Beziehungen noch 2004, im Jahr des EU-Beitritts der Tschechischen Republik, belasten sollte. Dass der Prager Vertrag damals dennoch zustande kam, hatte, wie später klar wurde, an der Sowjetunion gelegen. Sie wollte das ganze Netzwerk dieser Verträge und drängte die Regierung in Prag, nicht auf der eigenen Verhandlungsposition (Unwirksamkeit von Anfang an) zu beharren. Daher waren die Beurteilungen dieses Vertrages 1973 auch verschieden.

Die tschechoslowakische Seite blieb skeptisch. Brandt dagegen sah das Ergebnis optimistisch: »Die Schuld von gestern, die nicht aus der Welt zu reden ist, wird nicht mächtig genug sein, unsere Völker vom Wagnis der Versöhnung abzuhalten.«[28]

Der Grundlagenvertrag mit der DDR 1972 führte zur praktischen, aber nicht zur völkerrechtlichen Anerkennung der DDR als deutscher Staat. Er sollte, wie Brandt es formulierte, das Eis aufbrechen, in dem die Beziehungen beider deutschen Staaten eingefroren waren.[29] Er öffnete den Weg zu vielfältigen Formen der Zusammenarbeit. Das wohl wichtigste Ergebnis war, dass auf dieser Grundlage beide deutsche Staaten ihre Mitgliedschaft bei den Vereinten Nationen beantragen konnten. Die Hallstein-Doktrin, wonach Beziehungen anderer Staaten zur DDR als unfreundlicher Akt angesehen worden waren, war obsolet geworden. 1973 war es dann so weit, und der damalige UN-Generalsekretär Kurt Waldheim würdigte das Ereignis als »ein Symbol für den neuen Geist der Entspannung, der der Menschheit so viel Hoffnung bereitet«.[30]

Diese bilateralen Verträge wurden ergänzt durch das Vier-Mächte-Abkommen von 1971 über Berlin, das die Gesamtverantwortung der Alliierten für Berlin bestätigte, die Beziehungen zwischen Westberlin und der Bundesrepublik Deutschland klarstellte, aber auch sehr praktische Regeln aufstellte. Es führte im Ergebnis dazu, dass Berlin kein schwelender Konfliktherd in den Ost-West-Beziehungen mehr war. Dieses Abkommen wurde mit dem Zwei-plus-vier-Vertrag im Zuge der deutschen Einigung nichtig.

Die konsequente Politik Brandts wurde 1971 mit dem Friedensnobelpreis geehrt. Er war der erste Deutsche, dem diese Ehre nach dem Zweiten Weltkrieg zuteilwurde. Er ist es bis heute geblieben. Zur Begründung seiner Entscheidung führte das Friedensnobelpreis-Komitee damals an, dass Brandt »die Hand zu einer Versöhnungspolitik zwischen alten Feindländern ausgestreckt [hat]. Er hat im Geiste des guten Willens einen hervorragenden Einsatz geleistet, um Voraussetzungen für den Frieden in Europa zu schaffen.«[31] Es erinnerte auch an die Regierungserklärung von Brandt. Darin hieß es:

> »Unser nationales Interesse erlaubt es nicht, zwischen dem Osten und dem Westen zu stehen. Unser Land braucht die Zusammenarbeit und die Abstimmung mit dem Westen und die Verständigung mit dem Osten. Das deutsche Volk braucht den Frieden im vollen Sinne dieses Wortes auch mit den Völkern der Sowjetunion und allen Völkern des europäischen Ostens.«[32]

Die Würdigung in der *New York Times* erwähnte auch andere wesentliche Aspekte. Brandt habe nie gezögert, seine Landsleute unverblümt an die schwere Last des Hitler-Erbes zu erinnern. Er habe seine Politik mit Phantasie, aber ohne Illusionen betrieben.[33]

So wurde in Europa ein neues Klima geschaffen, das den Weg zu einem erfolgreichen Abschluss der großen europäischen Sicherheitskonferenz, der KSZE, ebnete. Noch heute sind die Ergebnisse dieser Konferenz, deren Schlussakte 1975 in Helsinki verfasst wurde, anerkannte politische Maßstäbe. Das gilt speziell für die dort niedergelegten zehn politischen Prinzipien zur Vertrauensbildung. Die Arbeit, die damals in drei sogenannten »Körben« strukturiert war, bestimmt auch die heutigen Tätigkeitsfelder der OSZE. Korb 1 beschäftigt sich mit der Vertrauensbildung, Fragen der Sicherheit und der Abrüstung. Korb 2 umfasst die Entwicklung der wirtschaftlichen, wissenschaftlich-technischen und umweltpolitischen Zusammenarbeit, und Korb 3 beinhaltet die Vereinbarungen zu humanitären Kontakten und anderen Formen der Zusammenarbeit. Damals enthielt Korb 3 das schwierigste Verhandlungsthema, denn dort prallten die unterschiedlichen gesellschaftlichen Vorstellungen am heftigsten aufeinander.

Diese Vereinbarungen von Helsinki wurden in der Folge zu wichtigen Referenzpunkten in der politischen Diskussion im damaligen Ostblock. Insbesondere Bürgerrechtsbewegungen stützten sich bei ihren Forderungen auf die dort getroffenen politischen Vereinbarungen. So, wie der Grundlagenvertrag in den Beziehungen beider deutscher Staaten das Eis aufbrechen sollte, brach die KSZE-Schlussakte Steine aus der Mauer, die West und Ost voneinander trennte.

Die KSZE-Schlussakte von Helsinki ist wahrscheinlich der konkreteste Ausdruck der Entspannungspolitik, die in den 60er-Jahren von Egon Bahr als »Wandel durch Annäherung« bezeichnet wurde. Bis diese Politik Wirklichkeit wurde, war sie in der Bundesrepublik Deutschland allerdings Gegenstand heftigster innenpolitischer Auseinandersetzungen. Die Gegner einer veränderten Ostpolitik lasen sie als »Wandel durch Anpassung« und malten das Schreckgespenst einer gesellschaftspolitischen Angleichung der Bundesrepublik an das sozialistische System der DDR an die Wand. Aber in der Wählerschaft verfing das nicht. Die Bundestagswahl 1972 bestätigte das Einverständnis der großen Mehrheit der Bevölkerung mit einer Entspannungspolitik. Als Franz Josef Strauß es 1980 noch einmal mit der giftigen Parole »Freiheit statt Sozialismus« versuchte, scheiterte er krachend. Die breite Öffentlichkeit hatte längst verstanden, dass »Wandel durch Annäherung« nichts anderes hieß als Dialogbereitschaft und Aufeinanderzugehen mit dem Ziel, Verständigung zu schaffen. Wer Gegensätze als zu groß betont, ergibt sich den Verhältnissen und anerkennt sie als ewig, quasi unveränderbar. Aber Menschen haben auch die Freiheit, Trennendes zu überwinden und nach mehr Gemeinsamkeiten zu suchen, damit das Trennende nicht das menschliche Band zerreißt, das alle Völker verbindet, gleichgültig, unter welchen politischen Verhältnissen sie leben: die Hoffnung auf Frieden, auf Freiheit, auf Zukunft und auf ein würdiges Leben. Brandt hat das gewusst und zu Recht geschlussfolgert, dass aktive Friedens- und Menschenrechtspolitik nicht voneinander zu trennen sind und man daher, wenn die Gegensätze auch noch so groß sind und die Hürden schier unüberwindlich scheinen, nach Wegen suchen muss, die Konflikte zu entschärfen. Alles beginnt mit der Bereitschaft, miteinander zu reden, die Sichtweise des anderen zu verstehen. Erst im Verständnis dessen, was auf beiden Seiten alles als trennend empfunden wird, werden auch mögliche Gemeinsamkeiten sichtbar.

Schon in der zweiten Hälfte der 70er-Jahre ging der Schwung in der Entspannungspolitik verloren und im Kalten Krieg dominierte wieder die Konfrontation. Die damaligen Konfliktpunkte waren Afghanistan, das Kriegsrecht in Polen, das SDI-Projekt von Präsident Reagan und die Raketenstationierungsbeschlüsse. Dennoch war die Lage in der ersten Hälfte der 80er-Jahre etwas anders als zwanzig Jahre zuvor. In der Mitte Europas herrschte ein politisches und auch öffentliches Bewusstsein dafür, dass eine militärische Explosion des Ost-West-Konfliktes das Herz des Kontinents treffen würde. Deutschland, von dem nun nicht mehr die Gefahr eines Krieges ausging, würde im Westen wie im Osten die erste Zielscheibe sein. Zudem hatten in den USA und in der Sowjetunion Wissenschaftler 1983 relativ zeitgleich herausgefunden, dass die bisherigen Annahmen über die Wirkung eines Nuklearkriegs falsch waren. Die neu entwickelten Wasserstoffbomben beider Seiten hatten nichts mehr mit dem zu tun, was gegen Hiroshima und Nagasaki eingesetzt worden war. Das waren kein »kleiner Junge« oder »fetter Mann« mehr, wie die damaligen Bomben betitelt worden waren. Die neuen Bomben waren Monster geworden, die Feuerstürme produzieren konnten, die die ganze Welt in den nuklearen Winter schicken würden.[34] Auf Jahre, wenn nicht Jahrzehnte würde das Sonnenlicht nicht mehr zur Erde durchdringen können. Eine zivilisatorische, die Welt umspannende Katastrophe wäre die Folge.[35] Auch Hollywood beschäftigte sich erneut mit dem Thema des »Tages danach«. Was würde bleiben? Die Filme der damaligen Jahre, weit entfernt davon, dem *ganzen* Grauen ein Gesicht zu geben, hatten kein für Hollywood typisches Happy End – wenn man davon absieht, dass es Menschen gab, die überlebt hatten. *The Day after* gilt als der Film, der Reagans Ansicht zum Nuklearkrieg radikal änderte.[36] Das alles beförderte die politische Zustimmung zu den großen Abrüstungsschritten, die im Zuge der Perestroika von der Sowjetunion vorgeschlagen wurden, wobei auch Vorschläge von Reagan aufgegriffen wurden. Aus dieser Zeit stammt das Verbot der Mittelstreckenwaffen, aber auch die Einigung über das generelle Verbot von Chemiewaffen.

Mit der Vereinbarung der KSZE-Charta von Paris im Jahr 1990 waren alle unterzeichnenden Staaten bereit, auf dieser Grundlage nunmehr die Sehnsucht nach einer stabilen und inklusiven Friedensordnung in Europa zu erfüllen. In der Realität kam es zu einer Rivalität zwischen dem Interesse der Nato, eine europäische Sicherheitsarchitektur zu bauen, die unter Führung der USA stand, und dem Bestreben der sowjetischen und später russischen Seite, eine inklusive Sicherheitsordnung zu erreichen.

Die EU war nie stark genug, um sich für eine inklusive europäische Sicherheitsstruktur[37] zu entscheiden. Aus dem begrenzten Blickwinkel einzelner Staaten schien die Nato als Sicherheitsgarant ausreichend, auch wenn sie sich selbst nie als gesamteuropäisches Projekt verstand. In der OSZE formulierten alle bereitwillig, dass ein Recht auf Bündniswahl und auf Neutralität besteht und dass die eigene Sicherheit nicht auf Kosten der Sicherheit anderer erlangt werden kann.[38] In der politischen Praxis wurde dem Prinzip der Bündniswahlfreiheit der Vorrang gegeben bzw. es wurde behauptet, die Nato stelle für niemanden eine Bedrohung dar und beeinträchtige daher auch nicht die Sicherheit anderer.

Das mag zwar propagandistisch ganz einleuchtend erscheinen, aber noch ist es so, wie es immer schon war: Jeder Staat definiert die eigene Sicherheit selbst. Die Nachbarschaft mit befreundeten Staaten gilt als ein Zugewinn an Sicherheit, eine eher feindselige Nachbarschaft als Sicherheitsrisiko. Aus britischer Sicht war die Dominanz einer einzigen Macht auf dem Kontinent immer ein Sicherheitsrisiko. Aus amerikanischer Sicht duldete man seit der Monroe-Doktrin in der eigenen Hemisphäre keine andere Macht neben sich. Nun aber, als einzige Supermacht, definierten die USA die ganze Welt zum Sicherheitsinteresse. Konsequenterweise verweist dies das Sicherheitsinteresse aller anderen immer auf einen niedrigeren Rang bzw. wird es bekämpft, wenn es mit US-Interessen in Konflikt gerät.

Seit dem Zweiten Weltkrieg lag auf der Hand, worin die »Schwachpunkte« bzw. Interessen Russlands bestanden: dessen Furcht vor »Einkreisung«, das Interesse, zwischen sich und einen möglichen Gegner möglichst viel Raum zu bringen und von befreundeten Staaten umgeben zu sein. Die US-Politik hatte daher auch eine besondere Verwendung für die Ukraine und Georgien: Mit beiden Ländern im Nato-Boot würde das berechtigte russische Sicherheitsinteresse unterlaufen und das Schwarze Meer fast ganz zu einem »Nato-Binnenmeer« gemacht werden.[39] Das hätte die Politik der politischen und militärischen Einkreisung Russlands fast vollendet.

Neue Konfrontationen: Syrien, Chemiewaffen und die Ukraine

Die Notwendigkeit, zu einer Entspannungspolitik zu gelangen, auf deren Grundlage ein verlässlicher globaler Friedensbund entstehen kann, besteht nicht erst seit Beginn des Ukraine-Kriegs. Zunehmende Spannungen in den Ost-West-Beziehungen haben in der internationalen Ordnung ihre Spuren hinterlassen und dort selbst zu einer Vielzahl von Konflikten geführt, allen voran in der Arbeit des Sicherheitsrats. Statt substantielles Nachdenken auf mögliche Lösungen zu verwenden, ging es zunehmend um grundsätzlichen Schlagabtausch. Der indische Diplomat Singh Puri hielt in einem Buch seine Eindrücke aus dem Jahr 2011 fest, als er Indien als ein nicht ständiges Mitglied des Sicherheitsrates repräsentierte. Unter dem Titel *Perilous Interventions: The Security Council and the Politics of Chaos* beklagte er, dass weder ausreichend Kreativität noch Nachdenken auf friedliche Lösungen aufgewendet wurden und dass manche ständige Mitglieder einem nicht zu Ende gedachten Drang nach Intervention nachgeben. Damals ging es um Libyen. Seither ist es nicht besser geworden.

Die Ukraine bildet seit 2014 einen Gegenstand großen Zerwürfnisses.

Mit dem Krieg in Syrien entstand ein weiterer großer Konflikt, bei dem es um die Frage des Einsatzes von Chemiewaffen durch die syrische Regierung ging. Ein solcher Fall war von Präsident Obama zunächst zur »roten Linie« erklärt worden, die, sollte sie überschritten werden, die USA zur militärischen Intervention veranlassen würde. Dann gab es einen Zwischenfall in der Region Gutha östlich von Damaskus, bei dem von Rebellen gehaltene Gebiete mit chemischen Kampfstoffen beschossen wurden, aber statt Syrien nunmehr direkt anzugreifen, einigten sich die USA und Russland, Syrien zur Abschaffung seiner Chemiewaffen zu bewegen. Beide Länder achteten später darauf, sich in Syrien nicht militärisch ins Gehege zu kommen. Aber in der UNO und in der OVCW wurde und wird der Streit um die Frage, wer die nachfolgenden Chemiewaffenangriffe verursacht hatte, bzw. ob Syrien seine Chemiewaffen abgeschafft hatte, mit harten Bandagen ausgetragen. Die russische Unterstützung für Assad, einen Chemiewaffenverbrecher, wurde gegen Russland gewendet und behauptet, dass das sehr gut ins Bild passe, da Russland ebenfalls ein verbotenes Chemiewaffenprogramm habe. Gleich und gleich gesellt sich eben gern. Damit wird gesagt, Russland habe bezüglich der 2017 verkündeten vollständigen Abschaffung seiner Chemiewaffen gelogen. Das ist eine direkte Konsequenz des Skripal-Falls, der nicht aufgeklärt ist (vgl. Kapitel 4). Im Ukraine-Krieg beschuldigen sich aktuell beide Seiten des Einsatzes verbotener Chemiewaffen.

Diese politischen Spannungen erschweren die Arbeit des Sicherheitsrates, aber auch die Arbeit der OVCW. Sie ist inzwischen hochgradig politisiert und soll doch im Interesse aller objektiv ihr Werk verrichten. Unter allen Vertragsstaaten besteht große Einigkeit, dass das Verbot von Chemiewaffen unter allen Umständen zu respektieren ist, da sie zuallererst eine Gefahr für die Zivilbevölkerung sind. Politisierung, wachsendes Misstrauen und die Wahrnehmung, dass die OVCW nicht mehr unparteiisch handelt, untergraben womöglich die ganze Konvention. Man könnte das, und das ist die aktuell bevorzugte politische und mediale Haltung, als russische oder chinesische Propaganda bzw. Falschinformation abtun, aber so einfach ist es nicht. Es gibt Mitarbeiter aus der OVCW, die Erfahrungen damit gemacht haben, wie in der OVCW gearbeitet wird, und sie haben dazu nicht geschwiegen. Es ging dabei um den Fall der syrischen Stadt Douma 2018, wo es zu einem mutmaßlichen Chemiewaffeneinsatz kam, den sie damals direkt vor Ort untersuchten. Sonst war die OVCW immer auf Dritte angewiesen. Der Fall ist hochpolitisch, denn wegen Douma wurde Syrien zur Vergeltung bombardiert. Die OVCW-Whistleblower finden kein Gehör, denn noch immer geht das geopolitische Ringen um Syrien weiter.[40] Bei diesem Fall gibt es einen direkten Bezugspunkt zu Deutschland. Die Whistleblower sagen, sie hätten ihre Untersuchungen mit deutschen Chemiewissenschaftlern besprochen, und die hätten fachlich geurteilt, dass die Vergiftungssymptome von Douma nicht einer Chlorgasvergiftung entsprechen, wie schließlich von der OVCW konstatiert. Wenn diese Wissenschaftler reden würden, würde sehr viel klarer, was wahr und was falsch ist. Aber sie schweigen.

In der Sicherheitsratssitzung im Dezember 2023 über Syrien führte die Arbeitsweise der OVCW erneut zu heftigen Kontroversen. Diesmal beschwerte sich auch Brasilien über die Vorgehensweise.[41]

Eine solche Situation ist weder der OVCW noch dem Sicherheitsrat zuträglich. Im letzteren Gremium gibt es allerdings weder Zensur noch Meinungsunterdrückung. Er bietet stabil die Möglichkeit, ganz ungefiltert die offiziellen Positionen der einzelnen Staaten anzuhören und zu politischen Streitfragen auch die Expertise unabhängiger Experten kennenzulernen. Da alle Debatten öffentlich übertragen werden, eröffnet das einer großen Zahl von Menschen Zugang zu dem, was weltweit gedacht bzw. auch höchst kontrovers diskutiert wird. Daher ist es auch eine äußerst schlechte Strategie, dort nicht faktenbasiert zu argumentieren, wenn man die Mehrheitsmeinung der Welt beeinflussen möchte.

Dass die gesamte Nato inzwischen der Auffassung ist, Russland unterhalte ein geheimes Chemiewaffenprogramm,[42] ist keine internationale Petitesse. Solche Vorwürfe müssen untersucht werden. 2018 bot Russland eine solche Untersuchung in der OVCW auch an, die nach Artikel IX der Konvention möglich gewesen wäre. Großbritannien und die USA wiesen das damals mit dem Argument zurück, man beteilige auch keine Mörder an Morduntersuchungen. So sicherten sie sich das Monopol der Verdächtigung.

So, wie sich alles entwickelte, ist es aktuell völlig undenkbar, dass nochmals ein derartiges russisches Angebot erfolgen wird. Selbst wenn die westlichen Staatenvertreter heute die Untersuchung erzwingen würden (was sie aus den gleichen Gründen nicht tun werden, die auch 2018 galten), die OVCW hat viel von ihrer Glaubwürdigkeit verloren.

Das sind keine guten Aussichten für das internationale Chemiewaffenverbot. Es hat seine Schlupflöcher. Noch ist die Forschung nicht verboten und auch 2023 hat es nicht einen unangemeldeten Besuch von Experten der OVCW in den Laboren der beteiligten Länder gegeben. Damit bleibt alles, was jeweils gesagt wird, reine Vertrauenssache und offen für jeden Missbrauch, ob nun politisch oder ganz praktisch.

Deutschland steht dabei keineswegs als Beobachter am Rand, sondern es marschiert in OVCW und UNO im Nato-Gleichschritt mit. Beispielsweise verfuhr es im Nawalny-Fall genauso wie Großbritannien beim Skripal-Fall. Die OVCW »durfte« die Laborergebnisse bestätigen. Dass der OVCW-Vertrag alle Staaten ausdrücklich ermuntert (Art. IX), Streitfragen in Kooperation zu lösen, hat in der Praxis nicht funktioniert. Die Bundesrepublik hat selbst nicht untersucht, aber auch keine Rechtshilfe gewährt. Denn sie stellte fest: Die Vergiftung erfolgte mutmaßlich in Russland. Diese Feststellung ist jedoch mangels nicht erfolgter Aufklärung rein politischer Natur. Da der Anschlag auf Nawalny nicht in Deutschland passiert sein kann, muss er in Russland geschehen sein, so lautet die Mutmaßung. Demzufolge hat Russland aufzuklären. Im Übrigen macht die Bundesregierung Geheimhaltungsinteressen geltend. Das ist verständlich, denn schließlich führt der ganze Fall auch zur Frage, wie man eine verbotene Substanz erkennt, die man weder hat (sonst hätte sie der OVCW mitgeteilt werden müssen) noch kennt. So beißt sich die Katze in den Schwanz. Die Beschuldigung eines russischen Völkerrechtsbruchs ist nicht ausgeräumt. Die Bundesregierung will das gefundene Gift noch nicht einmal explizit in die Liste verbotener Substanzen (Anhang 1) aufnehmen lassen, aus Gründen der Nichtweiterverbreitung, obwohl sie das vertraglich müsste, denn es gibt dazu Richtlinien im Vertrag. So bleiben wichtige Fragen offen – etwa die, warum das Krankenhaus in Omsk das Leben von Nawalny rettete, aber keine Nervengifthemmung fand, und warum der russische Staat, der angeblich hinter dem Anschlag steckte, sein Opfer entkommen ließ, mit all den Beweisen im Blut, die dann auf deutschem Boden gesichert wurden. So wird alles zu einer Frage des Glaubens: Ist es Russland zuzutrauen? Wer es ihm zutraut, kommt selbstverständlich zu dem logischen Schluss, dass Russland die OVCW-Konvention bricht. Das fällt dann unter die Kategorie »plausibel«, während politisch die Plausibilität zur Gewissheit erklärt wird. Bei allem gilt: Der Westen lügt nicht, die Russen lügen.

Der frühe Tod von Nawalny ist schockierend und erfüllt mit Trauer. Er sollte durch eine unabhängige Untersuchung aufgeklärt werden. Zumal sich die Indizien häufen, dass im Fall Nawalny geheimdienstliche Interessen im Spiel waren, die in die USA, nach Deutschland und in die Ukraine reichen. Eine differenzierte Debatte zu Bekanntgewordenem mit Stand Ende Februar 2024 erfolgte beim politischen Online-Magazin *Breaking Points.* Wir schließen uns ganz ausdrücklich in einem Punkt an: Politische Gefangene sollte es nicht geben, von Folterung ganz zu schweigen. Insofern lastet auch ein natürlicher Tod Nawalnys, den merkwürdigerweise der ukrainische Geheimdienst bestätigte, letztlich doch auf dem Gewissen Russlands, so wie der inhumane Umgang mit Julian Assange auf dem Gewissen der westlichen Staatengemeinschaft lastet.[43]

Grundsätzlich wird mit Plausibilitäten und Vorverurteilungen kein einziges Problem gelöst. Vermeintlich geht man als Sieger beim Schlagabtausch vom Platz, die Folge allerdings sind Vertrauensverlust und neue, noch tiefere Konflikte.

Dem Westen kommt es nie in den Sinn, das »Benehmen« in den eigenen Reihen in ähnlicher Weise unter die Lupe zu nehmen. Innerhalb der eigenen Reihen gilt, dass alle immer die Wahrheit sagen, vertrauenswürdig sind und ehrenvoll handeln. Falls sich das als Irrtum herausstellt, wird es übergangen, oder es findet sich die Begründung, dass dem politischen Gegner kein Angriffspunkt geboten werden dürfe.

An dieser Stelle soll nur an die Unwahrheit des britischen Außenministers Boris Johnson gegenüber der Deutschen Welle im März 2018 erinnert werden, der pünktlich vor der Befassung der EU-Staats- und Regierungschefs mit dem Skripal-Fall erklärte, das britische Chemiewaffenlabor habe die russische Herkunft des Giftes eindeutig bestätigt – kein Vertun. Er tat das nach dem EU-Außenministerrat, wo noch Uneinigkeit bestand, ob es wirklich Russland war, und erreichte dadurch das gewünschte Ergebnis. Man schaue sich Boris Johnson in der Interviewszene genau an, wie bekümmert er wirkte, als er sinngemäß sagte, so blieben leider kaum Optionen, als Russland zu verurteilen.[44]

Erst am 4. April 2018 wurde der Betrug offenbar, weil der Direktor des britischen Chemiewaffenlabors öffentlich sagte, die Herkunft des Giftes könne nicht festgestellt werden. Aber da hatten sich die EU-Regierungschefs längst in die gewünschte Richtung festgelegt, und damit war die Messe politisch gesungen.

Schließlich müssen die Reihen fest geschlossen bleiben, denn anderenfalls könnten Gegner (wie Russland oder China) das benutzen, um einen Keil ins Bündnis zu treiben.

So hat man auch in der Vergangenheit argumentiert, auf beiden Seiten des Eisernen Vorhangs, so lange, bis auf der östlichen Seite den Menschen der Kragen platzte, denn die waren die ständige Indoktrination leid. Inzwischen, drei Jahrzehnte später, mehren sich die Anzeichen, dass das Gut-Böse-Schema an seine Grenzen stößt und massive öffentliche Vertrauensverluste eintreten. So ist das auch im Bereich der internationalen Beziehungen. Aber es hat auch eine gefährliche Kehrseite: Wenn es schon fast gleichgültig wird, ob man etwas verschuldet hat oder nicht, wenn die erste Annahme immer »schuldig« lautet, dann verliert man über kurz oder lang nicht nur allen Respekt und jedes Vertrauen, sondern man benimmt sich schließlich auch so, vogelfrei, so wie andere das längst erwarteten, ja regelrecht herbeiredeten.

War die Lage in den Beziehungen zwischen dem Westen und Russland schon vor dem Kriegsbeginn schwierig und frostig, so sank die Temperatur nach Kriegsbeginn im Februar 2022 zusehends. Noch ist sie nicht auf dem Gefrierpunkt, noch gibt es punktuelle Kooperation. Die Internationale Raumstation wird auch 2024 gemeinsam betrieben werden. Russische Wissenschaftler sind noch Teil der europäischen Forschungen zur Kernfusion im Rahmen des ITER-Projektes. Aber es ist mittlerweile einfacher, aufzuzählen was noch funktioniert, als die vielen Bereiche zu nennen, in denen die Beziehungen sich auflösten bzw. auflösen.

Am 27. Februar 2022 erklärte der deutsche Bundeskanzler Olaf Scholz vor dem Deutschen Bundestag eine »Zeitenwende«.[45] Nichts werde mehr so sein, wie es war. Normalerweise ein Allgemeinplatz, traf er diese Feststellung als Teil einer ganz grundsätzlichen Neuorientierung deutscher Außen- und Sicherheitspolitik. Die Notwendigkeit dazu leitete er aus dem russischen Angriff auf die Ukraine ab, der zum Tabubruch erklärt wurde. Eine versöhnliche Politik gegenüber Russland sei gescheitert, nicht am guten Willen der westlichen Akteure, die Russland in jeder Weise die Hand gereicht hätten, sondern am aggressiven Russland, das nunmehr seine wahre Natur gezeigt habe. In der Konsequenz müsse Deutschland aufrüsten, wehrhaft werden, beziehungsweise »kriegstüchtig«, wie es später der deutsche Verteidigungsminister Boris Pistorius formulierte:

> »Wir brauchen einen Mentalitätswechsel … Wir müssen uns wieder an den Gedanken gewöhnen, dass die Gefahr eines Krieges in Europa drohen könnte, und das heißt, wir müssen kriegstüchtig werden, wir müssen wehrhaft sein und die Bundeswehr und die Gesellschaft dafür aufstellen.«[46]

Der Deutschlandfunk nannte das eine verspätete Erkenntnis, weil wir längst wieder in Zeiten des Kalten Krieges lebten.[47] Der ehemalige Bundespräsident Joachim Gauck attestierte Deutschland das Fehlen »strategischer Kompetenz«. Er sagte, es mangele an nüchterner Lageanalyse und kluger Zielformulierung. Auch er machte eine »Tradition der Gutwilligkeit« im Westen gegenüber Russland bzw. Autokratien aus, die verbunden sei mit »einer mangelnden Entschlossenheit, auch unter Umständen militärisch zu agieren«. Diese Tradition will er gebrochen sehen. Das müsse, so Gauck, »… in die Gefühlshaushalte der Europäerinnen und Europäer [einsickern]«.[48] Gauck lieferte gleichzeitig selbst ein Paradebeispiel strategischer Inkompetenz, indem er die Herrschaftsmechanismen Wladimir Putins als »… Sowjetmacht pur – Verabsolutierung der Macht, Leugnung der Rechte der Einzelnen, keine Zivilgesellschaft zulassen und dazu noch ein geheimpolizeilicher Angstapparat« charakterisierte, die nun in Russland wieder da seien, »… nur unter anderem Firmenschild, nämlich dem des Nationalismus«.

Dem Frieden zu dienen, ist in Deutschland aus guten Gründen Verfassungsauftrag. Aber wie will man den erfüllen, in einer Zeit, in der das singulär Böse erfunden ist und ein neuer prinzipieller Systemkonflikt postuliert wird – der zwischen Demokratie und autoritär gelenkten Staaten –, der wie ein apokalyptisches Ringen um Gut oder Böse erscheint? Diese Polarisierung vergiftet den inneren gesellschaftlichen Diskurs und führt dazu, dass bereits die Suche nach einer friedlichen Lösung im Ukraine-Krieg als Paktieren mit dem Reich des Bösen diffamiert werden kann. Sie macht aber auch außenpolitisch handlungsunfähig, zumindest gegenüber der Konfliktpartei, denn wer will sich schon der Anpassung und Anbiederung an den Feind schuldig machen?

Ausgerechnet der aktuelle SPD-Vorsitzende Lars Klingbeil, der doch in der Nachfolge Brandts steht, tut sich besonders hervor. »Solange sich in Russland nichts fundamental ändert, kann Russland kein seriöser Partner sein. Die Sanktionen gegenüber Russland werden so lange Bestand haben, bis der letzte russische Soldat die Ukraine verlässt.« Und dann fügte Klingbeil etwas sibyllinisch hinzu: »Und wir werden genau beobachten, wie sich die russische Zivilgesellschaft entwickelt«.[49] Was soll das bedeuten? Im Klartext heißt es dann wohl: Wenn die Russen nicht so sind, wie wir sie haben wollen, müssen wir sie aus der Gemeinschaft zivilisierter Nationen ausstoßen. Mit diesem Denken fällt die führende deutsche Regierungspartei buchstäblich in die Steinzeit zurück und entsorgt ihre eigenen Erfahrungen und historischen Beiträge zum Entspannungsprozess gleich mit. Denn Kompromisslosigkeit verbaut jede Möglichkeit, in irgendeinem Konflikt etwas zu bewegen.

Man könnte einwenden, dass es ja vielleicht notwendig ist, »Rückgrat« zu zeigen und die Beziehungen zu Russland schockzufrosten. Aber geht das? Kann man einen Konflikt zwischen globalen Mächten einfrieren? In regionalen Zusammenhängen, so wie im Fall Zyperns, ist das vielleicht möglich, aber gilt das auch für atomare Mächte? Ein Blick zurück auf die Entspannungspolitik im letzten Jahrhundert verrät, dass sie nie Selbstzweck war, aber sich auch nie darauf verließ, dass Konflikte zwischen Großmächten eingefroren bleiben können, abgesehen davon, dass das die Frage offenlässt, ob es vernünftig und moralisch wäre. Denn am Ende geht es immer um Menschen und Werte. Was wird ihnen zugemutet?

Der ehemalige deutsche Außenminister Hans-Dietrich Genscher, der sehr viel mehr war als ein begnadeter Taktiker, sagte im Jahr 1979: »Entspannungspolitik muss realistisch sein. Maßstab ist nicht das Wünschbare, sondern allein das unter den gegebenen Umständen Erreichbare. Eine Politik des Alles oder Nichts ist in Wahrheit deshalb Verzichtspolitik, weil sie das heute Erreichbare verschenkt.«[50] So gesehen müsste die Frage also lauten, ob in den Beziehungen zu Russland nichts mehr erreichbar ist, sodass man sie einfrieren müsste, in der Hoffnung, künftigen Generationen gelänge der Durchbruch?

Welche Hoffnung gibt es für die Beziehungen zwischen Russland und dem Westen?

Ein Kind, das 2024 in Deutschland zur Welt kommt, hat rein statistisch betrachtet eine gute Chance, hundert Jahre alt zu werden. Ein solches Kind würde also das Jahr 2124 erleben – aber nur dann, wenn nicht Krieg und Umweltzerstörung seine Lebenschancen verringern oder gar ganz zerstören. Wir haben nicht die geringste Möglichkeit, eine Vorhersage zu treffen, wie unsere Welt in hundert Jahren aussehen wird, falls sie so lange besteht. Das Einzige, was wir sicher wissen, ist, dass alle Risiken für unser Überleben schon heute als Schrift an der Wand deutlich lesbar sind: So wie es ist, darf es nicht bleiben.

Nur, damit es nicht so bleibt, braucht es die ganze Welt. Es ist, drastisch ausgedrückt, eine Frage auf Leben und Tod. Werden es Nuklearwaffen sein, die uns die Zukunft rauben, Klimaveränderungen, die unkontrollierbar sein könnten, Pandemien, »Gain-of-function«-Experimente oder künstliche Intelligenz, die außer Kontrolle gerät? Noch immer sind wir trotz aller Erkenntnisse wie Zauberlehrlinge, mit viel zu viel Vertrauen, die Sache schon in den Griff zu kriegen. Es ist, als seien wir dabei, das zu verlieren, was den Menschen in der Wirklichkeit erdet: die eigene Identität und das Bewusstsein dafür, sterblich zu sein. Es tut sich ein großer Widerspruch auf zwischen der in den westlichen Staaten praktizierten Liberalität und der Intoleranz anderen Gesellschaftsentwürfen gegenüber. Dabei wäre – wenn die Menschheit eine Zukunft haben soll – Toleranz heute so wichtig, um die Gemeinsamkeiten zwischen allen, die die Erde bevölkern, herauszustellen. Aber dieser Zusammenhalt wird nicht gelingen, wenn wir nicht an die besten Erfahrungen der Vergangenheit anknüpfen und erneut versuchen, dauerhaften Frieden zu schaffen.

Einer muss immer den ersten Schritt tun und der Gegenseite Gesprächsbereitschaft anzeigen. Die aktuelle politische und ideologische Lage ist allerdings so, dass der, der das täte, als schwach, als Verlierer, wenn nicht gar als Verräter des außenpolitischen Konsenses wahrgenommen würde. Die Selbstzerfleischung der politischen Lager in den USA ist im vollen Gange, und es ist zu befürchten, dass innenpolitische Machtspiele außenpolitische Verantwortung überlagern. Nur Länder des sogenannten globalen Südens haben bisher Initiativen vorgeschlagen, die auf Frieden in der Ukraine zielen und dabei auch an russische Interessenlagen anknüpfen. Bisher sind sie vom Westen alle abgelehnt worden. Im Westen ist hingegen noch keine politische Führungsfigur hervorgetreten, die unbeirrt und mutig vorangehen könnte, nicht von einem Siegfrieden träumt und mit ultimativen Forderungen um sich wirft, sondern den Weg des Dialogs sucht.

Denn die »Mühen der Ebene«, von denen Brecht sprach, sind in der Politik das tägliche Brot, wenn man sie richtig versteht. Den Weg zu einer funktionierenden globalen Friedensordnung zu finden, das gelingt nicht als ein einziger, großer Wurf. So viel hat die Vergangenheit uns gelehrt. Alles wird mühsam erarbeitet werden müssen, Schritt für Schritt, und es wird Rückschläge geben. Auch das kann man der Vergangenheit entnehmen.

Eine weitere Lehre ist, dass Feindbilder eine mächtige Rolle spielen, damals wie heute und auch morgen. Möglicherweise stärker denn je. Wenn man nicht bereit ist, Feindbilder abzulegen, versagt alles.

Hilfreich könnte sein, dass diejenigen, die dem Krieg huldigen und Kriegsbereitschaft propagieren, dabei nicht sehr einfallsreich sind. Es sind immer die gleichen Stereotypen, die eingesetzt werden, um Feindschaft zu schüren: Ein politischer Gegner wird in die Nähe des größten Verbrechers der Geschichte, Hitler, gerückt, beziehungsweise als leibhaftiger Satan porträtiert. Ihm werden Züge psychopathischer Massenmörder zugeschrieben: asozial, gewissenlos, verschlagen, zu jeder Schandtat bereit. Unter dessen politischer Verantwortung geschehen angeblich immer ganz besonders widerliche Untaten, die das Gewissen jedes Menschen tief erschüttern. Es geht uns an dieser Stelle nicht um reale oder mutmaßliche Kriegsverbrechen, sondern um den bewussten Gebrauch von Kriegslügen, bei denen in der Regel unschuldigen Kindern und Frauen Unsägliches widerfährt: Babys werden aus dem Brutkasten gerissen, aus dem Bauch herausgeschnitten, geköpft, im Herd gebacken, Frauen verstümmelt, missbraucht und getötet. Solche Kriegslügen haben eine sehr lange Tradition. Sie stehen in scharfem Kontrast zur völligen Mitleidlosigkeit mit realem Leiden, das die selbst ernannten Widerstandskämpfer gegen die jeweilige Hitler-Reinkarnation durch ihr Handeln provozieren. Man denke an den Irak, an Libyen, an Syrien und jetzt leider auch an die Ukraine. Und selbst bei mutmaßlichen Kriegsverbrechen ist das Entsetzen darüber nicht so groß, dass man zum Schluss kommt, dem müsse unverzüglich ein Ende bereitet werden.

Wenn die Öffentlichkeit, aber auch die Medien, mit solchen Mustern konfrontiert sind, ist höchste Alarmbereitschaft angezeigt. Dann geht es in der Regel nicht mehr um Werte oder Moral, sondern um Kriegsführungsgelüste, Kriegsgewinnlerei und deren ideologische Absicherung.

Im Dezember 2023 legte das »Institute for the Study of War«, ein neokonservativer Thinktank in den USA, zwei Ausarbeitungen vor, die sich mit den Folgen des Ukraine-Krieges beschäftigen. Die erste stand unter dem Titel: »Der hohe Preis, die Ukraine zu verlieren«[51] und ist ein Plädoyer für einen militärischen Sieg der Ukraine über Russland, weil anderenfalls die Kosten für den Westen ins Astronomische steigen würden. Russland könnte im Ergebnis des Krieges an die Nato-Grenzen »heranrücken«. Erstmals seit den 90er-Jahren, war zu lesen, könnte das die militärische Überlegenheit der Nato im konventionellen Bereich gefährden. Man kann das natürlich auch anders formulieren: Die Nato hatte kein Problem damit, an die russischen Grenzen nicht nur politisch, sondern auch mit militärischen Strukturen heranzurücken und auch die Ukraine ins Visier zu nehmen, solange sie konventionell militärisch überlegen war. Nun aber wird, ganz in der Tradition von Churchill, Alarm geschlagen. Das Argument einer ungezügelten Aggressivität Russlands, die Appetit auf Nato-Gebiete entwickeln könnte, wird in neuer Form auf den Tisch gelegt und gefordert, dass man sich dagegen wehrhaft zeigen müsse. Denn die Russen, so wie einst die Sowjets, verstünden nur die Sprache der Macht und daher brauche es Abschreckung. Aber die eigentliche russische Bedrohung liege, wie aus dem zweiten Teil der Veröffentlichung hervorgeht, in etwas ganz anderem, regelrecht Dämonischem: Im russischen Sieg über das Realitätsverständnis der USA. Der Gedanke – fett gedruckt – lautete wie folgt:

> »Falls die Hilfe des Westens für die Ukraine zusammenbricht, dann deshalb, weil Russland es geschafft hat, das amerikanische Verständnis von Realität so zu beeinflussen, dass die USA willentlich wählen, gegen die eigenen

> Interessen und Werte zu handeln, ohne zu merken, dass sie das tun. Russland wird Amerika dazu manipuliert haben, seine eigenen Interessen an einem Kampf, der gewonnen werden konnte und sollte, aufzugeben.«[52]

Das ist eine neue Wendung im Zeitalter des Informationskrieges. Es geht über das hinaus, was wir längst wissen: Falschmeldungen, Lügen, Halbwahrheiten und Verschweigen sind Mittel der Kriegsführung beider Seiten. Das erschwert unzweifelhaft jede öffentliche Beurteilung der Realität. Was ist Lüge, was Wahrheit?

Was das Institute for the Study of War behauptet, läuft auf eine Kluft zwischen der Realität und ihrem Verständnis hinaus. Man könnte es auch, wenn man über die Thesen von Emmanuel Todd in seinem jüngsten Buch nachdenkt, als einen Angriff auf die Realität bezeichnen, um sie zu zerstören, was Selbstzerstörung nach sich zieht.

Anders ausgedrückt: Was bewirkt es, wenn niemand mehr sicher sein kann, ob die Realität, die er wahrnimmt, stimmt oder schon manipuliert durch russische Machenschaften ist?

Jeden Tag erzeugen Politik und Medien eine bestimmte Wahrnehmung von Realität. Wenn die aber nicht ins Narrativ passt oder öffentlich nicht mehr so verfängt, sind also die Russen schuld. Ein solcher Denkansatz enthält die Entstehung einer Elite der Klarsichtigen, also jener, die allein fähig sind, solchen Manipulationen erfolgreich zu widerstehen und die daher noch über die richtige Perspektive verfügen. Darüber wusste zwar Orwell auch einiges zu sagen, aber die Wirklichkeit überflügelt bekanntlich jedes literarische Werk. Verächtlicher kann man den sogenannten »mündigen Bürger« und Träger der Demokratie kaum machen.

Ein demokratischer Diskurs ist auf einer solchen Denkgrundlage jedenfalls nicht mehr möglich. Wie soll die Einigung auf den Gegenstand der Diskussion hergestellt werden? Ist der oder jener Umstand nun Teil der Realität oder Teil der wahrgenommenen Realität und ist diese wahrgenommene Realität nun russisch manipuliert oder nicht? Das wird die größte Hürde sein, die ein neuer Anlauf für eine Politik der Entspannung und dauerhafter Friedenssicherung zu überspringen hat.

Man könnte fast den Hut davor ziehen, dass neokonservativen Ideologen etwas Neues einfiel, um das Kriegsgeschäft am Leben zu halten, wenn nicht das Zerstörerische so offen zutage läge: Die Wirklichkeit und das Volk als Souverän kommen nicht mehr vor.

Zugegeben: Die historische Entspannungspolitik wäre im heutigen Verständnis nicht wertebezogen. Sie folgte auch nicht ausschließlich westlichen Regeln. Sie war in der Realität verankert, höchst selbstbewusst, geschichtsverhaftet und zukunftsorientiert. Jeder, der sie gegen alle Widerstände vertrat, suchte den höchsten Wert zu bewahren: das Leben selbst.

Kapitel 8

Eine multipolare Weltordnung

»Die wichtigste Lektion, die ich in einem langen Leben lernte, ist, dass der einzige Weg, einen Mann vertrauenswürdig zu machen, darin besteht, ihm zu vertrauen, und der sicherste Weg, ihn nicht vertrauenswürdig zu machen, der ist, ihm nicht zu vertrauen und ihm auch noch dein Misstrauen zu zeigen.«[1]

Henry Stimson, US-Verteidigungsminister 1945

Welche Ordnung ist am besten geeignet, Frieden und Sicherheit für alle zu schaffen? Diese Frage ist nicht neu. Nach dem Ersten Weltkrieg mit all den verheerenden Konsequenzen entstand der Völkerbund: Nie wieder sollte es eine so große Tragödie geben. Aber er konnte den Zweiten Weltkrieg nicht verhindern. Der US-Präsident Roosevelt hatte deshalb die Idee, vier »Weltpolizisten« zu schaffen: die USA, Großbritannien, die Sowjetunion und China. Alle übrigen Staaten sollten entwaffnet werden.[2] Diese Überlegung stieß nirgendwo auf Gegenliebe. Von Roosevelt stammt auch der Begriff der »Vereinten Nationen«. Erstmals wird er in einer Erklärung vom 1. Januar 1942 verwendet, mit der sich 26 Staaten auf Zusammenarbeit und gegenseitigen Beistand im Kampf gegen Hitler-Deutschland verpflichteten.

Gründung der Vereinten Nationen: Der Traum von einer friedlichen Welt

Diese 26 und weitere 24 eingeladene Staaten wurden 1945 zu den Gründern der Vereinten Nationen. Sie schufen auf einer Konferenz in den Monaten Mai und Juni 1945 das völkerrechtliche Regelwerk, das bis zum heutigen Tag die internationalen Staatenbeziehungen leiten soll: die Charta der Vereinten Nationen. Sie soll den Frieden auf der Welt bewahren, die Sicherheit aller garantieren und Konflikte friedlich beilegen. Nie wieder sollte die Welt in einen großen Krieg stürzen.

Bis heute sind die Ziele der Charta nicht erreicht. Seit dem Zweiten Weltkrieg gab es nur wenige Tage, an denen kein Krieg geführt wurde. Gleichwohl ist sie das modernste und ambitionierteste Projekt, das sich die Völker bisher vorgenommen haben.

Ihre Bestimmung ist es, das Überleben der Menschheit zu sichern. Dieses Ziel, daran erinnerte der ehemalige Generalsekretär der Vereinten Nationen U Thant, überragt jedes nationale Interesse auch der mächtigsten Länder der Erde, mögen sie sich dessen nun bewusst sein oder nicht.[3]

Die Charta weist den fünf ständigen Mitgliedern des Sicherheitsrats (USA, Russland, China, Frankreich und Großbritannien) eine herausgehobene Rolle bei der Verwirklichung ihrer Ziele zu. In der Praxis funktionierte deren Rolle als »Weltpolizisten« nicht.

Im August 1945 veränderten die Atomwaffenabwürfe der USA auf die japanischen Städte Hiroshima und Nagasaki alles. Stalin sah dadurch das »Gleichgewicht« der Großmächte gestört und ordnete die beschleunigte Entwicklung eigener Atomwaffen an. Der US-Außenminister James Byrnes wiederum fand, dass es gut sei, in den internationalen Beziehungen etwas in der Hinterhand zu haben, was sonst niemand hatte. Wörtlich wird er so zitiert:

> »Die Russen seien nur empfänglich für Macht und die ganze Welt, einschließlich der Russen, sei sich der Macht dieser Bombe bewusst, und mit ihr in seiner Hüfttasche habe er das Gefühl, dass er weitaus besser in der Lage sei, mit greifbaren Erfolgen zurückzukommen, selbst wenn er niemandem ausdrücklich damit drohte.«[4]

Damals hatte sich das Kalte-Kriegs-Denken in den USA noch nicht verfestigt, und zwei Amerikaner, der Verteidigungsminister Stimson und der Diplomat Dean Acheson, wollten ein Wettrüsten um Atomwaffen verhindern und dieses Problem nicht zu einem Konflikt zwischen den USA und der Sowjetunion ausufern lassen. Ursprünglich war Stimson durchaus ein Anhänger eines US-Atomwaffenmonopols. Er hielt das für eine »Schlüsselkarte« (*master card*) in den Beziehungen zwischen Großmächten. Aber das Grauen des Atomwaffeneinsatzes 1945 führte dazu, dass er seine Meinung änderte. Er schlug vor, die Technologie mit der Sowjetunion zu teilen und sie nur friedlich zu nutzen.

Acheson nahm den Gedanken von Stimson auf, denn auch ihm war klar, dass das Technologiemonopol nur zeitweilig sein würde, und er wollte um jeden Preis ein Wettrüsten verhindern. 1946 kam die Initiative hinzu, die Kontrolle über Atomwaffen in die Hände des UN-Sicherheitsrats zu legen.

Alles scheiterte schließlich an anti-sowjetischen Ressentiments, Churchill-ähnlichem Gehabe und einem völlig unentschlossenen US-Präsidenten Truman.[5] Wie sich Stalin entschieden hätte, darüber lässt sich nur theoretisieren, denn so weit kam es gar nicht mehr. Der Zug wurde aufs falsche Gleis gestellt, Wettrüsten und gegenseitige atomare Terrorisierung[6] waren unausweichlich geworden.

Seither ist die Gefahr der Selbstauslöschung der Menschheit immer präsent. In Bezug auf Nuklearwaffen wird das inzwischen bestritten: Sie sind da, sie beinhalten ein globales katastrophales Risiko, aber damit müsse man leben und damit umgehen. Es sei aberwitzig zu glauben, dass die Menschheit nicht auch einen Atomkrieg überleben könne. Das waren, etwas vereinfacht ausgedrückt, die zentralen Botschaften einer wissenschaftlichen Arbeit der Johns Hopkins University aus dem Jahr 2020.[7]

Im Jahr 1963, nach der Kuba-Krise, die durchaus das Potential hatte, zu einem heißen Krieg zu eskalieren, kam US-Präsident Kennedy zu einer anderen Schlussfolgerung. In einer Rede vor den Vereinten Nationen im September 1963 erinnerte er an die spezielle Verantwortung der USA und der Sowjetunion als atomare Mächte für das eigene Volk, für das Schicksal aller Völker und für künftige Generationen. Wörtlich sagte er:

> »Aber ich würde den Führern der Sowjetunion und ihrem Volk sagen, dass wir, wenn eines unserer Länder völlig sicher sein soll, eine viel bessere Waffe als die H-Bombe brauchen – eine Waffe, die besser ist als ballistische Raketen oder … Atom-U-Boote – und die bessere Waffe ist friedliche Zusammenarbeit.«[8]

Der nächste Versuch, den Kalten Krieg zu beenden, fand 1986, im UN-Jahr des Friedens, statt. Er ging von der Sowjetunion aus. Gorbatschow legte einen radikalen Vorschlag auf den Tisch: Bis zur Schwelle zum neuen Jahrtausend sollten alle Massenvernichtungswaffen abgeschafft werden, einschließlich der Nuklearwaffen. Er wolle den verhängnisvollen Rüstungswettlauf beenden.[9]

Dem vorausgegangen war ein Treffen zwischen Präsident Reagan und Gorbatschow in Genf, auf dem sich beide Seiten auf die Formulierung verständigen konnten, dass ein Atomkrieg nicht gewonnen werden könne und daher auch nicht geführt werden dürfe. Aus Unterlagen des National Security Archive der USA geht hervor, dass dieser Vorschlag in der Sowjetunion seit 1985 erörtert worden war, bei einigen durchaus mit dem Hintergedanken verbunden, sich auf diese Weise Vorteile im konventionellen Bereich zu schaffen. Das jedoch entsprach nicht dem Denken von Gorbatschow. Er wollte eine umfassende Abrüstung, nuklear und konventionell. Teil seines Vorschlags war, die nuklearen Mittelstreckenraketen in Europa abzuschaffen.[10] Damit griff er Reagans Vorstoß von der »doppelten Nulllösung« aus dem Jahr 1981 auf, von dem niemand geglaubt hatte, er ließe sich je verwirklichen.

Der Gorbatschow-Vorschlag 1986 stieß in den USA beziehungsweise auch unter ihren westlichen Alliierten auf ein äußerst geteiltes Echo. Viele vermuteten eine reine Propagandaaktion oder einen sowjetischen Winkelzug, um das US-Projekt SDI zur Militarisierung des Weltraums zu unterlaufen.[11]

Reagan jedoch und auch sein Außenminister dachten freundlicher über den Vorschlag, wie die Archivdokumente zeigen. Er wurde intern besprochen, und sie konsultierten sich mit den europäischen Verbündeten. Wie aus einer Notiz vom 17. Februar 1986 hervorgeht, fürchteten die europäischen Verbündeten, dass Gorbatschows Vorschläge auf eine positive öffentliche Resonanz stoßen könnten. Deshalb wollten sie, dass der Ton der Antwort »positiv« wäre, ohne in der Sache zu entgegenkommend zu sein. Sie sollen ebenfalls vermutet haben, der Vorschlag wäre dazu gedacht, einen Keil in die Nato zu treiben.

Ganz so kann es aber nicht gewesen sein, denn im gleichen Dokument wird über die zustimmende deutsche Reaktion zum Gorbatschow-Vorschlag berichtet: Zustimmung zur völligen Atomwaffenfreiheit und Zustimmung zu einer vollständigen Abschaffung von Mittelstreckenwaffen.[12]

Am Ende überwogen die Skeptiker, und die USA konnten sich nicht dazu durchringen, das Ziel der Atomwaffenfreiheit zu verfolgen. Aber Gorbatschow hatte eine Tür aufgestoßen, die das Verbot von Mittelstreckenwaffen, den INF-Vertrag, zur Folge hatte. Es nahm eine große Last von Europa bzw. bedeutete einen großen Zugewinn an Sicherheit, der bis 2019 bestand – dem Zeitpunkt, zu dem die USA den Vertrag kündigten.

Paradoxerweise führte dieser Vertrag aber auch dazu, dass das öffentliche Interesse an militärischen Stationierungsbeschlüssen völlig verschwand und nukleare Fragen nicht mehr öffentlich kontrovers diskutiert wurden. Außer ein paar Insidern machte sich kaum noch jemand Gedanken. So hätten nukleare Entscheidungen, die 2007 in Großbritannien getroffen wurden, andere Parlamente nicht interessiert, auch nicht die russische Duma, obwohl es die hätte interessieren sollen, schrieb das Carnegie Endowment for International Peace in einer umfassenden Würdigung des Vertrages über das Verbot von Mittelstreckenwaffen im Jahr 2007.[13]

Für die Vertragskündigung 2019 machten die USA Russland verantwortlich. Es habe Vertragsbruch begangen. Der Streit über mutmaßliche Vertragsverletzungen begann bereits während der Obama-Administration. Jede Seite machte der anderen Vorwürfe, und 2019 waren die politischen Beziehungen schon so schlecht, dass keine Seite mehr bereit war, zu einem Kompromiss beizutragen.[14]

Da dieser Vertrag insbesondere für die europäische Sicherheitslage wichtig war, hatte die EU ein Interesse an seiner Erhaltung. Sie forderte, alle Kompromissmöglichkeiten auszuloten.[15] Eine Verurteilung eines russischen Vertragsbruchs durch die EU scheiterte am Veto Zyperns und Griechenlands.[16] In der Nato wurde die westliche Einheit dann wiederhergestellt:[17] Die russische Seite sei an allem schuld.

Wenig später stellte sich dann heraus, dass die USA Tests mit den bisher verbotenen Mittelstreckenraketen durchführten. Schließlich brauche man »viele Pfeile im Köcher«, um »abzuschrecken«. Nun, da sie aus dem Vertrag heraus seien, würden große Fortschritte bei der Entwicklung und im militärischen Einsatz gemacht, erklärte der stellvertretende US-Verteidigungsminister David Norquist im September 2020 öffentlich.[18]

Nichts davon hat zu einer kritischen Würdigung in der EU geführt. Die Nato-Front stand zusammen wie eine Eins, selbst als es unübersehbar wurde, dass die USA ihre Rüstungsanstrengungen auf Kosten der europäischen Sicherheitslage forcierten.

Eine Ausarbeitung des Thinktanks RAND für das Pentagon aus dem Jahr 1989 offenbart, dass der US-Politikwissenschaftler Francis Fukuyama, so wie viele seiner Zeit, die versöhnlichen Töne aus Moskau lediglich als eine neue Taktik der Sowjetunion ansah. Er fand »weniger Hinweise auf Veränderungen in den strategischen Zielen Moskaus, insbesondere im Hinblick auf die Wettbewerbs- und Expansionsaspekte der sowjetischen Politik«.[19]

Da sich Fukuyama damals allerdings mit der Frage befasste, ob das neue sowjetische Denken Auswirkungen auf die Beziehungen mit der »Dritten Welt« habe, enthüllt seine Schrift, neu gelesen, eine Kontinuität sowjetischer und späterer russischer Politik, die bis heute von Bedeutung ist.

Primus inter pares: Die USA werden zur Hegemonialmacht

Denn Fukuyama beschrieb, dass die Sowjetunion die Beziehungen zu Indien festigte, sich für große kapitalistische Staaten wie Brasilien zu interessieren begann und auch ihre Beziehungen zu Ländern des Nahen und Mittleren Ostens auf neue Grundlagen stellte. Aber er erklärte diese Schritte mit Frust über die Beziehungen mit afrikanischen Partnern. Er konnte sich offenbar gar nicht vorstellen, dass die neuen sowjetischen außenpolitischen Initiativen exakt dem folgten, was Gorbatschow als heraufziehende neue internationale Ordnung begriff: eine Ära der Demokratisierung der internationalen Beziehungen, die nach mehr Zusammenarbeit und Vernetzung verlangte, nach einer neuen Ordnung der Staatenbeziehungen. »Einheit in Vielfalt« sollte geschaffen werden, nicht auf der Grundlage »westlicher«, sondern universeller Werte und wechselseitigen Respekts. Jede Nation sollte entsprechend der eigenen historischen Erfahrungen und Möglichkeiten um die besten Zukunftslösungen zum Wohle aller ringen.[20] In der Aufklärung gab es diese Grundgedanken bereits, niedergelegt in der »Ringparabel« von Lessing in seinem Werk *Nathan der Weise*.

Noch heute ist die UN-Rede von Gorbatschow aus dem Jahr 1988, ähnlich wie die Kennedy-Reden aus dem Jahr 1963, ein Dokument strategischer Weitsicht. Damals feierte die *New York Times* seinen staatsmännischen Auftritt. Seit den Tagen von John F. Kennedy habe nie wieder jemand so gesprochen und bei den Amerikanern den Wunsch nach einer ähnlich charismatischen Führungspersönlichkeit geweckt, war zu lesen.[21]

Die Dinge entwickelten sich aber nicht so, wie Gorbatschow glaubte. Das Sowjetimperium brach zusammen und wurde aufgelöst. Die USA führten ihren ersten Golf-Krieg und versicherten sich selbst, dass damit die militärische Niederlage im Vietnam-Krieg ausgebügelt war. Einem Emissär Gorbatschows, Jewgeni Primakow, der in Washington gegen den Krieg argumentierte, hörte man freundlich zu und entließ ihn kühl nach Hause.[22]

Die Welt wurde unipolar, und die USA erklärten sich mittels der US-Außenministerin Albright 1998 zur »unverzichtbaren« Nation. Damit ließ sie die Welt wissen, was von allen anderen Staaten zu halten war: Nicht sehr viel. Ein Weltbild, das eine »unverzichtbare« Nation enthält, enthüllt nicht nur große Arroganz, es impliziert auch sein Gegenteil: alle anderen Staaten sind demzufolge »verzichtbar«.

Bis heute hat diese verhängnisvolle Weltsicht einen Platz im US-Denken. Auch US-Präsident Biden hielt es 2023 unter Bezug auf seine Freundin Albright für richtig, die USA weiter als »unverzichtbare Nation« zu bezeichnen. Allerdings erntete er dafür nicht mehr ungeteilte Zustimmung. Die Welt war längst aus den Fugen und die »unverzichtbare« Nation nicht die Problemlöserin, die wieder Ordnung in die vielen Krisen und Konflikte brachte.[23]

Albright muss man ebenfalls zu den Wegbereitern der militaristischen Ausformung amerikanischer Hegemonialpolitik zählen. 1993, daran erinnerte sich Colin Powell in seinen Memoiren, gab es einen schweren Konflikt mit Albright, als es um einen militärischen Einsatz in Bosnien ging. Powell, der damals ein Vier-Sterne-General war, bestand darauf, dass er diesem nicht zustimme, solange das politische Ziel des Militäreinsatzes nicht klar sei. Albright habe ihn daraufhin gefragt: »Welchen Sinn hat es, dieses hervorragende Militär zu haben, von dem Sie immer sprechen, wenn wir es nicht einsetzen können?« Für Albright, so Powell, bestand das amerikanische Militär aus »Spielzeugsoldaten, die man auf einem globalen Schachbrett hin und her schob«.[24] Diese Anschauung prägte dann die Clinton- und die Bush-Administration. Ihre neuzeitlichere Ausprägung unter Präsident Obama und Biden besteht darin, dass man lieber US-Leben schont, weil es innenpolitisch, beginnend mit dem Vietnam-Krieg, kompliziert geworden ist, US-Kräfte in den aktiven Einsatz zu schicken. Die US-Öffentlichkeit ist kriegsmüde geworden, und inzwischen hat die Armee Schwierigkeiten, ihre Rekrutierungsziele zu erfüllen.[25]

US-Veteranen sind zwar hochgeachtet, aber der 2001 ausgerufene Krieg gegen den Terror forderte einen immens hohen menschlichen Preis. Selbst wenn sie heil an allen Gliedern aus dem Feld zurückkehrten, haben viele Veteranen mit schweren Traumata zu kämpfen. Es gibt in den USA keine verlässlichen Zahlen darüber, wie viele Armeeangehörige, aber auch deren nahe Anverwandte, am Ende den Freitod wählen. Ein Bericht sprach im Jahr 2022 von bis zu 44 Selbstmorden pro Tag.[26] Ein Pentagon-Bericht von 2022 sah die Sache sehr viel optimistischer. Demnach sei die Selbstmordtendenz rückläufig und liege nicht über dem Niveau der allgemeinen Selbstmordrate.[27] Aber nicht nur körperliche und geistige Gebrechen machen Kriegsveteranen zu schaffen. Sie enden auch überdurchschnittlich häufig in Armut und Obdachlosigkeit: Einen Veteranenstatus haben 8 Prozent der US-Bevölkerung, aber US-Veteranen stellen 17 Prozent der Obdachlosen in den USA.[28]

Das führte bereits in der Obama-Administration zu einer weiteren Technisierung des Krieges (Drohnen-Krieg) und zu einer gewissen politischen Zurückhaltung, was neue direkte Kriegseinsätze anging. Nun stand das Konzept im Vordergrund, dass man andere »Spielzeugsoldaten« für sich kämpfen lässt, wie im Fall Syriens, aber auch in der Ukraine. In Syrien sollten sogenannte »moderate« Rebellen die Drecksarbeit erledigen, in der Ukraine ist es die reguläre ukrainische Armee.

Aus dem Bericht der Münchner Sicherheitskonferenz von 2015 zur Rolle der USA in der Welt geht die veränderte Strategie der USA klar hervor. Dort wird unter anderem der US-Verteidigungsminister Chuck Hagel mit den Worten zitiert: »Ich wage zu behaupten, dass die Vereinigten Staaten heute präsenter sind und mehr machen an mehr Orten als jemals zuvor. Wie wir es machen, ist anders.«[29] Ähnlich äußerte sich Obama 2014. Auch er verstand die US-Armee als entscheidende Stütze der weltweiten Ansprüche und Interessen der USA. Gleichzeitig warnte er, dass nicht alle Probleme mit militärischer Gewalt gelöst werden können.[30]

Während die USA im letzten Jahrzehnt des vergangenen Jahrhunderts auf den Zenit ihrer Macht aufstiegen, Gorbatschow nach der Auflösung der Sowjetunion in Russland ein wenig beachtetes und von vielen auch verachtetes Leben fristete, machte Russland außenpolitisch genau an dem Punkt weiter, an dem die Gorbatschow-Ära begonnen hatte.

Die Suche nach Verbündeten: Was zählt in den internationalen Beziehungen?

1989 fing die Sowjetunion an, die Beziehungen mit China zu normalisieren, zum Zeitpunkt der chinesischen Studentenproteste. *ABC News* schrieb 2022 rückblickend, der chinesische Führer habe Gorbatschow für einen »Idioten« gehalten, weil dieser sich für einen unsicheren politischen Reformkurs entschieden habe. Gorbatschow wiederum habe gesagt, dass er auf dem Roten Platz keinen Vorfall wie auf dem Platz des Himmlischen Friedens erleben wolle.[31] Wenn man heute danach sucht, wie es dazu kam, dass Russland und China mittlerweile engste Partner sind, »besser als Alliierte«, so kommt man zu dem Schluss, dass dies das Ergebnis eines langen politischen Werkes ist, das 1989 begann.

Foreign Policy behauptete 2023, China und Russland hätten eine engere Zusammenarbeit angefangen, weil ein Partner frustriert über die westlichen Sanktionen war (China) und der andere den Absturz in die globale Bedeutungslosigkeit fürchtete.[32] Solide Außenpolitik folgt aber nicht Stimmungslagen, sondern langfristigen Interessen und benötigt unermüdliche diplomatische Kleinarbeit. Ein gutes Beispiel ist die russisch-indisch-chinesische Kooperation. Russland hatte traditionell gute Beziehungen zu Indien und arbeitete an der Verbesserung der Beziehungen zu China, während Chinas und Indiens Beziehungen ganz und gar nicht spannungsfrei waren und sind.

Primakow begann 1996 als russischer Außenminister daher mit einer großen Idee, die ganz klein und unscheinbar daherkam: Er schuf ein Dreier-Gesprächsformat zwischen Russland, Indien und China, die RIC. Das geschah ganz ohne Brimborium und weitgehend unbeachtet. 2022 allerdings, während seines Besuches in Delhi, verwies der russische Außenminister Sergej Lawrow durchaus stolz auf diese Leistung seines Vorgängers. Dieses Dreierformat habe es ermöglicht, über Dinge zu reden, die man bilateral nur schwerlich unaufgeregt besprechen könne. Es war ihm wichtig zu betonen, dass sich diese Form der Zusammenarbeit gegen niemanden richte.[33] Das chinesische Projekt der Seidenstraße gilt inzwischen als expansiv. Eine Vernetzung europäisch-chinesisch-afrikanischer Bemühungen könnte sich aktuell niemand mehr vorstellen.

Die USA arbeiteten allerdings ebenfalls intensiv am Aufbau von engeren Bündnisstrukturen und Netzwerken. Die Schaffung einer »wirtschaftlichen Nato« – in Form des Transatlantischen Freihandelsabkommens TTIP – mit der EU hatte jedoch keine den Kontinent erfassende Dimension. TTIP scheiterte jedoch nicht daran, sondern letztlich an der EU, aufgrund von öffentlichen Protesten und divergierenden Handelsinteressen. So kam es auch nie zur Beantwortung der Frage, was die EU und die USA im gegenseitigen Verhältnis nun waren: Partner auf Augenhöhe? Einer der geistigen Väter von TTIP fragte einmal: Wenn wir uns nicht einigen können, wer dann? Die Antwort darauf wurde damals nicht gegeben, denn Nein-Sagen war einfacher, als hart zu verhandeln und einen fairen Kompromiss zu suchen. Die EU wiederum gab ihre Vision eines gemeinsamen Wirtschaftsraums, der von Lissabon bis Wladiwostok reichen würde, auf.

Das Projekt der USA, eine transpazifische Partnerschaft zu begründen, scheiterte, weil es China ausschloss. China schuf dann gemeinsam mit anderen eine integrative Antwort, aber ohne die USA.

Die sogenannten Abraham-Abkommen (in der Trump-Präsidentschaft) zielten auf eine Befriedung im Nahen und Mittleren Osten, sparten aber den palästinensischen Teil des Problems aus. Nun sind sie so gut wie nichts mehr wert.

Kurz und gut, wenn in der internationalen Arena etwas zählt, dann sind es nicht die Kaninchen, die plötzlich aus dem Hut gezogen werden, sondern unermüdliche Kärrnerarbeit, die der Losung folgt, dass gut Ding Weile haben will. Vertrauen entsteht nicht über Nacht. Das war auch der Grundtenor eines Interviews mit Präsident Medwedjew, das er 2009 chinesischen Medien gab. Spitzentreffen seien politisch gut und notwendig, aber es brauche viele Kontakte auf verschiedenen Ebenen, um die Beziehungen voranzubringen.[34]

Sehr viel eher, 1945, hatte Stimson dem US-Präsidenten Truman in seinem Versuch, diesen von der Rückkehr zu einer Politik der Stärke abzuhalten, seine lebenslange diplomatische Erfahrung wie folgt beschrieben: »Die wichtigste Lektion, die ich in einem langen Leben lernte, ist, dass der einzige Weg, einen Mann vertrauenswürdig zu machen, darin besteht, ihm zu vertrauen, und der sicherste Weg, ihn nicht vertrauenswürdig zu machen, der ist, ihm nicht zu vertrauen und ihm auch noch dein Misstrauen zu zeigen.«[35]

Diese Einsicht fasst die Essenz erfolgreicher internationaler Diplomatie zusammen. Sie ist allerdings unvereinbar mit einer imperialen Herangehensweise, die den Globus als großes Schachbrett und sich selbst als einzigen Spielmeister betrachtet. Der redegewandte Barack Obama brachte das 2014 wie folgt auf den Punkt: »Hier ist mein Fazit: Amerika muss auf der Weltbühne immer führend sein. Wenn wir es nicht tun, wird es niemand anderes tun.«[36]

Stimmte das? Oder anders gefragt: Kann die Herde ohne den einen Anführer funktionieren?

Eine unterschätzte Entwicklung: Von RIC zu BRIC

1996, als die RIC-Initiative startete, waren die russisch-chinesischen Beziehungen noch voller Spannungen und bis heute sind die chinesisch-indischen Beziehungen schwer belastet. Das wiederum führte US-Diplomaten im Jahr 2007 zur folgenden Einschätzung der RIC, die als Teil eines Konglomerats außenpolitischer Berichte bei Wikileaks 2010 veröffentlicht wurde:

> »Während russische Politiker das Ministertreffen in Harbin im Oktober als ein entscheidendes Ereignis zur

> Beschleunigung der Bildung eines Dreiecks zwischen Russland, Indien und China (RIC) ansehen, schränken grundlegende Unterschiede in der strategischen Vision, gegenseitiges Misstrauen und unterschiedliche Beziehungen zu den USA die Fähigkeit Russlands ein, RIC zu einem wichtigen Bestandteil von Lawrows multipolarer Welt zu machen. Während Russland weiterhin alle Hebel in Bewegung setzen wird, um den wahrgenommenen amerikanischen Unilateralismus einzudämmen, scheint es bei RIC mehr um Prozesse als um Inhalte zu gehen, und es ist ein schlechter Ersatz für Moskaus Mangel an langfristiger strategischer Vision, insbesondere gegenüber China.«[37]

Diese diplomatische Depesche der USA ist ein sehr schönes Beispiel dafür, wie sehr man sich irren kann, wenn man nur sieht, was man sehen will. Denn das kleine Pflänzchen RIC, das weiterbesteht, beförderte am Ende auch die Entstehung des Staatenclubs, der zu einem ernsthaften Machtfaktor der Welt aufsteigen sollte: die BRICS.

Und was ist von »Lawrows mulitipolarer Welt«, wie der US-Verfasser es herablassend formulierte, zu halten? War das ein persönliches Steckenpferd des russischen Außenministers?

Am 11. Juni 2000 gab Putin der *Welt* ein Interview. Er sprach darin auch über die heraufziehende multipolare Weltordnung. Als »Wiege der Demokratie und Zivilisation« sei Europa ein »natürlicher Pol« in dieser Welt. In einem ausführlichen Interview mit dem *Figaro* im gleichen Jahr beschrieb Putin die russische Position dann sehr viel ausführlicher. Er war der Auffassung, dass kein einziges Land, so bedeutend es auch sei, die Probleme der Welt allein lösen könne. Deshalb sei es notwendig, »ein multipolares, wenn man so will, nicht-monopolisiertes System der internationalen Beziehungen zu schaffen. Ein System, das die ganze Diversität der Welt reflektiert und Diversität und Interessenausgleich ermöglicht.« Er sah das, so wie Gorbatschow vor ihm, als einen »objektiven Prozess« an, der aus der wachsenden wechselseitigen Abhängigkeit der Staaten, der Globalisierung und der neuen Probleme und Herausforderungen resultiere und nach einer »Demokratisierung der internationalen Beziehungen« verlange.[38]

Aber 2000 war kein Jahr, in dem man zuhörte, was der neue Präsident in Russland zu sagen hatte. Putin konnte damals sagen, was er wollte, einschließlich seiner steten Beteuerung, dass Russland nicht aufgrund eines politischen Beschlusses, sondern aufgrund seiner Ressourcen, seiner Kultur und seiner Geschichte eine Großmacht sei. Das Land war am Boden. Lass den Präsidenten fabulieren.

2001 erfand ein Wirtschaftswissenschaftler von Goldman Sachs, Jim O'Neill, der sich mit aufstrebenden Nationen beschäftigte, das Kürzel BRIC für Brasilien, Russland, Indien und China.[39] Ihm ging es um künftige Investitionsmöglichkeiten, und Goldman Sachs, ganz seinen Investoren verpflichtet, legte 2003 noch einmal nach und prognostizierte die ökonomische Entwicklung der BRICs für die kommenden Jahrzehnte. Wenn alles so laufen würde, wie die Analysten von Goldman Sachs dachten, würden die BRICs eine spektakuläre ökonomische Entwicklung hinlegen. Bis zum Jahr 2050 würde sich die Liste der 10 führenden Wirtschaftsnationen der Welt dramatisch ändern. Nach den damaligen Prognosen würden die BRICs die Hälfte der Wirtschaftsleistung der G 6 (ohne Kanada) erreichen.[40]

Gut drei Jahre später, 2006, konstituierte sich BRIC als ein informeller Verbund von Staaten. Man traf sich zunächst am Rande der jährlichen UN-Vollversammlungen. 2009 gab es ein erstes Treffen im russischen Jekatarinenburg, damals unter russischem Vorsitz. 2010 stieß Südafrika dazu. Seither heißt dieses Netzwerk BRICS.

Eine südafrikanische Veröffentlichung – ein Leitfaden über BRICS »für Anfänger« – entschied sich, ein Zitat von Victor Hugo voranzustellen: »Niemand kann einer Idee widerstehen, deren Zeit gekommen ist.«[41] Es ist keine unkritische Veröffentlichung, aber sie ist voller Zuversicht: Wenn wir es richtig machen und eng zusammenarbeiten, dann können wir viel erreichen und ein globaler Einflussfaktor werden. In dieser Veröffentlichung wird auch ein Aufsatz des damaligen Weltbank-Präsidenten Robert B. Zoellick erwähnt. Dieser ist mehr als nur eine Fußnote wert, denn Zoellick sah klar voraus, was kommen würde: eine multipolare ökonomische Ordnung. Er ging nicht so weit, im Einzelnen auszuführen, was es für politische Konsequenzen hat, wenn neue wirtschaftliche Mächte aufsteigen. Dennoch war seine Einsicht kühn und seiner Zeit weit voraus. Zoellick prognostizierte eine politische und wirtschaftliche Verschiebung der »tektonischen Platten«. Er schrieb: »Wir können uns mit ihnen verändern oder weiterhin die neue Welt durch das Prisma des Alten sehen. Wir müssen neue Realitäten erkennen. Und entsprechend handeln.«[42]

Aber zurück zu den BRICS. 2010 trafen sich deren Staats- und Regierungschefs zum zweiten Mal, diesmal unter brasilianischem Vorsitz. In der gemeinsamen Abschlusserklärung ist in Punkt 1 die Rede von den großen Veränderungen, die Veränderungen in der weltweiten *governance* bewirken müssten. In Punkt 2 ist das entscheidende Plädoyer formuliert: »Wir unterstreichen unsere Unterstützung für eine multipolare, gleichberechtigte und demokratische Weltordnung, die auf internationalem Recht, gegenseitigem Respekt, koordiniertem Handeln und gemeinsamer Entscheidungsfindung aller Staaten ruht.«[43]

So sprach kein Club der Habenichtse, den allein die verheerenden Wirkungen der Finanzkrise 2008 zusammengetrieben hatte. So sprachen selbstbewusste Staaten, die für sich einen Platz in der Weltordnung des 21. Jahrhunderts beanspruchten und die es leid waren, nur die Rechnungsempfänger für rücksichtsloses politisches, ökonomisches und finanzielles Gebaren des Westens zu sein.

Nichts davon ist der breiten Öffentlichkeit in der westlichen Welt bewusst gemacht worden. Wenn man in der *Financial Times* nach dem Stichwort »BRICS« sucht und den Zeitraum Anfang 2009 bis Ende 2010 wählt, findet sich darüber kein einziger Artikel. 2018 war das etwas anders. Das Buch *The BRICS and Collective Financial Statecraft* war erschienen. Dessen Schlussfolgerung lautete, dass die Staaten keine Vision von einer neuen Weltordnung hätten, aber sie hätten eine gemeinsame Aversion gegen westliche Hegemonie.[44]

Auch der Sicherheitsbericht der Münchner Sicherheitskonferenz von 2015, der sich der Rolle der BRICS kurz zuwendete, kam zu einer vergleichbaren Schlussfolgerung und notierte die Befürchtung, dass die BRICS sich zu einem »anti-westlichen Block« entwickeln könnten.[45] Dagegen gab *National Interest* 2014 zu bedenken, dass die Vorstellung, dass sich aufstrebende Mächte entweder in herrschende Strukturen integrieren müssen oder sie bekämpfen werden, sehr vereinfacht sei. Die Autoren kamen damals zu dem Befund, dass aufstrebende Staaten wie die BRICS sich schlicht ihre eigene Ordnung schaffen, um die westliche Ordnung herum.[46]

Aber wie kann man richtig mit anspruchsvoller werdenden Staaten umgehen, wenn man sich selbst für den Nabel der Welt hält, sich gar nicht bemüht, andere Sichtweisen zu verstehen, geschweige denn in Rechnung zu stellen, und alles auf Gefolgschaft oder Gegnerschaft verkürzt?

Wer in der beschränkten Weltsicht gefangen ist, dass die US-Hegemonie die einzige Ordnung ist, die verhindert, dass das Chaos hereinbricht und alle ökonomischen und finanziellen Beziehungen zerrütten, die so vorteilhaft funktionieren – für einen verschwindend kleinen Bruchteil der Weltbevölkerung –, sieht sich ständig bedroht und begibt sich in Abwehrstellung.

Dass dieses Denken auch auf die EU übergriff, gehört zur Tragik der Geschichte. Exemplarisch gab Josep Borrell, der sich später für die gewählte Formulierung entschuldigte, dem Ausdruck, als er die EU mit einem gut gehegten Garten verglich, der vom Dschungel umgeben sei. Wer so denkt, macht sich eher zum Vasallen[47], als sich anzuschicken, zu einem eigenständigen Akteur in einer heraufziehenden multipolaren Ordnung zu werden.

Die Aufgabe dieses Anspruches und die Unterordnung der EU unter die USA führten dazu, dass es heute der westlichen Staatengemeinschaft unmöglich ist, sich vorzustellen, man könnte als Gleicher unter Gleichen die Geschicke der Welt gemeinsam gestalten. Obwohl nur etwa eine Milliarde Menschen in den westlichen Staaten leben, wird es vorgezogen, an die eigene Überlegenheit und damit auch an ein quasi naturgegebenes Recht zu glauben, andere zu erziehen, belehren oder verurteilen zu dürfen.

Das neue Selbstbewusstsein der »restlichen« Welt

Aber diese vorherrschend »weiße« Weltordnung, die einst von europäischen Mächten und nun von den USA dominiert wird, hat längst tiefe Risse bekommen. Nach einer Umfrage aus dem Jahr 2023 glauben noch nicht einmal mehr US-Bürger mehrheitlich an ein stabiles Überdauern der US-Dominanz. Bürgerinnen und Bürger nichtwestlicher Staaten, mit Ausnahme von Indien, rechnen eher mit einer multipolaren Welt als einem künftigen Wettbewerb zwischen den zwei neuen Giganten USA und China.[48] Eine Umfrage, die vom »European Council on Foreign Relations«, einem europaübergreifenden Thinktank, veröffentlicht wurde, beschrieb die Lage wie folgt: Nach einem Jahr Krieg in der Ukraine scheine der Westen geeinter, aber getrennt vom »Rest« der Welt. Die Formulierung vom »Rest« ist geläufig, nur dass sie den Eindruck erweckt, man habe es mit einem verschwindend kleinen Teil der Welt zu tun, während er tatsächlich sehr viel größer ist als das, was unter dem Begriff des Westens subsumiert wird. Der »Rest« ist die Mehrheit. *Period* – Punktum –, wie der US-Präsident so gerne zu sagen pflegt.

Die Umfrage stellte auch die Frage nach der Rolle von Indien und der Türkei als aufstrebenden Mächten. Waren das eher Partner oder Rivalen, und wie stellte sich das aus der Sicht der Inder und der Türken dar? Inder beispielsweise betrachteten fast alle Länder bzw. die EU als wichtige Partner. Russland stand an der Spitze der Skala, während China vor allem mit Rivalität assoziiert wurde. Umgekehrt brachten die Befragten aus den betreffenden Ländern ähnliche Einstellungen gegenüber Indien zum Ausdruck. Allerdings mit einer entscheidenden Ausnahme: 50 Prozent der Befragten aus der EU wussten überhaupt nicht, was sie von Indien halten sollen. Ähnlich erging es der Türkei. Hier wussten 41 Prozent der Befragten in der EU keine Antwort.[49] Das ist das logische Produkt westlicher Selbstbezogenheit.

Im Unterschied zu früher, und hier begannen die Dinge mit dem Machtantritt von Biden ins Rollen zu kommen, wird dazu nicht mehr höflich geschwiegen. Den Auftakt machte Russland. Der außenpolitische Vertreter der EU, Josep Borrell, besuchte im Februar 2021 Moskau, um dort eine »prinzipiengeleitete« Diskussion mit der russischen Seite zu führen, was in einem Gespräch endete, das Borrell später als sehr schwierig beschrieb. Er schloss daraus, dass Russland und die EU nun auseinanderdriften würden.[50] Abgeordnete des Europäischen Parlaments waren sehr viel deutlicher. Sie kritisierten die Reise grundsätzlich, beschwerten sich, dass Borrell in Moskau »vorgeführt« worden sei, und wiesen alle Verantwortung für den schlechten Zustand der EU-Russland-Beziehungen der russischen Seite zu.[51]

Kurz darauf kam es beim ersten Außenministertreffen zwischen den USA und China zu einem diplomatischen Eklat. Statt sich wie bisher die westliche Kritik freundlich anzuhören, hatte der chinesische Außenminister einiges zu erwidern. Die Choreografie für die Presse wurde so empfindlich gestört und der neue US-Außenminister Blinken wirkte etwas verdattert. Die Brookings Institution beurteilte den Vorfall positiv und erklärte, das Ganze sei sehr heilsam für die weiteren Beziehungen. Endlich würden beide Länder »ehrlich miteinander umgehen«.[52]

Diese neue, wenn auch völlig ungewohnte Form des »ehrlichen Umgangs« miteinander ist inzwischen auf dem globalen Parkett angekommen, wobei der Ukraine-Konflikt noch einmal einen Katalysator darstellte. Staaten wie Indien, Südafrika oder Brasilien sind nicht mehr um Worte verlegen, wenn es darum geht, westlichen Gesprächspartnern ihre Sichtweisen zu vermitteln. Es herrscht keine Einigkeit in der Beurteilung des Konflikts, seiner Wurzeln und auch keine Übereinstimmung hinsichtlich seiner Lösungsmöglichkeiten. Da das fälschlicherweise auf westlicher Seite als Effekt russischer Desinformation eingeschätzt wird, glaubt man, durch bessere Informationspolitik würden die Partner ihre »fehlerhafte« Weltsicht korrigieren. Diese Annahme allerdings geht am Kern des Problems vorbei. Es ist mehr als nur eine Sicht auf den Krieg und seine Wurzeln in der Welt vorhanden und die westliche erweist sich als nicht mehr dominant.

In einem nahezu atemberaubenden Tempo verändern sich seit 2022 geopolitische Konstellationen. Das russisch-türkische Verhältnis, das traditionell von größten Spannungen geprägt war, ist heute sehr viel normaler und zusammenarbeitsorientierter. Iran und Saudi-Arabien vollzogen eine Annäherung, die noch vor wenigen Jahren undenkbar schien. Syrien ist wieder Mitglied der Arabischen Liga. Frankreich verließ die Sahelzone. Die BRICS erweiterten sich und weitere Bewerber klopfen längst an die Tür.

Wie sehr sich die Dynamik der Welt durch den Israel-Gaza-Konflikt noch verändern wird, ist nicht völlig absehbar. Fest steht bereits, dass in den USA die Machtbasis des US-Präsidenten, der ohnehin auf dem Tiefpunkt seiner Beliebtheit steht, weiter geschwächt wurde und dass das internationale Ansehen der USA wegen ihres Verhaltens in diesem Konflikt Schaden nimmt. Aber auch das Ansehen der EU hat gelitten. Sie fand zu keiner gemeinsamen Haltung, da sich die deutsche und die französische Position anfangs profund unterschieden. Während man sich in Deutschland mit der Frage beschäftigte, ob man die erste Resolution der Generalversammlung statt sich zu enthalten nicht hätte in Bausch und Bogen ablehnen müssen, so wie etwa Tschechien, hatten andere EU-Staaten, darunter Frankreich und Spanien, zugestimmt. So verwies sich die EU selbst auf den Platz eines weltpolitischen Zögerers und Zuschauers bei einem Konflikt, der die UNO nun seit Jahrzehnten beschäftigt und der ungelöst bleiben wird, solange man dessen Lösung allein von den USA erwartet bzw. solange die USA Partei in diesem Konflikt ist.

In was für einer Welt wollen wir leben?

Während der Westen den Kampf zwischen Demokratie und Autokratie zur entscheidenden Schlacht unserer Zeit stilisiert, geht das Augenmerk auf die alles entscheidende Frage verloren: Wird die Menschheit das Ende des 21. Jahrhunderts gemeinsam erreichen und wenn ja, in welchem Zustand und in welcher geistigen Verfassung? Das ist die alles überwölbende politisch-moralische Frage. Wird es uns noch als Zivilisation geben, so wie wir sie heute kennen, mit allen ihren Gebrechen, aber auch allen Hoffnungen?

Wird sich eine gut geschützte Insel der Seligen und Reichen verfestigen, die nicht mehr wissen, welchem Laster sie noch frönen sollen, weil selbst alles Geld der Welt nicht den Hunger nach noch mehr Macht, noch mehr Exklusivität und nach immer neuen Genüssen beseitigt? Der Film *La Dolce Vita* beschäftigte sich im vergangenen Jahrhundert mit diesem Thema, wenn auch rückblickend betrachtet auf sehr brave Weise. Und wie wird der »Rest« leben? Oxfam dokumentiert jährlich, wie sich die soziale Lage auf der Welt entwickelt, und der amerikanische Demokrat Bernie Sanders fasste das in einem aufrüttelnden Vorwort zu dem Bericht so zusammen: Wir marschieren mit schnellem Schritt auf eine globale Oligarchie zu. Noch niemals besaßen so wenige so viel und auch so viel politische Macht. In den USA besitzen inzwischen ganze drei Personen so viel wie 50 Prozent der Bevölkerung. 60 Prozent schlagen sich von Monat zu Monat gerade so durch. Nach wie vor gilt, dass rund 80 Prozent der Menschheit sehr viel ärmer sind als die 20 Prozent im reichen Norden.[53]

Das alles ist nicht einem natürlichen, spontanen Wirken von marktwirtschaftlichen Gesetzen oder unterschiedlichen politischen Strukturen zuzuschreiben. Das sind die Ergebnisse einer Politik, die auf Dominanz setzt, auf Krieg, auf Zwietracht und Hass nach innen und außen und die, wie nebenbei, die Minderheitenrechte zuallererst als Schutzrechte der kleinsten Minderheit ausgestaltete, die es nur geben kann: zugunsten der wenigen Superreichen, zugunsten der Finanzwirtschaft und weniger ökonomischer Giganten im Unternehmensbereich.

Es gibt keine westliche Politik für die »Vielen«, nirgendwo, auch wenn es selbstverständlich immer noch sehr vielen Menschen in westlichen Staaten sehr viel besser geht als den Allermeisten im globalen Süden. Aber was versteht man unter »gut gehen«, wenn man auch andere Kriterien wie Stress, psychologische Probleme oder Einsamkeit dazuzählt? Was heißt »gut gehen«, wenn die eigene Beschäftigung prekär ist oder alles Zurschaustellen in sozialen Medien nicht die eigene Leere füllt? Was bedeutet »gut gehen«, wenn in Zeiten der Krise, etwa der Pandemie, nicht nur sehr viel Menschlichkeit aufscheint, sondern auch sehr viel Menschenverachtung und mangelnde Ethik sich Bahn brechen? Wo kam Letzteres her?

Für die Neuordnung der Staatenbeziehungen müssen wir eine Zukunftsvorstellung haben, die sich auf Geschichte gründet und nicht auf Geschichten und verzerrte Wahrnehmungen.

In Afrika beispielsweise ist nichts vergessen. Opfer haben ein sehr viel besseres Gedächtnis als Täter. Wir sind uns nicht einmal völlig bewusst, wie tief die Wunden der Vergangenheit dort reichen,[54] oder dass während der Pandemie den alten Wunden neue hinzugefügt wurden. So erinnert sich Afrika, wer keine Impfstoffe lieferte, wer keine Patente freigab, und welche verheerenden Folgen die Politik der Lockdowns und Flugverbote für den großen Kontinent hatten. Viele Menschen, die kaum der Armut entkommen waren, wurden wieder dahin zurückgeworfen.

Uns ist nicht klar, welche riesigen Anstrengungen China und Indien[55] zur Bewältigung der globalen Armutsreduktion leisten, indem sie die Lebensbedingungen von Hunderten von Millionen drastisch verbesserten. Zudem, es ist ein Unterschied, ob man, wie in Deutschland, etwas über 83 Millionen Menschen regiert, auf einem relativ überschaubaren Territorium, mit einer relativ überschaubaren Geschichte, oder beispielsweise ein so altes und großes Reich wie China zusammenhalten muss, mit 1,4 Milliarden Einwohnern, was eine ganz andere Qualität der Ansprüche an den nationalen und sozialen Zusammenhalt impliziert.

China bietet international anderen Staaten praktische Lösungen an. Es kommt nicht belehrend oder mit dem Drang daher, nun alles umkrempeln zu wollen. Davon könnte man lernen, aber wir sehen nur einen Griff nach der Macht des Alles-Bestimmers.[56]

Aber irgendwie werden wir uns in die entstehende Welt einfügen müssen, die nicht mehr westlich dominiert sein wird.

Weltweit sind die BRICS ökonomisch auf dem Vormarsch. Inzwischen bringen sie 29 Prozent des weltweiten Wohlstands auf die Waage, während auf die G7 42 Prozent entfallen, wenn man in Dollar misst. Hinsichtlich des Kaufkraftstandards dagegen haben sie die G7 inzwischen hinter sich gelassen (32,1 zu 29,9 Prozent).[57] Pro Kopf der Bevölkerung dagegen ist eindeutig, dass zwischen den G7 und den BRICS weiter eine große Lücke klafft. Der Wohlstand ist klar bei den Einwohnern in den G-7-Staaten konzentriert.

Ob und wie die BRICS aufholen könnten, hängt von vielen Faktoren ab. Nachholende Entwicklung ist ungemein schwer. Bisher gibt es nicht viele Beispiele, dass sich Staaten erfolgreich nach vorn katapultierten. Aber Wissenschaft, Forschung und Innovationsfähigkeit dürften auch in Zukunft bedeutend dafür sein. Hier haben die BRICS Stärken und Schwächen. Ihre Stärke besteht zunächst in ihrer Bevölkerungsgröße. Gelingt es ihnen, flächendeckend gute Bildungs- und Ausbildungsmöglichkeiten zu gewährleisten und bei sich nutzbar zu machen, dann verfügen sie proportional über mehr Talente. China, aber auch Russland scheinen entschlossen, diesen Weg zu gehen. In der PISA-Bewertung verbesserte sich Russland stetig (im Ranking 2022 war es anscheinend nicht dabei). China, das mit sehr beachtlichen naturwissenschaftlichen Leistungen glänzt, hat seit 2018 weiter zugelegt. Das ist umso beeindruckender, weil sich in diesem Zeitraum viele Ergebnisse in vielen Ländern deutlich verschlechterten.[58]

Wichtig dürfte auch sein, wie sich die Vorstellungen von einer erfolgreichen modernen Gesellschaft weiterentwickeln. Die Unterschätzung industrieller Leistungsfähigkeit, die über Jahrzehnte vorherrschte, ließ Deutschland mit seinem hohen Anteil an industrieller Produktion wie einen Dinosaurier wirken. Dabei ist die Realwirtschaft so etwas wie das Salz der Erde. Dort wird produziert, was Menschen wirklich brauchen und, gemessen an modernen Ansprüchen, auch weltweit haben sollten: angefangen bei hochqualitativen, umweltfreundlich produzierten Nahrungsmitteln bis hin zu modernsten Gesundheits- und Bildungssystemen. Es ist eine höchst ungesunde Entwicklung, dass wir eine aufgeblähte, von jeder materiellen Grundlage gelöste Finanzwirtschaft haben, die mit allem spekuliert, was ihr in die Finger kommt und für sich selbst immer neue Vehikel erfindet, um noch mehr Profite zu machen. Der ist es gleichgültig, wer einen Krieg gewinnt, solange sie nur rechtzeitig weiß, wohin der Hase läuft, um für oder gegen ein Land zu wetten. Sie ist zum weltweiten Krisenproduzenten geworden, und die Auswirkungen des Jahres 2008 hängen wie Mühlsteine in Gestalt hoher Schuldenberge an den Hälsen so vieler Länder. Es wäre höchste Zeit, sich grundsätzliche Fragen zu stellen, für wie ethisch und zukunftsfest wir es halten, dass mit Rohstoffen und Nahrungsmitteln spekuliert wird oder Kriege die Aktien von Rüstungsunternehmen treiben. Solche Fragen liegen nicht erst seit gestern auf dem Tisch. Was tun wir mit der aktuellen Erkenntnis, dass wir politisch mit Verve in einen Stellvertreterkrieg marschierten, für den uns jedoch die industrielle Basis fehlt? Der Aufbau einer Rüstungswirtschaft kann nicht die Antwort sein, wenn wir gleichzeitig wissen, dass deren Produkte nur in der Zerstörung von Mensch, Tier und Umwelt münden. Kriegerische Konflikte und der notwendige ökologische und klimapolitische Schutz allen Lebens auf der Erde stehen sich diametral entgegen.

Betrachtet man die BRICS bzw. den sogenannten »Rest« der Welt, folgt er in vielem nicht den Mustern westlicher Demokratien. Nach dem Demokratieindex des *Economist* von 2023 leben knapp acht Prozent der Menschheit in vollen Demokratien. Noch nicht einmal alle EU-Staaten zählen dazu. Viele fallen unter die Kategorie »fehlerhafte Demokratie«, der auch die USA und Indien zugeordnet sind. Etwa 37 Prozent der Menschheit leben in solchen politischen Verfassungen. In sogenannten »hybriden« Staatsformen leben etwa 15 Prozent. Dazu zählen etwa die Türkei und die Ukraine. In autoritären Verhältnissen sind über 39 Prozent der Menschheit zu Hause, darunter Russen und Chinesen.[59] Etwa 80 Prozent der Menschheit sind religiös gebunden. Welchem Glauben sie folgen, ist ebenfalls hoch ausdifferenziert und von Kontinent zu Kontinent sehr verschieden. Das Pew Research Center ist dieser Frage im Jahr 2012 nachgegangen.[60]

Das alles, einschließlich religiöser Überzeugungen, hat Einfluss auf Lebensvorstellungen und Werte und in der Folge auch auf politische Verhältnisse, die als reale Unterschiede existieren. Daher versagen auch Moralpredigten oder Demokratieexportversuche regelmäßig.

Die Allgemeine Erklärung der Menschenrechte ist der einzige Leitfaden, der solche Diversität friedlich zusammenhalten kann, und das gilt in ihrer Totalität. Aber nicht umsonst steht der frei geborene und mit Würde ausgestattete Mensch, mit Vernunft und Gewissen begabt, an erster Stelle, verbunden mit der Forderung, einander im Geist der Brüderlichkeit zu begegnen. Das ist der oberste Grundsatz. Von ihm leitet sich ein sehr breites Spektrum von politischen, sozialen und wirtschaftlichen Menschenrechten ab. Nirgendwo auf der Welt ist es in Gänze eingelöst, in der EU allerdings weitgehender als beispielsweise in den USA. Zu den universellen Rechten gehört auch eine soziale und internationale Ordnung, die der Verwirklichung aller aufgelisteten Rechte dient (Art. 28). Eine selektive Menschenrechtsdebatte oder eine unipolare Welt wird jedenfalls dem Geist der Deklaration der universellen Menschenrechte nicht gerecht. Das Recht auf Leben wird in jedem Krieg, in jedem Terrorakt verletzt, aber auch in Ländern, die die Todesstrafe praktizieren. Eine soziale und internationale Ordnung, die praktisch ausschließt, dass Menschen nicht zu Sklaven oder nicht gefoltert werden, ist noch nicht entstanden. Wo sind etwa die verankerten sozialen Rechte durchgesetzt, die beispielsweise allen Menschen das Recht auf Arbeit und eine Entlohnung zusichern, die ein würdiges Leben ermöglichen? Armut ist nicht nur ein Phänomen des Globalen Südens. Wer sogenannte »westliche Werte« postuliert, stellt politisch eine Distanz zur Allgemeinen Menschenrechtserklärung her und mogelt sich überdies auch noch darum herum, dass auch in den eigenen vier Wänden nicht alles so glänzt, wie es sollte.

Denn ob und wie westliche Demokratien in diesem Zusammenhang als Beispiel und Ansporn wirken, hängt zuallererst davon ab, was sie selbst tun, bei sich zu Hause und als Teil der menschlichen Gemeinschaft, auch, wie sie in anderen Ländern wahrgenommen werden, ob als strahlende »Leuchttürme« menschlicher Sehnsüchte oder als Irrlichter, ob als ehrlicher Partner, als Zerstörer oder als Bestimmer. Hier liegt so einiges im Argen.

Schon deshalb sollten wir uns von zwei Grundannahmen befreien. Die erste lautet: Wir allein wissen, was richtig ist, und die zweite, dass alle auf der Welt so denken und handeln werden wie wir, wenn sie nur die Macht dazu bekämen. Nach Jahrhunderten europäisch-amerikanischer Dominanz sind wir beim heutigen Zustand der Welt angekommen. Er ist, gemessen an den globalen Herausforderungen und dem friedenspolitischen Auftrag der universellen Menschenrechte, in keiner Weise gut. Die Hoffnung der »vielen« lautet, die Verantwortung auf breitere Schultern zu verteilen und es besser zu machen. Wir sollten diese Hoffnung teilen, um die sich wandelnden Zeiten mitzugestalten, als Gleiche unter Gleichen. So wie es ist, darf es nicht bleiben.

Kapitel 9

Zur Rolle Deutschlands

»Zweimal haben wir die Deutschen geschlagen, jetzt sind sie wieder da.«

Britische Premierministerin Margret Thatcher, 1989[1]

Sehr vieles, was zum Konflikt und schließlich zum Krieg in der Ukraine führte, hat mit unserem Land zu tun: Mit dem Zweiten Weltkrieg, mit dem Misstrauen gegen ein sich vereinigendes Deutschland, und mit der Verschiebung einer Grenze durch diese Vereinigung, die nach dem Zweiten Weltkrieg entstanden war. Die deutsche Einigung und der demokratische Umbruch in Europa stärkten unser Land politisch und wirtschaftlich und führten zur deutschen Führungsrolle in der EU.

Das Unternehmen Barbarossa: Deutscher Vernichtungskrieg im Osten

Werfen wir zunächst einen Blick zurück in den Zweiten Weltkrieg und auf den deutschen Überfall auf die Sowjetunion. Damit brach Hitler den Ribbentrop-Molotow-Pakt und einen deutsch-sowjetischen Freundschaftsvertrag aus dem Jahr 1939. Hatte die sowjetische Führung möglicherweise geglaubt, sich mit beiden Verträgen vor einer deutschen Aggression schützen zu können, so lag sie komplett falsch.[2] Diese deutsch-sowjetischen Verträge, insbesondere der Ribbentrop-Molotow-Pakt (auch Hitler-Stalin-Pakt genannt) und sein geheimer Anhang gehören, so wie auch das Münchner Abkommen, zu den historisch wichtigen, aber auch umstrittensten Abkommen im vergangenen Jahrhundert. Denn der geheime Anhang des Paktes, mit dem zwischen Hitler-Deutschland und der Sowjetunion Einflusssphären aufgeteilt wurden, führte zur sowjetischen Okkupation des Baltikums und von Teilen Polens. Die Existenz des Anhangs wurde bis 1989 durch die Sowjetunion bestritten. Erst als diese Lüge 1989 offen zutage trat, beschloss der Oberste Sowjet, den Pakt als von Anfang an nichtig und zum Stalin'schen Unrecht zu erklären, und verurteilte den Völkerrechtsbruch.[3]

Aber Folgen dieser Geheimabsprachen leben fort: Gebietsverluste, Grenzfragen, etwaige Reparationen, Fragen der nationalen Identität, was insbesondere für die drei baltischen Staaten eine Rolle spielt.[4] Hat dieser Pakt Hitler den Rücken freigehalten, um nicht nur den Westen Europas, sondern auch Polen anzugreifen? War die Sowjetunion damit mitschuldig am Ausbruch des Zweien Weltkriegs? Das ist Gegenstand von Erklärungen, politischen Debatten und Schuldzuweisungen. Auch hier gilt: Wie die Geschichte begriffen wird, ist nie apolitisch. Wie sie zu verstehen ist, gehört zu den schwierigsten Fragen in Europa. Deutschland und die Sowjetunion, später Russland, haben sich dem nie gemeinsam gestellt. Gleiches gilt für Russland und das Baltikum oder Polen. Denn auch dort gibt es viel Verdrängtes. Das eine europäische Geschichtsbuch bleibt ungeschrieben. In seiner Abwesenheit kann man es sich leicht machen und folgende Geschichte erzählen: Es waren einmal zwei europäische Diktatoren, Teufel in Menschengestalt, die alles untereinander aufteilten und niederwalzten. Der wiedergeborene Hitler, Putin, will nun vollenden, was Hitler und Stalin ersannen.[5]

Der deutsche Überfall auf die Sowjetunion hieß »Unternehmen Barbarossa«. Der Name war Programm. Mit diesem Krieg war der deutsche Faschismus auf den großen europäischen Preis aus: auf die unermesslichen Weiten im Osten als künftiger »Lebensraum«, auf die »Kornkammer« und exquisite, schier unerschöpfliche Rohstoffe. Wozu kaufen, was man rauben konnte? Die Sowjetunion repräsentierte den ideologischen Feind, bevölkert von »Untermenschen«. Diese Bevölkerung, Juden, Kommunisten, Slawen, sollte vernichtet oder nach Bedarf als Sklaven gehalten werden. Die Vernichtungswut machte nicht einmal vor sowjetischen Kriegsgefangenen halt. Das unterschied das Vernichtungs-Unternehmen »Barbarossa« grundsätzlich vom Feldzug der Nazis nach Westen. Dort konzentrierte sich der Rassenwahn auf die Verfolgung und systematische Ausrottung der Juden, aber nicht der Holländer, Engländer oder Franzosen. Kriegsgefangene wurden besser behandelt. Gleich war, dass überall, ob in Deutschland, im Osten oder im Westen des Kontinents, antifaschistische Widerstandskämpfer erbarmungslos verfolgt, eingesperrt, gefoltert und umgebracht wurden, sowie auch viele derer, die als »asozial« oder als »unwertes« Leben betrachtet wurden.

Das Aushungern der Zivilbevölkerung der Sowjetunion war von Anfang an einkalkuliert. Goebbels witzelte, »die Russen könnten ja ihre Kosakensättel essen«. Göring sagte den »größten Massentod in Europa seit dem 30-jährigen Krieg« voraus.[6] Hitler und seine Umgebung glaubten an einen »Blitzkrieg«. Sie unterschätzten völlig, dass die sowjetische Bevölkerung erbitterten Widerstand leisten würde.[7] Sie dachten auch, Stalin würde aus dem Kreml verjagt werden, wenn er Niederlagen auf dem Schlachtfeld erlitt.[8]

Während die deutsche Wehrmacht im späten Sommer 1941 Leningrad umzingelte, marschierte sie im Süden zunächst gegen Kiew. In Bezug auf Leningrad gab es den speziellen Befehl 1-a 1601/41 »Über die Zukunft Leningrads« vom 22. September 1941. Darin hieß es, dass der Führer beschlossen habe, Leningrad »auszuradieren«. Ihm folgte ein zweiter, der Befehl 447675/41, der am 29. September verfasst, aber erst am 7. Oktober 1941 unterzeichnet wurde,[9] und die totale Blockade und das Aushungern russischer Städte vorsah. Auch ein Kapitulationsangebot sollte nicht angenommen werden. Dieser Befehl wurde infolge der Ereignisse in Kiew erlassen.[10] Dort hatte die Rote Armee vor ihrem Rückzug Gebäude vermint, was zu einem großen Brand und zahlreichen deutschen Verlusten führte. Nur bei Leningrad wurde dieser Befehl konsequent verwirklicht und die Blockade aufrechterhalten, bis die Stadt wieder befreit werden konnte. Noch waren nicht alle Brände in Kiew gelöscht, als das Massaker von Babyn Jar stattfand – offiziell als Vergeltungsaktion für die Verluste in Kiew bezeichnet –, bei dem mehr als 33 000 Juden erschossen wurden.

So verband die verbrecherische Kriegsführung der Wehrmacht zwei Städte. Babyn Jar rückte eher ins kollektive Bewusstsein, während das große Kriegsverbrechen gegen die Leningrader Bevölkerung lange von der Legende einer »sauberen Wehrmacht« verdeckt blieb und es kaum eine ausgeprägte Erinnerung daran in Deutschland gibt.

Die deutsche Erinnerung ist selektiv – das hat Folgen

Geschichtliche Ignoranz wurde von Anfang an im Umgang mit Putin deutlich. Man weiß (vielleicht), dass er aus Leningrad, heute wieder Petersburg, kommt, dass seine Familie unter der Blockade der Stadt litt, seine Mutter fast verhungert wäre, sein älterer Bruder starb. Als ARD und ZDF ihn vor seinem ersten offiziellen Besuch in Deutschland im Jahr 2000 befragten, auch zu Persönlichem, spielte das überhaupt keine Rolle. Putin brachte das Thema auch nicht auf.[11] In seiner Rede vor dem Deutschen Bundestag sprach er vor allem über Zusammenarbeit und Zukunft.[12] Putin wollte nach vorne sehen. Dass Wolfgang Thierse, der damals Bundestagspräsident war, zwar Putins Heimatstadt erwähnte, aber sich sonst auch nur in fein gedrechselten Worten verlor, wird Putin ganz sicher bemerkt haben. Jedenfalls ging die Gelegenheit zu versöhnlichen Worten verloren.

In den Jahren des anschwellenden Konfliktes mit Russland hieß es häufig, Deutsche seien wegen des Zweiten Weltkriegs gegenüber Russland befangen. Wie kann man befangen sein, wenn so vielen in Deutschland gar nicht klar ist, welch große Verbrechen Hitler-Deutschland in der Sowjetunion einst beging?

Wer sich aber der großen Verbrechen gegen die Sowjetunion erinnert, den kann es nicht verwundern, dass Russland, allen voran Putin, hochsensibel auf jedes Aufflammen nazistischer Ideen und die Glorifizierung von Nazis reagiert. Es ist Teil der Identität und hat sich in die DNA eingegraben. Das hat nicht zu Deutschenhass geführt. Aber in der Perestroika kam es offenbar auch zum Bedauern darüber, dass die Sowjetunion den Hitlerfaschismus besiegt hatte. Hätten sie es nicht einfacher haben können, wären längst Teil des Westens und könnten seit Jahren bayrisches Bier trinken, wenn der Krieg anders gelaufen wäre? Swetlana Alexijewitsch hat das in ihrem Buch *Im Banne des Todes* festgehalten: Ein Kriegsveteran, einst geehrt, und nun vom Enkel vorwurfsvoll konfrontiert, brachte sich um. Alexijewitsch hätte diese Geschichte nicht erzählt, wenn sie nicht auch in gewisser Weise typisch gewesen wäre für jene Umbruchszeiten, die auch zu Hochzeiten des Selbstmords wurden.[13]

Wer sich an das Wesen des Hitler'schen Vernichtungskriegs gegen die Sowjetunion nicht vollständig erinnert, kommt auch zu falschen Schlüssen in der Gegenwart. Das gilt nicht nur für Deutschland. Denn anderenfalls würde erkannt, dass Putin kein neuer Hitler ist, der angeblich die Vernichtung der Ukraine im Sinn hat. Der US-Wissenschaftler Nicolai Petro hat in einem Essay sehr genau seziert, ob eine russische Vernichtungsabsicht der Ukraine je erkennbar war, und seine Argumente sind sehr einleuchtend.[14]

Bis zum Krieg, und über Putins Aussagen zum Verhältnis zwischen Russland und Ukraine ist sehr viel Vernichtendes[15] geschrieben worden, begriff Putin die Ukraine als Teil der »russischen Welt«. Eine eigene Staatlichkeit sprach er ihr jedoch nie ab.[16] Er lehnte eine anti-russisch positionierte Ukraine ab, im Kern ihre Mitgliedschaft in der Nato, und alle Zeugen der Verhandlungen von Istanbul bestätigen das. Die aktuelle russische Kriegsführung entspricht einem Auszehrungskrieg[17], keinem Vernichtungskrieg, der in irgendeiner Weise mit der deutschen Kriegsführung gegen die Sowjetunion und auch Polen im Zweiten Weltkrieg vergleichbar wäre. Davon zu trennen ist, wie der politische, wirtschaftliche, soziale und demografische Zustand in der Ukraine nach dem Krieg sein wird, denn auch das ist durch die Strategie des »Siegfriedens« allein der Sprache der Waffen überlassen. Solange jedoch die Vernichtungstheorie in der Welt ist, ist es der westlichen Seite unmöglich, realistische Kriegsziele bei ihrer Unterstützung der Ukraine zu definieren, die, wie Ex-General Erich Vad betonte, fehlen.[18] Im Gegenteil tendiert dann alles dazu, auch eine direkte Beteiligung der Nato nicht mehr auszuschließen. Die Diskussion ist in der Welt, und sie zielt auf die gefährlichste Ausweitung dieses Krieges, die man sich nur vorstellen kann.

Die deutsche Aggression gegen die Sowjetunion hinterließ tiefe Spuren, die sich auf die sowjetischen Motivationen und Interessen im Umgang mit Deutschland auswirkten, zunächst gegenüber den beiden deutschen Staaten, dann aber auch im Prozess der deutschen Einigung.

Als am 9. November 1989 die Berliner Mauer fiel, geschah das nicht aufgrund internationaler politischer Absprachen. Es war vielmehr eine von der DDR ausgelöste Volksabstimmung mit den Füßen, die sich nicht darum scherte, welche außenpolitischen Empfindlichkeiten und Probleme sie mit sich brachte. Deutsche öffneten aus freiem Willen eine bis dato verbotene Tür, schritten über ihre Schwelle, wurden willkommen geheißen, gingen von Ost nach West und umgekehrt. Was in dieser Nacht und an allen darauffolgenden Tagen geschah, war nicht wieder rückgängig zu machen. Nichts würde mehr so sein, wie es war. Symbolisch ging der Kalte Krieg zu Ende, und wer hätte das nicht bejubeln wollen? Mit dem Fall der Mauer öffnete sich gleichzeitig der Weg zur Überwindung der deutschen und der europäischen Teilung.

Die Kehrseite des historischen Ereignisses hieß Unsicherheit und Destabilisierung. Willy Brandt verstand das von Anfang an sehr gut. Denn er erinnerte am 10. November 1989 in seiner Rede in Berlin zunächst an die geschichtlichen Ursprünge der deutschen Teilung. Er mahnte, dass sich die Deutschen in Ost und West dem gewachsen zeigen müssten, was an Ungewissem noch kommt. Er appellierte an die Anführer der vier Siegermächte, den Umbruch, der sich momentan nur in Konturen zeige, zu »würdigen«. Er versprach: »Die Sicherheit, die wir unseren Nachbarn und auch den großen Mächten dieser Welt bieten können, ist die, dass wir keine Lösung unserer Probleme anstreben, die sich nicht einfügt in unsere Pflichten gegenüber dem Frieden und gegenüber Europa.«[19] Mit Europa meinte Brandt den ganzen Kontinent und nicht nur, wie das heute üblich ist, die Europäische Union. Das Grundgesetz Artikel 23 unterscheidet ebenfalls sehr sorgfältig zwischen dem gesamten Europa und der europäischen Integration. Die Rede des Bundeskanzlers Kohl am Tag nach dem Mauerfall war sehr viel stärker von nationalen Tönen getragen, aber auch sie enthielt präzise Forderungen nach Augenmaß und Klugheit. Kohl sah die Ereignisse als Sieg westlicher Politik und zollte Gorbatschow »Respekt« dafür, dass dieser dem Selbstbestimmungsrecht der Völker Priorität einräume..[20] Bei aller Freude über den »glücklichsten Tag der jüngeren deutschen Geschichte« (Angela Merkel): Die internationalen Sorgen waren schnell mit den Händen zu greifen: Was machten die Deutschen da? Es gab keinen Friedensvertrag. Wie würde ein größeres Deutschland in der Mitte des Kontinents agieren? Würde es nationalistischer und womöglich militaristischer werden? Würde es wieder zu einer Bedrohung der ganzen Welt werden, noch einmal nach West und Ost marschieren? Es gab so viele ungeklärte Probleme – etwa die deutsch-polnische Grenze oder das wieder aufflammende Verlangen nach Reparationen.

Deutsche Einigung durch Diplomatie und Vertrauen

Der sich abzeichnende Prozess der deutschen Einigung stellte alle damaligen Siegermächte, aber auch alle europäischen Staaten vor die Frage, wie damit umgegangen werden sollte. Das wieder erstarkende Deutschland weckte historisch begründete Ängste. Zu diesem Zeitpunkt hatte die Sowjetunion noch 400 000 Soldaten in der DDR stationiert, was ihr unzweifelhaft ein Machtinstrument in die Hände gab. Zu den Fragen, die sich in Washington stellten, gehörte, ob die alte Bundesrepublik im Zuge der Einigung ihre Westbindung bekräftigen würde oder dem erkennbaren Drängen der Sowjetunion nachgeben könnte, sich zum neutralen Staat zu erklären oder gar der Idee eines kollektiven europäischen Sicherheitssystems nahezutreten. Von diesen Optionen hing auch ab, ob die USA ihren Platz in Europa behalten würden. Das äußerte sich bereits in der unmittelbaren US-Reaktion auf die Kohl'sche Rede im November 1989, in der er seinen 10-Punkte-Plan vorstellte, der auch eine Abrüstung in Deutschland vorsah.[21] Schließlich hatten die USA in der Alt-Bundesrepublik Truppen stationiert und Atomwaffen gelagert. Umgekehrt schrieb der damalige Sicherheitsberater von Kanzler Kohl im Dezember 1990 in Bezug auf die damalige sowjetische Interessenlage, dass eine gemeinsame europäische Ordnung als eine unverzichtbare Bedingung für die Lösung der deutschen Frage akzeptiert werden müsse.[22]

Rückblickend kann man die Zeit bis zur deutschen Einigung als eine Sternstunde internationaler Diplomatie bezeichnen, als eine Zeit des sich klugen Fügens in das Unvermeidliche und eines großen Vertrauensvorschusses für das entstehende neue deutsche Gemeinwesen. Der deutsche Einigungszug war ins Rollen gekommen, und die Geschwindigkeit nahm zu, da die DDR wirtschaftlich in eine rapide Abwärtsspirale trudelte. In beiden Teilen Deutschlands gab es im Sinne Brandts das gemeinsame Interesse, den Weg in die deutsche Einigung mit einer klaren Politik der Vertrauensbildung und der festen Verankerung Deutschlands in integrative Strukturen zu verbinden. Damit sollte deutschen Alleingängen eine definitive Absage erteilt werden. Die wichtigsten Eckpunkte, die von beiden deutschen Staaten verfolgt wurden, waren die Nato-Mitgliedschaft, die Mitgliedschaft in den damaligen Europäischen Gemeinschaften und eine Verpflichtung zur Schaffung einer gesamteuropäischen Sicherheitsordnung. Aber es gab auch konzeptionelle Unterschiede.

Die ostdeutsche außenpolitische Konzeption, die im Koalitionsvertrag der letzten DDR-Regierung niedergelegt wurde, war ganz eindeutig sehr nahe an den Überlegungen von Brandt im Herbst 1989: Die Nato-Mitgliedschaft des vereinten Deutschlands wurde als zeitweilig angesehen, die Nato sollte sich militärisch ändern, das Ziel war die Schaffung gesamteuropäischer Sicherheitsstrukturen. Man begrüßte die Möglichkeit zur Mitgliedschaft in den Europäischen Gemeinschaften und wollte gleichzeitig, dass diese sich schrittweise den neuen mittel- und osteuropäischen Demokratien öffnen. Für die erste, einzige und letzte demokratische DDR-Regierung war die KSZE der politische Rahmen für die Herstellung eines kontinentalen europäischen Friedensbündnisses.[23] Diese Ansicht wurde damals in Prag und in Warschau geteilt. Auch der deutsche Außenminister Genscher hatte dafür zunächst große Sympathie, wie seine Rede von Tutzing am 31. Januar 1990 bewies. Diese alarmierte allerdings die USA, die unbedingt ihren Einfluss in Europa aufrechterhalten wollte. Deshalb war die Nato-Mitgliedschaft des geeinten Deutschlands ihr zentrales Interesse.

Im sowjetischen Denken lebte die Erinnerung an die eigenen Opfer fort, die der Zweite Weltkrieg gefordert hatte. Deshalb verstand Gorbatschow auch das US-Interesse, in Europa verankert zu bleiben,[24] und sah die Nato-Einbindung Deutschlands als Garantie europäischer Sicherheit an, allerdings nur als eine Brücke hin zu einer kollektiven neuen Sicherheitsarchitektur für Europa, die unteilbar sein sollte.[25] Sogar eine Nato-Mitgliedschaft Russlands konnte er sich vorstellen.

Mit dieser Position entfernte sich Gorbatschow allerdings weit vom vorherrschenden Denken in Moskau, das im Mai 1990 zu dem Schluss gekommen war, ein geeintes Deutschland als Nato-Mitglied sei inakzeptabel.[26] Der russische Diplomat Valentin Falin, der als bester Deutschlandkenner seiner Zeit galt, warnte Gorbatschow in einem Vermerk vom April 1990 vor Naivität: »Der Westen spielt uns an die Wand: Er verspricht, die Interessen der UdSSR zu respektieren, aber praktisch, Schritt für Schritt separiert er uns vom traditionellen Europa«.[27] Gorbatschow dagegen vertraute auf die Macht politischer Absprachen. Er glaubte es, wenn ihm versichert wurde, dass sich die Nato politisch reformieren und auf keinen Fall weiter nach Osten ausdehnen werde. Später wurde das bestritten, aber die Archivlage im renommierten National Security Archive in den USA ist eindeutig.[28] Zynische Stimmen verweisen auf die fehlenden internationalen Verabredungen. Sie bestätigen allerdings nur, was Falin damals befürchtete: Auf das Wort des Westens war kein Verlass.

Damals aber, inmitten des deutschen Einigungsprozesses, war kein Platz für offenen Zynismus. Die Lage war viel zu ernst. Wer die deutsche Einigung wollte, musste einerseits sehr pragmatisch sein. Aber um die widerstreitenden Interessen zu versöhnen, brauchte es auch die Zuversicht in einen Zukunftsentwurf, der machbar schien.

Nato und EG existierten, aber waren auf den Westen des Kontinents konzentriert. Der Warschauer Pakt und der RGW bestanden inzwischen eigentlich nur noch auf dem Papier, waren aber noch nicht förmlich zerfallen. Eine europäische Friedensordnung, die den ganzen Kontinent erfasste und auch eine militärische Struktur hatte, gab es nicht. Unter solchen Bedingungen musste man zunächst nehmen, was man bekommen konnte, und es mit einer Zukunftsvorstellung verbinden, wie das Zusammenleben auf dem Kontinent künftig gestaltet werden soll. Sonst entsteht keine Stabilität. Die ostdeutsche Position, die den KSZE-Prozess als entscheidend für die Zukunft ansah, kam bestimmten Sicherheitsinteressen der Sowjetunion sehr nahe.[29]

1990 gab es in der Bundesrepublik und darüber hinaus die Erkenntnis, dass die sowjetischen Sicherheitsinteressen nicht verletzt werden sollten. So jedenfalls drückte sich Bundeskanzler Kohl in Moskau aus.[30] Keine westliche Stimme äußerte sich damals gegenüber sowjetischen Politikern unglücklich, irrtümlich oder gar unvorsichtig, aber wenn man sich die Analyse jener Zeit ansieht, die von Mary Elise Sarotte vorgelegt wurde und die beansprucht, die »wahre« Geschichte zu schreiben, dann war es wohl so, dass alles mehr oder weniger ein Triumph cleverer westlicher Politik gegenüber Gorbatschow war, der sowieso die schlechteren Karten hatte und dem man nun die bittere Pille etwas versüßen musste.[31]

Der Westen hatte kein politisches Interesse, die Demokratiebewegung in der Mitte und im Osten des Kontinents zu schwächen oder kommunistischen Kräften Argumente zu liefern, die sie wieder gestärkt hätten. Nichts sollte zu noch mehr Unordnung und Unsicherheit in Europa führen. Immerhin war die Sowjetunion eine Atommacht mit ausländischer Truppenstationierung, die zudem auch auf einem Arsenal chemischer Waffen saß. Aus diesem Grund hatte auch die Führung der USA damals ein Interesse am Zustandekommen der Charta von Paris im Rahmen der KSZE, die ein Bekenntnis zu einer gesamteuropäischen Sicherheitsstruktur enthält – zumindest, solange das Grundinteresse der USA an einer Nato-Mitgliedschaft Deutschlands, einschließlich Truppen und Nuklearwaffenstationierung (beschränkt auf Westdeutschland), realisiert werden konnte und sie ihre Dominanz in Europa behielt.

Selbstverständlich gab es auch die Sorge, wie sich Deutschland entscheiden würde, wenn es vor die Wahl zwischen dem Gelingen der staatlichen Einheit und einer möglichen sowjetischen Forderung nach Neutralität gestellt würde. Das wollte man vermeiden.

Im Jahr 1990 wurde die Frage, wie der Endzustand einer europäischen Sicherheitsordnung aussehen sollte, mit politischen Erklärungen beschwichtigt, aber vertraglich nicht gelöst. Wer das versucht hätte, hätte beide deutsche Staaten in eine unerträgliche Lage gebracht. Zu einer derartigen dramatischen diplomatischen Zuspitzung waren weder die USA noch die Sowjetunion oder Deutschland politisch bereit. Man kann zu der Überzeugung kommen, dass Gorbatschow damals gegenüber dem Westen zu vertrauensselig war, das eigene gute Blatt, das er hatte, nicht ausreizte, wie Horst Teltschik 2014 betonte.[32] Man kann auch glauben, Gorbatschow war es mit der deutschen Einigung so ernst, dass er sie nicht durch zu weitreichende Forderungen gefährden wollte. Es gibt viele mögliche Interpretationen. Gleichgültig, für welche man sich auch entscheidet: Im Zuge der deutschen Einigung entstand ein Konflikt, der über 30 Jahre im transatlantischen Raum bestand und ungelöst bleiben sollte. Die CIA beschrieb in einer Analyse im Juni 1990 sehr genau, worum sich alles drehte. Die sowjetische Seite wollte ihre Sicherheitsinteressen wahren und nicht in Europa marginalisiert werden. Das Setzen auf den KSZE-Prozess reflektierte gleichzeitig ihren Willen, weniger auf das Militärische und stärker auf das Politische zu bauen. Das aber, so der CIA-Verfasser, kollidierte mit dem Herzstück der »raison d'Être« der Nato, dem US-Einfluss in Europa.[33] Nun explodiert im Ukraine-Krieg die alte Frage: Wer ist der Architekt einer europäischen Sicherheitsstruktur, welchen Prinzipien soll sie folgen und wer ist daran wie beteiligt?

Die vertane Chance eines europäischen Sicherheitsbündnisses

In der Nato waren die USA der Primus und in der Realität die einzig verbliebene Supermacht. Sie wollte in Europa politisch und militärisch mit allem, was sie hatte, präsent bleiben. Damit war die Versuchung, ihren Status auszunutzen, sehr groß, was man auch als die Macht des Faktischen bezeichnen könnte. Man kann es aber auch als verfrühtes Tanzen auf dem Grab des einstigen politischen Gegners bezeichnen. Im Gespräch mit Bundeskanzler Kohl im Februar 1990 äußerte Bush senior, dass die Sowjetunion schließlich den Kalten Krieg verloren habe und ökonomisch so geschwächt gewesen sei, dass sie sich nun nicht aufspielen solle, was ihre Zustimmung zur deutschen Einigung anging. Wörtlich sagte er: »Zum Teufel damit. Wir siegten und sie nicht. Wir können den Sowjets keinen Sieg erlauben, denn sie haben verloren.« Womöglich sei die sowjetische Zustimmung zur deutschen Einigung nur eine Frage der Höhe ihrer finanziellen Unterstützung.[34] Später führte das zu der Überzeugung, man habe der Sowjetunion ihre Sicherheitsinteressen abgekauft, und noch später zu der Behauptung, ein Versprechen, dass die Nato sich nicht ausdehnen werde, habe es nie gegeben. Die Nato reklamierte für sich ein Prinzip der offenen Tür, Russland bestand auf dem Prinzip ungeteilter Sicherheit: Die Sicherheit des einen, Bündniswahlrecht hin oder her, sollte nicht auf Kosten eines anderen erkauft werden.

Auf die deutsche Einigung folgte zunächst eine Stärkung der KSZE. Die Charta von Paris 1990 stand unter der Überschrift »Für ein neues Europa«. Zum Thema Sicherheit enthielt sie die ganz grundsätzliche Formulierung:

> »Nun, da die Teilung Europas zu Ende geht, werden wir unter uneingeschränkter gegenseitiger Achtung der Entscheidungsfreiheit eine neue Qualität in unseren Sicher-

> heitsbeziehungen anstreben. Sicherheit ist unteilbar, und die Sicherheit jedes Teilnehmerstaates ist untrennbar mit der aller anderen verbunden. Wir verpflichten uns daher, bei der Festigung von Vertrauen und Sicherheit untereinander sowie bei der Förderung der Rüstungskontrolle und Abrüstung zusammenzuarbeiten.«[35]

1992 begrüßte die KSZE das neue strategische Konzept der Nato und formulierte:

> »Die Nordatlantische Allianz (Nato), eines der wesentlichen transatlantischen Bindeglieder, hat ein neues strategisches Konzept angenommen und ihre Rolle als integraler Aspekt der Sicherheit in Europa gestärkt. Durch die Schaffung des Nordatlantischen Kooperationsrates (NACC) hat sie im Einklang mit den KSZE-Zielen Strukturen der Zusammenarbeit mit neuen Partnern geschaffen.«

Darin findet sich auch der erklärte Wille, ein sicheres Fundament für Frieden und Wohlstand in Europa zu schaffen.[36]

In der Budapester Erklärung der KSZE von 1994 hieß es unter Punkt 3: »Die KSZE ist die Sicherheitsstruktur, die Staaten von Vancouver bis Wladiwostok umspannt.« Ziffer 7 nahm sich vor:

> »Durch die KSZE werden wir eine echte Partnerschaft der Sicherheit unter allen Teilnehmerstaaten aufbauen, ungeachtet dessen, ob diese auch anderen Sicherheitsorganisationen angehören oder nicht. Wir werden uns dabei von dem umfassenden Sicherheitskonzept der KSZE und der Unteilbarkeit der Sicherheit leiten lassen, wie auch von unserer Verpflichtung, einzelstaatliche Sicherheitsinteressen nicht auf Kosten anderer zu verfolgen.«[37]

Der Gipfel der OSZE, die aus der Konferenz für Sicherheit und Zusammenarbeit in Europa hervorgegangen war, verabschiedete 1996 in Lissabon eine »Erklärung über ein gemeinsames und umfassendes Sicherheitsmodell für Europa im 21. Jahrhundert«. Ziffer 7 legte erneut ausdrücklich fest, dass das Prinzip der freien Bündniswahl und die Pflicht, die Sicherheitsinteressen anderer zu respektieren, zusammengehören. Innerhalb der OSZE sei die Verantwortung für den Frieden gleich verteilt, so wie auch keine Gruppe und kein Staat für sich Einflusssphären reklamieren könne.[38] Eine gemeinsame Sicherheitscharta sollte ausgearbeitet werden.

Die *taz* berichtete damals unter der skeptischen Schlagzeile: »Große Worte und wenig Konsens«, dass die USA einen Versuch der Westeuropäer, Russland in der Frage der einzigen gesamteuropäischen Organisation entgegenzukommen, schon im Vorfeld durch ein Veto verhindert hätten.[39] Jeder könne für sich aus bestimmten Formulierungen herauslesen, was ihm wichtig sei. Im OSZE-Jahrbuch 1998 wurde nüchtern bilanziert, die Nato habe das »Schwungrad« in der europäischen Sicherheitspolitik übernommen, und John Kornblum, der damalige US-Botschafter in Deutschland, mit den Worten zitiert: »›Die Nato entwickelt sich‹ … ›schnell zu einer gesamteuropäischen Sicherheitsorganisation‹, die eine neue Sicherheitscharta [im Rahmen der OSZE, Anm. d. Aut.] alles andere als dringlich erscheinen lasse.«[40]

1999 wurde dann in Istanbul eine Charta für kooperative Sicherheit verabschiedet. Sie enthält unter anderem wortgleich die Verabredungen von Lissabon zum Verhältnis Bündnisfreiheit und unteilbarer Sicherheit. Fast am Schluss, kurz vor den Unterschriften aller, die dieser Charta zustimmten, findet sich der folgende Satz: »Dadurch wird die Charta das Fundament bilden, auf dem die OSZE ihre Rolle als einzige gesamteuropäische Sicherheitsorganisation wahrnimmt, der die Sicherung des Friedens und der Stabilität in ihrer Region anvertraut ist.«[41]

Danach kam es zu keinem weiteren Gipfeltreffen der OSZE bis zum Jahr 2010 in Astana. Anschließend versiegte der Prozess auf Spitzenebene vollständig.

Wem war nun die Gestaltung einer europäischen Sicherheitsordnung anvertraut: der Nato oder der KSZE, später OSZE? Politisch reklamierte die Nato seit 1994 diese Rolle offen für sich. Sie verband damals mit der Partnerschaft für Frieden, die alle mittel- und osteuropäischen Staaten erfasste, die grundsätzliche Offenheit zur Erweiterung. Damals hieß es allerdings noch, dass das als Teil einer gesamteuropäischen Sicherheitsstruktur verstanden werden sollte:

> »Eine Erweiterung, wenn sie denn kommt, wäre Teil einer breiten europäischen Sicherheitsarchitektur, basierend auf wahrer Zusammenarbeit in ganz Europa. Sie würde niemanden gefährden und die Stabilität und Sicherheit für ganz Europa erhöhen.«[42]

Was »wahre Zusammenarbeit« ist, liegt im Auge des Betrachters. Die Behauptung, sie gefährde niemanden und trage zur Stabilität und Sicherheit für ganz Europa bei, war längst zu einem Streitpunkt mit Moskau geworden.

1995 ging die Nato drei Schritte weiter. Zunächst deklarierte sie: »Das Bündnis bleibt der Eckpfeiler der Sicherheit und Stabilität im euroatlantischen Raum.« Dann stellte sie fest:

> »Russland muss einen wichtigen Beitrag zur Sicherheit und Stabilität Europas leisten. Eine umfassende europäische Sicherheitsarchitektur, die auf breiter und echter Zusammenarbeit basiert, erfordert die konstruktive Beteiligung Russlands in einer Weise, die seinem Gewicht und seiner Bedeutung entspricht.«[43]

Das sind brillante Wendungen. Russland ist demnach nicht mehr unverzichtbar für eine europäische Sicherheitsarchitektur und auch nicht mehr gleichberechtigt, aber es soll sich konstruktiv beteiligen, entsprechend seinen Möglichkeiten. Ob und wie es sich konstruktiv beteiligt, liegt ebenfalls im Auge des Betrachters. Drittens wurde die große Bedeutung der Ukraine für die europäische Sicherheit und für die Nato hervorgehoben. Warum wurde das gemacht? Zu jenem Zeitpunkt hätte man ebenso gut Polen erwähnen können. Aber Polen kommt in der Erklärung nicht vor.

Man fragt sich, ob diejenigen aus Deutschland, die in der KSZE Texte verhandelten, und diejenigen, die das in der Nato taten, überhaupt voneinander wussten, geschweige denn miteinander kommunizierten. In beiden Organisationen wurden Weichen gestellt, mit dem Ergebnis, dass zwei Züge aufeinander zurollten, und das ungebremst. In der Öffentlichkeit wurde nicht diskutiert, und so kam es, dass in der Bundesrepublik Deutschland die erste Nato-Erweiterung nicht in ihrer vollen gesamteuropäischen Dimension gesehen wurde. Man nahm wahr: Mittel- und osteuropäische Länder wählen sich ihre Bündnisstruktur und werden so demokratisch verankert. Dass die Nato auch ein knallhartes Militärbündnis ist und es schon Probleme mit Russland gab, schien genauso nebensächlich wie die Tatsache, dass die Nato neben der eigenen Kalten-Kriegs-Geschichte nun auch noch historische Konflikte mit Russland integrierte. So setzte sich der verfrühte Tanz auf dem Grab fort, um im Bild zu bleiben, und niemand bedachte, dass sich Russland weder seine Sicherheitsinteressen abkaufen ließ, noch dass es sich von seiner tiefen Schwächung wieder erholen würde. Im Gegenteil: 1997 sagte Senator Joe Biden beim Atlantic Council sinngemäß, Russland könne sich seine Bedenken wegen einer Nato-Osterweiterung schenken. Es habe keine Alternative, als sich dem Westen anzuschließen, und eine Option auf ein Zusammengehen mit China oder gar dem Iran hielt er für lachhaft.[44]

Krieg in Europa: Nicht ohne Vorgeschichte, nicht alternativlos

Es ging scheinbar alles gut. Bis im Jahr 2014 Russland mit der Annexion der Krim die Zähne zeigte und erstmals seit 1991 Völkerrecht brach. Damals gab es in Deutschland noch ein gewisses Erschrecken, wie es so weit kommen konnte, ob Deutschland womöglich Fehler gemacht hätte. Die ARD produzierte eine Sendung mit dem Titel »Aggressor Putin – Die Fehler des Westens«.[45] Es ging darin nicht um einseitige Schuldzuweisungen, sondern um einen nüchternen Blick in die Geschichte. Wolfgang Ischinger, einer der Architekten des Nato-Russland-Rates, räumte ein, dass dieser kein Gremium Gleicher sei, weil die Nato (sprich auch Deutschland) das weder gewährleisten könne noch wolle. Horst Teltschik, ehemaliger außenpolitischer Berater von Kanzler Kohl, sprach von »Narretei«, wenn man glaube, Russland zu etwas zwingen zu können. General Kujat, ehemaliger Generalinspekteur der Bundeswehr und bis 2005 Vorsitzender des Nato-Militärausschusses, äußerte: »Wir müssen verhindern, dass aus dem militärischen Konflikt in der Ukraine ein militärischer Konflikt um die Ukraine wird.« Die Sendung enthielt keine Referenz zum OSZE-Prozess, denn der lag längst am Boden. Kommentare zu dieser Sendung auf Youtube, die aus der jüngeren Zeit stammen, applaudierten der ARD für diesen ausgewogenen, differenzierten und ehrlichen Beitrag. Leider sei heute so etwas nicht mehr vorstellbar, war zu lesen. Kujat hatte recht, schrieb einer. Man könnte den *Panorama*-Beitrag der ARD rückblickend auch so kommentieren: Er dokumentiert, dass die deutsche Politik der »Zeitenwende« auf einem politischen Schwindel fußt. Denn er enthüllt, dass die deutsche oder westliche Politik in elementaren Sicherheitsfragen zu keinem Zeitpunkt freundlich oder gar naiv gegenüber Russland auftrat. Sie genoss ihren Sieg und erlag so einem fatalen historischen Irrtum. Sie glaubte, das Fell des Bären verteilen zu können, obwohl der noch nicht erlegt war.

Der russische Angriff auf die Ukraine 2022 war weder anlasslos noch zwingend. Er hätte verhindert werden können, ja müssen. Nach seinem Ausbruch hätte er durch Verhandlungen zügig zu Ende gebracht werden müssen. Deutschland hätte die Möglichkeiten dazu gehabt, gemeinsam mit Frankreich. Das hätte den Lehren aus der deutschen Geschichte entsprochen, unserem europäischen Integrationsmodell und auch unseren Zukunftsinteressen. Im Kern verbindet die europäische Integration die Realität europäischer Diversität mit der souveränen Gleichheit aller. Das Maß des Gemeinsamen wird ausgehandelt. Für eine Welt, in der immer mehr und höchst verschiedene Akteure selbstbewusst nach gleicher Mitsprache verlangen, bieten die Geschichte und die Erfahrungen der europäischen Integration reiches Material und Inspiration.

George Friedman, ein sehr einflussreicher amerikanischer Sicherheitsexperte, vertrat dazu immer eine andere Meinung. Er kritisierte die europäische Vorstellung, dass Krieg in Europa undenkbar geworden sei, als »europäischen Exzeptionalismus«. Kriege seien unvermeidlich, wenn die Interessen es erfordern, und die Europäer würden von ihrem hohen Thron fallen und wieder auf dem Boden der Realität landen, prognostizierte er 2015.[46] Friedman spricht immer aus der Perspektive einer verinnerlichten US-Hegemonie, die kühl seziert, aber der das europäische Schicksal nicht wirklich nahegeht. Daher nahm er auch kein Blatt vor den Mund, was die USA angeht: Die würden nichts mehr fürchten als ein Zusammengehen von Deutschland und Russland, die Kombination deutscher Wirtschaftskraft und russischer Ressourcen. Deutschland sei schwer kalkulierbar, da es ökonomisch sehr stark sei, aber geopolitisch unentschieden. Russland müsse von Deutschland abgeschnitten werden. Russland glaube, die USA wollten es zerbrechen. Friedman hielt das für ein bisschen übertrieben, es gehe vielleicht nur um Schwächung. Zur Ukraine erinnerte er daran, dass die USA (damals in der Person des Generalleutnants Ben

Hodges) ukrainische Soldaten mit US-Auszeichnungen 2015 dekoriert hätten, so als wären sie Teil der US-Armee. Teile und herrsche, das schien ihm die richtige Politik für das US-Imperium.[47]

Es kann also niemand sagen, er hätte nicht gewusst, wie die USA ticken. Wenn man sich dann trotzdem widerstandslos unterordnet, gehen die eigenen politischen Stärken verloren. Schlimmer noch, man riskiert, in den Abwärtsstrudel, in dem sich die USA befinden, mit hineingezogen zu werden. Denn die USA sind keine Demokratie im westeuropäischen Verständnis. Peter Turchin, der in Österreich forscht, bezeichnete sie als Plutokratie,[48] als Herrschaft der Reichen. Die USA sind weit entfernt von dem, was wir als den europäischen »way of life« ansehen, der schützenswert ist. Das beginnt dabei, dass Geld sich nicht offen Macht kaufen kann, bei uns die Vorstellung einer sozialen Marktwirtschaft dominiert, die dem Staat eine Rolle zuweist, und es reicht bis zu öffentlich-rechtlichen Medien, die, wenn sie ihren Auftrag ernst nehmen, unparteiische Informationslieferanten sind. Die Entsolidarisierung in den USA und die soziale Ungleichheit sind sehr weit fortgeschritten – das müsste aus deutscher oder EU-Sicht so beängstigend sein, dass man alles tun müsste, um nicht in eine ähnlich tragische Situation zu geraten. Wenn man den USA dennoch folgt, aber aggressive imperiale Machtausübung nur spiegeln kann, weil man weder das Potential noch die gesellschaftlichen Bedingungen dazu hat, sie erfolgreich auszuüben, verwundet man sich selbst und wird zur tragischen Figur.

Eigenartigerweise enthüllte das der ehemalige grüne Außenminister Joschka Fischer, der als Erster mit der Forderung nach einer atomaren Bewaffnung der EU in die Öffentlichkeit ging.[49] Ein solches Ansinnen nimmt einen kolossalen Völkerrechtsbruch in Kauf, den Bruch des NVV-Vertrages. Es folgt allein der allgegenwärtigen politischen Logik, es müsse eskaliert werden, um zu deeskalieren. Die darin liegende Unvernunft ist eigentlich offensichtlich: Aktionen ziehen Gegenreaktionen nach sich. Aber nicht allen ist das mehr bewusst. Die einzige Lösung, verlässlich Sicherheit zu schaffen, besteht in einer gesamteuropäischen Sicherheitsarchitektur und in der weltweiten Abschaffung der nuklearen Massenvernichtungswaffen. Nichts an diesem Projekt ist einfach und unkompliziert zu erreichen, und es kann sehr lange dauern.

Jenseits von politischen, ökonomischen und militärischen Faktoren beherrschen die UA auch den Informationsraum. Sie prägen Denkweisen und Kultur. Sie spionieren über die NSA und mithilfe von Alliierten die ganze Welt aus. Die Bundeskanzlerin, der deutsche Außenminister und der deutsche Finanzminister wurden, glaubt man dänischen Berichten zu den Jahren 2013 bis 2015, mittels dänischer Ressourcen ausgeforscht.[50] Denn wenn die eigenen Interessen die ganze Welt umspannen, ist es wichtig zu wissen, was vor sich geht und dafür zu sorgen, dass alle »vom gleichen Notenblatt singen«.[51] Ja, das ist der autoritäre Traum. Notfalls begräbt man dafür die Wahrheit unter allen möglichen Begründungen, etwa, dass sie dem politischen Gegner nützen könnte.

Deutschland sollte seine Macht in der EU für den Frieden nutzen

Die deutsche Einigung und der demokratische Umbruch in Mittel- und Osteuropa stärkten die Bundesrepublik politisch wie wirtschaftlich und machten sie zum unbestrittenen Anführer in der EU. Die erste Erweiterung der EU führte zu einer verbesserten Sicherheitslage: Unser Land war nur noch von EU-Partnern umgeben und dadurch wuchsen die Möglichkeiten zur Kooperation. Bereits in den 90er-Jahren weitete Deutschland die wirtschaftliche Zusammenarbeit aus und wurde zum unbestrittenen Hauptgewinner beim Zugang zu den neuen mittel- und osteuropäischen Märkten.[52] Die Schaffung des Euro erfolgte nach deutschen währungspolitischen Vorstellungen, und Deutschland nutzte die Gelegenheit, unterbewertet beizutreten. Das zahlte sich genauso aus wie die deutsche Energiepolitik gegenüber Russland: Zwischen 1990 und 2020 stieg das Bruttoinlandsprodukt pro Kopf um mehr als das Doppelte.

Nach der deutschen Einigung festigte sich die deutsche Führungsrolle in der EU. Das deutsch-französische »Nein« zur Teilnahme am Irak-Krieg muss für einen Hegemonialideologen wie Brzeziński die Manifestierung eines Albtraums gewesen sein, zumal diese Ablehnung mit der russischen und der chinesischen Position korrelierte. Zwischen 2003 und 2005 gab es drei deutsch-französisch-russische Treffen. Auf dem letzten, in Kaliningrad, wurde verabredet, dass bei einer Neuordnung des Sicherheitsrates Deutschland einen ständigen Sitz bekommen solle.[53] Das waren klare Zeichen größeren deutschen Selbstbewusstseins und einer gewissen Emanzipation von den USA. Von Condoleezza Rice, 2003 nationale Sicherheitsberaterin von Bush, ist die zweifellos ironisch gemeinte Reaktion kolportiert: »Strafe Frankreich, ignoriere Deutschland und vergib Russland.«[54] Gemeint war wohl eher: strafe alle, wann immer du kannst.

Bundeskanzlerin Merkel folgte bis 2015 (Beteiligung am Einsatz in Syrien) einem nichtmilitaristischen Kurs und profilierte sich zur unangefochtenen Führungsperson in der EU. Auf sie wartete man, bevor die Beratungen begannen. Deutschland schrieb in jenen Jahren das völlig rücksichtslose Drehbuch zur Überwindung der EU-Schuldenkrise und beeinflusste nachhaltig die europäische Energiepolitik, die lange auf der Zusammenarbeit mit Russland beruhte. Ihren europapolitischen Höhepunkt überschritt Merkel 2015. Sie spielte nicht fair in Bezug auf das Minsk-Abkommen, was den USA nutzte. Völlig unabgestimmt im Rahmen der EU öffnete sie die deutschen Grenzen für Kriegsflüchtlinge, vornehmlich aus Syrien. Nicht nur die Briten dachten damals, die Deutschen hätten den Verstand verloren.[55] Dieser Vorgang beflügelte den Brexit und stieß die EU in eine weitere politische Krise. Schon die »Euro-Rettung« hatte den Zusammenhalt extrem geschwächt und große soziale Opfer im Süden Europas gefordert. In der Migrationsfrage waren die neuen EU-Staaten entschiedene Gegner. Obendrauf kam das Nord-Stream-2-Projekt. Es entzweite die EU weiter und stand im völligen Widerspruch zum US-Interesse, durch Energieexporte die Wirtschaftskraft der USA zu stärken und ihre außenpolitische Führungsrolle zu untermauern.[56] Wenn die Europäer von Energieimporten abhängig sind, dann doch wohl besser von den USA als von Russland. Das war das Kalkül hinter der Sanktionspolitik gegen den Bau von Nord Stream 2. Merkel verteidigte sehr lange, gegen alle Widerstände, dieses Vorhaben, bis zum Sommer 2021. Dann ergab sie sich auch dort mehr oder weniger den USA.[57] Nord Stream 2 hätte nur noch gerettet werden können, wenn Deutschland sich in der Nato gegen die USA gestellt und auf ernsthafte Verhandlungen mit Russland über dessen Sicherheitsinteressen gedrängt hätte. Stattdessen suchte Deutschland den Schulterschluss mit den USA und beteiligte sich an der Konzeption des Wirtschaftskrieges gegen Russland.

Nord Stream 1 und 2 wurden am 26. September 2022 Ziel des bislang größten Terrorakts gegen eine Infrastruktur. Ein souverän entschiedenes Projekt verwandelte sich in größtenteils Schrott auf dem Grund der Ostsee, um Worte von Frau Nuland aufzugreifen.[58] Bildlich steht das für die deutsche Entscheidung, sich uneingeschränkt den USA unterzuordnen.

Im Ergebnis ist die EU bei LNG-Gas abhängig von den USA.[59] Norwegen ist nun auch viel reicher. EU-Staaten begannen überdies auf den globalen Energiemärkten zu wildern, zulasten Dritter, und das Zeitalter des Zugangs zu billiger Energie nahm für die deutsche Wirtschaft ein Ende. Der amerikanische Albtraum indes erfüllte sich, wenn auch anders als gedacht: in der Kombination aus russischem Ressourcenreichtum, russischer Militärtechnologie und den chinesischen Kapazitäten.

Polen und die Ukraine hatten bis zum September 2021 keine Aversion gegenüber russischem Gas. Ihre Vorbehalte gegenüber Nord Stream lagen daran, dass ihnen durch die Umgehung ihrer Territorien Transitgebühren entgingen. Es gab bis zum Jahr 2022 auch keine Anzeichen, dass Russland Energie zur Waffe machen würde. Zweimal kam es zu Störungen in der Gasversorgung von EU-Ländern, 2006 und 2009. Sie waren Resultat ukrainisch-russischer Streitigkeiten, die mittels der EU gelöst wurden. Im Jahr 2021 lautete der politische Vorwurf an Russland, es liefere der EU nicht so viel Gas (über Spotmärkte), wie es könne. Tatsächlich hielt sich Russland penibel an die Vertragspflichten, aber füllte darüber hinaus vorrangig die eigenen Speicher.

Während die USA vergeblich sanktionierten, denn Nord Stream 2 wurde fertiggebaut, nahm die Zahl der Kritiker gegen Nord Stream 2 in Deutschland und in Europa zu. So braute sich eine gefährliche Kombination aus gezielt geschürter Russlandphobie und grüner Aversion gegen Industrie zusammen. Deutschland war dabei Mittäter und fiel ihr schließlich gleichzeitig zum Opfer. Als Nord Stream 2 am 22. Februar 2022 aufgegeben wurde, um »Putins Kriegskasse nicht zu füllen«, war absehbar, dass eine alternative Energiebeschaffung höhere Umweltkosten und höhere Energiepreise in Deutschland nach sich ziehen und die Abhängigkeit von den USA erhöhen würden. So ist es auch gekommen.

Politisch wurde der Sabotageakt auf die Pipelines in Deutschland mehr oder weniger resigniert aufgenommen. Gleichzeitig waren viele schnell bei der Hand, gegen alle Vernunft Russland für das Attentat verantwortlich zu machen. Die offiziellen deutschen Untersuchungen sind zum Staatsgeheimnis erhoben. An einer unabhängigen Untersuchung im Rahmen der UNO hatte im Westen niemand Interesse. In deutschen und in US-Medien wird parallel die Schuld am Sabotageakt in Richtung Polen beziehungsweise Ukraine verschoben, was ebenfalls politisch folgenlos bleibt. Niemand stellt die politische Frage, warum wir Deutschen einem mutmaßlichen Täter, der deutsche Infrastruktur zerstörte und deutsche Unternehmen schädigte, massive finanzielle und militärische Hilfe gewähren oder gar auf die Verstetigung der Unterstützung drängen sollten? Ansonsten sind doch alle mit Vorverurteilungen, wenn es um Russland geht, schnell bei der Hand. Wir denken, dass das Nord Stream-Attentat aufgeklärt werden muss und dass das, wenn überhaupt, nur in einer international unabhängigen Untersuchung gelingen kann.

Russische Energie wird nun verarbeitet und demzufolge auch teurer über Indien erworben. Die umweltschädlicheren LNG-Importe aus den USA stiegen massiv an. 2024 entdeckte die Biden-Administration, dass LNG-Gas sehr umweltschädlich ist, und veranlasste eine Überprüfung der Exportgenehmigungspraxis. Was das für weitere LNG-Projekte in den USA bzw. für deutsche und europäische LNG-Gasimporte aus Übersee bedeuten könnte, ist noch nicht klar absehbar. Jedenfalls haben nun die USA ein Druckmittel in der Hand. Ob demnächst noch russisches Gas über die Ukraine in einige EU-Länder kommt, war Anfang 2024 nicht geklärt. Bis heute ist die ukrainische Pipeline-Infrastruktur mehr oder minder im alten Zustand aus Sowjetzeiten, in eine Modernisierung hat niemand investiert.

Der Stellvertreterkrieg gegen Russland in der Ukraine steht unter keinem guten Stern, aber die Durchhalteparolen verändern sich nicht. Es wird nicht innegehalten, sich nicht gefragt, warum alle Pläne bislang nicht aufgingen. Die deutsche Regierung kennt aktuell nur einen Ausweg aus dem Debakel: Weiter so. Gemeinsam mit vier anderen Regierungschefs der EU verfasste der Bundeskanzler einen Artikel für die *Financial Times*. Darin sprechen sie sich für eine Langzeitanstrengung zur Bewaffnung der Ukraine aus.[60] Der französische Präsident hat diesen Artikel nicht mitverfasst. Wurde er nicht gefragt oder war er nicht einverstanden? Genauso improvisiert wirkt der Vorstoß von Macron, nunmehr im Ukraine-Krieg nichts mehr auszuschließen, also auch nicht mehr den Einsatz eigener Streitkräfte. Damit wurde ein tiefes außenpolitisches Zerwürfnis der beiden wichtigsten EU-Staaten, Deutschland und Frankreich, für jeden offenbar. Deutschland und Russland betrachten sich heute als Gegner. Der Eindruck verfestigt sich, dass es der russischen Politik mehr oder minder gleichgültig ist, was Deutschland denkt, sagt oder tut, solange beide Länder nicht direkte Kriegsparteien sind. Im günstigsten Fall werden sich die USA und Russland im Ukraine-Krieg arrangieren. Scheitert ein Arrangement, kommt es zu einer Ausweitung des Krieges. Die USA werden womöglich ihre Alliierten konsultieren, vielleicht auch nicht, frei nach dem geteilten Verständnis, dass die USA auch eine europäische Macht sind, die als Anführerin unser Schicksal für uns regelt. Was aus der Ukraine wird und wie das die deutsche und europäische Sicherheitslage beeinflusst, ist völlig offen. Was, wenn die Ukrainer merken, dass sie verheizt wurden? Was werden die Kriegstraumata anrichten?

Summa summarum: Eine derart abhängige und kurzsichtige Außenpolitik wie aktuell hat es noch nie in Deutschland gegeben. Nicht unter Brandt, Schmidt, Kohl, Schröder, auch nicht unter Merkel. Gleichzeitig wird davon geträumt, zur stärksten konventionellen militärischen Macht in der EU aufzusteigen. Mit hysterischen Warnungen vor einer mutmaßlichen russischen Aggression gegen die Nato, falls Russland die Ukraine besiegen sollte, die mit Forderungen nach konsequenter Militarisierung und Kriegsertüchtigung einhergehen, gehen der deutsche Realitätsverlust und der Mangel an politischer Weitsicht in eine neue und noch gefährlichere Runde. Rüdiger Lüdeking, ehemaliger Ständiger Vertreter Deutschlands bei der OSZE und den Vereinten Nationen, hat das in der *Süddeutschen Zeitung* vom 1. März 2024 in ähnlicher Weise auf den Punkt gebracht: Uns ist der Sinn für Realitäten im Umgang mit Russland abhandengekommen.

Weder in den USA noch in Deutschland hat sich die Einsicht Bahn gebrochen, dass es nicht möglich ist, Russland zu besiegen, ohne den Dritten Weltkrieg zu führen, wie eine Gruppe ehemaliger Nachrichtendienstmitarbeiter aus den USA ausführt.[61] Ein solcher Krieg muss mit allen Mitteln vermieden werden, wenn man nicht die ganze Welt zum Schicksal Karthagos verdammen will.

Aber es scheint, als sei die westliche Politik blind dafür. Die auch bei uns gängige Behauptung, wenn die Ukraine mangels Unterstützung militärisch verliere, bestehe die Gefahr eines russischen Angriffs auf die Nato, entbehrt jeder realen Grundlage.

Der CIA-Direktor William Burns hat jüngst in Erinnerung gerufen, wie die US-Interessenlage ist: Russland ist nur das Vorspiel, der eigentliche Gegner heißt China. Die USA, sprich die Nato, können es sich nicht leisten, gegenüber China schwach zu erscheinen. Wer fest an der Seite der Ukraine steht, trifft Vorsorge für einen möglichen chinesischen Griff nach der Weltherrschaft. Nur China ist der Rivale, der die USA als Hegemon verdrängen kann.[62] In dem Fall muss man Burns zustimmen. Immer geht es aus Sicht der USA um ihre globale Dominanz. Dem wird alles andere untergeordnet: das Schicksal Deutschlands und Europas, einschließlich der Ukraine, einschließlich Russland. Wollen wir direkt in den Krieg gegen Russland ziehen, um China abzuschrecken, falls die Ukraine militärisch am Verlieren ist? Denn darauf läuft alles hinaus.

Unter solchen Bedingungen trampelt man nicht wie ein deutscher Elefant im Porzellanladen herum, sondern müsste innerhalb der EU, aber auch international alles tun, um den aktuellen Krieg in der Ukraine umgehend zu beenden und sich dann um Versöhnung in Europa zu bemühen. Damit Verständigung entsteht und Frieden. Wir sind nicht zur Gegnerschaft oder gar Feindschaft mit irgendeinem Land der Welt verdammt. Wie das ausgeht, wissen wir aus der Geschichte. Wir sollten von uns selbst erwarten, dass ein ganz praktisches und stetes Bemühen um Frieden das deutsche Markenzeichen in der Welt ist. So will es das Grundgesetz. Eine Vasallenrolle ist dort genauso wenig festgeschrieben wie die verheerende Ansicht, Russland sei der ewige Feind.

Dank

Wir bedanken uns beim Heyne Verlag, der uns die Gelegenheit bot, unsere Sicht der Dinge zu veröffentlichen. Wir sind ebenfalls unserer Lektorin Sophie Dahmen sehr dankbar, der wir wertvolle Hinweise und Anregungen verdanken. Außerdem gilt unser Dank Antje Ziermann, die als Erste das Manuskript gelesen hat und die Arbeit hilfreich begleitete.

Wir danken im Übrigen allen, die mit uns in den letzten Jahren diskutiert und ihr Wissen und ihre Erfahrungen geteilt haben. Es waren sehr viele.

Für das Buch stehen wir allein gerade, und sollten sich Fehler eingeschlichen haben, verantworten wir diese allein.

Anhang

Anmerkungen

Kapitel 1: **Ein Stellvertreterkrieg als gute Investition**

1 https://clausewitzstudies.org/readings/VomKriege1832/_VKwholetext.htm#1-1
2 All-In Summit 2023 at Royce Hall on UCLA's campus in Los Angeles, Gespräch mit Graham Allison: https://www.youtube.com/watch?v=7InV_thsIv0, ab Minute 26.
3 https://www.stern.de/noch-fragen/was-genau-ist-nun-pax-americana-hat-sie-sich-veraendert-was-bedeutet-sie-heute-fuer-uns-1000238541.html
4 https://www.jfklibrary.org/archives/other-resources/john-f-kennedy-speeches/american-university-19630610
5 https://www.whitehouse.gov/briefing-room/speeches-remarks/2022/03/26/remarks-by-president-biden-on-the-united-efforts-of-the-free-world-to-support-the-people-of-ukraine/
6 https://scholarship.law.columbia.edu/cgi/viewcontent.cgi?article=3932&context=faculty_scholarship
7 https://www.youtube.com/watch?v=KN9qqetjiPA
8 Siehe die Rede des Präsidenten in Warschau, https://www.whitehouse.gov/briefing-room/speeches-remarks/2022/03/26/remarks-by-president-biden-on-the-united-efforts-of-the-free-world-to-support-the-people-of-ukraine/
9 https://www.foreignaffairs.com/russian-federation/world-putin-wants-fiona-hill-angela-stent
10 https://archive.ph/yFA2i
11 Der *Focus* berichtete 2018 darüber, übersetzte allerdings wie folgt: »Ja, das wird eine globale Katastrophe für die Menschheit sein. Es wird eine globale Katastrophe für den Planeten sein. Aber als Bürger Russlands und als russischer Präsident frage ich: Wozu brauchen wir eine Welt, in der es kein Russland gibt?«
https://www.focus.de/politik/ausland/bei-einem-angriff-auf-seinen-staat-putin-redet-von-atomarem-gegenschlag-welt-nichts-mehr-wert_id_8579931.html
12 https://www.whitehouse.gov/briefing-room/statements-releases/2022/01/25/background-press-call-by-senior-administration-officials-on-russia-ukraine-economic-deterrence-measures/
13 https://responsiblestatecraft.org/russia-sanctions/

14 https://www.un.org/en/black-sea-grain-initiative/data
15 https://www.ft.com/content/e558de33-6064-4b10-a784-eb344cb17915
16 https://www.capital.de/wirtschaft-politik/russland--was-tun-mit-den-eingefrorenen-300-mrd--dollar-aus-russland--34379232.html
17 https://www.iwkoeln.de/presse/pressemitteilungen/christian-rusche-geldabfluesse-in-deutschland-so-hoch-wie-nie.html sowie https://bdi.eu/artikel/news/droht-deutschland-die-deindustrialisierung
18 https://www.oecd.org/newsroom/OECD-G7-Report-Fostering-Economic-Resilience-in-a-World-of-Open-and-Integrated-Markets.pdf
19 https://ecfr.eu/publication/the-art-of-vassalisation-how-russias-war-on-ukraine-has-transformed-transatlantic-relations/
20 Eine vollständige Dokumentation der amtlichen Verlautbarungen ist auch einsehbar unter https://petraerler.substack.com/p/ruckblick-marz-2022-wer-kein-schnelles
21 Vgl. https://www.bundesregierung.de/breg-de/suche/deutschland-frankreich-die-usa-und-grossbritannien-beraten-die-lage-in-der-ukraine-2010752
22 https://www.consilium.europa.eu/de/press/press-releases/2022/03/24/g7-leaders-statement-brussels-24-march-2022/
23 https://www.whitehouse.gov/briefing-room/speeches-remarks/2022/03/26/remarks-by-president-biden-on-the-united-efforts-of-the-free-world-to-support-the-people-of-ukraine/
24 https://edition.cnn.com/2022/04/25/politics/biden-administration-russia-strategy/index.html
25 https://www.pravda.com.ua/eng/news/2022/05/5/7344206/
26 https://www.berliner-zeitung.de/politik-gesellschaft/gerhard-schroeder-im-exklusiv-interview-was-merkel-2015-gemacht-hat-war-politisch-falsch-li.2151196
27 https://www.bild.de/politik/ausland/politik-ausland/ukraine-krieg-russland-und-ukraine-sprechen-von-fortschritt-bei-verhandlungen-79440796.bild.html
28 https://www.pravda.com.ua/eng/news/2022/05/5/7344206/
29 https://www.youtube.com/watch?v=JREMEqXSpGA
30 https://www.pravda.com.ua/eng/news/2023/11/24/7430282/
31 https://www.youtube.com/watch?v=t2zpV35fvHw, ab Minute 24
32 https://www.herald.co.zw/zelensky-rejected-favourable-peace-deal-with-russia-ex-aide/#:~:text=«I%20was%20a%20member%20of,a%20done%20deal%2C%20he%20added
33 https://www.eurointegration.com.ua/eng/articles/2022/03/30/7136915/
34 https://www.rev.com/blog/transcripts/impeachment-trial-day-2-transcript-adam-schiff-opening-argument-speech-transcript
35 https://www.eurointegration.com.ua/eng/articles/2022/03/30/7136915/

36 https://apnews.com/article/russia-ukraine-war-battle-for-kyiv-dc559574ce9f6683668fa221af2d5340 sowie https://internationalepolitik.de/de/russlands-versagen

37 https://www.nachdenkseiten.de/?p=111101

38 https://www.csis.org/analysis/russias-ill-fated-invasion-ukraine-lessons-modern-warfare

39 https://www.theguardian.com/world/2022/dec/28/the-battle-for-kyiv-revisited-the-litany-of-mistakes-that-cost-russia-a-quick-win

40 Vgl. https://www.foreignaffairs.com/russian-federation/world-putin-wants-fiona-hill-angela-stent

41 https://web.archive.org/web/20220510122013/https://www.bloomberg.com/opinion/articles/2022-05-10/russia-ukraine-war-putin-s-right-that-u-s-is-waging-a-proxy-war

42 https://www.washingtonpost.com/national-security/2022/06/17/long-war-ukraine/

43 http://en.kremlin.ru/events/president/news/69390

44 https://www.youtube.com/watch?v=rCmo4o4qlB0

45 https://www.Nato.int/cps/en/Natohq/opinions_218172.htm

46 https://www.foreignaffairs.com/ukraine/putin-running-out-options-ukraine

47 https://www.tagesschau.de/multimedia/sendung/tagesthemen/video-1209272.html

48 https://www.bbc.com/news/world-europe-64855760

49 https://www.nzz.ch/international/nach-wagenknecht-demo-erich-vad-will-nicht-mehr-auftreten-ld.1730748

50 https://shape.Nato.int/saceur/saceur-cavoli-remarks-at-rikskonferensen--salen--sweden

51 https://www.newsweek.com/did-eucom-commander-general-cavoli-say-russia-winning-ukraine-1801251

52 https://www.washingtonpost.com/national-security/2023/12/13/ukraine-war-discord-leaks/

53 https://www.cnbc.com/2023/07/14/zelenskyy-absurd-comment-how-Nato-pressured-ukraine-to-show-more-gratitude.html

54 https://www.youtube.com/watch?v=zHDPj04F7rg

55 https://www.president.gov.ua/en/news/rosiyi-kazhut-pro-mir-vona-vidpovidaye-raketami-zvernennya-p-79161

56 https://www.usip.org/publications/2022/11/missile-strikes-poland-how-russias-war-could-spread

57 https://twitter.com/ZelenskyyUa/status/1592647150504407042

58 https://www.spiegel.de/politik/deutschland/raketeneinschlag-in-polen-sorry-ich-habe-den-dritten-weltkrieg-ausgerufen-kolumne-a-200172fa-d764-43d4-9b72-9007627d81e4

59 https://apnews.com/article/russia-ukraine-Nato-army-europe-government-and-politics-cd4784c14184575269e5073b28899a72
60 https://www.politico.eu/article/volodymyr-zelenskyy-ukraine-wont-attend-Nato-vilnius-summit-without-accession-signal/#:~:text=«If%20we%20are%20not%20acknowledged,security%20alliance%20during%20this%20war.
61 https://www.hoover.org/research/risks-alliance-ukraine
62 https://www.washingtonpost.com/opinions/2023/07/18/ukraine-war-west-gloom/
63 https://www.georgesoros.com/1993/11/01/toward-a-new-world-order-the-future-of-Nato/
64 https://www.iaea.org/statements/iaea-director-general-statement-to-united-nations-security-council-25-january-2024
65 https://www.iaea.org/newscenter/pressreleases/update-213-iaea-director-general-statement-on-situation-in-ukraine
66 https://www.iaea.org/newscenter/pressreleases/update-168-iaea-director-general-statement-on-situation-in-ukraine-0
67 https://www.euronews.com/my-europe/2023/05/05/if-we-dont-support-ukraine-ukraine-will-fall-in-a-matter-of-days-says-josep-borrell
68 https://www.ft.com/content/925d2d15-57bf-4a1b-b010-4e009be85f5a
69 https://www.youtube.com/watch?v=xKBoepljC2U, ab Minute 3.

Kapitel 2: **Schritte in den Krieg**

1 Madeleine Albright in einem Brief an Bundesaußenminister Kinkel, 6. Oktober 1998 (eigenes Archivmaterial)
2 https://nsarchive2.gwu.edu/coldwar/documents/episode-1/kennan.htm
3 https://www.iwm.org.uk/history/how-churchill-roosevelt-and-stalin-planned-to-end-the-second-world-war
4 https://www.history.com/news/yalta-conference-big-three-wwii-cold-war#
5 https://affiliate.wcu.edu/tuckasegeevalleyhistoricalreview/spring-2020/friends-of-necessity-the-effects-of-the-1939-german-soviet-nonaggression-pact/
6 Ebd.
7 https://www.Nato.int/cps/en/Natohq/opinions_139274.htm
8 Mit diesem Bild hat Gorbatschow möglicherweise einen Gedanken von Churchill aufgenommen, der in seiner »Eisernen-Vorhangs-Rede« vom März 1946 mit Bezug auf die UNO die Bibel mit den Worten zitierte: »in meinem Haus sind viele Wohnungen.« (Johannes 14,2)

9 https://nsarchive.gwu.edu/document/16140-document-26-u-s-department-state-europeanhttps://nsarchive.gwu.edu/document/16140-document-26-u-s-department-state-european, S. 4.

10 https://www.theatlantic.com/ideas/archive/2022/05/russia-putin-colonization-ukraine-chechnya/639428/

11 https://www.archives.gov/files/declassification/iscap/pdf/2008-003-docs1-12.pdf

12 https://www.cia.gov/library/abbottabad-compound/BD/BD4CE651B07CCB8CB069F9999F0EADEE_Zbigniew_Brzezinski_-_The_Grand_ChessBoard.pdf, S. 72. (Online-Version auf dem Server der CIA)

13 Ebd., S. 39.

14 https://securityconference.org/assets/02_Dokumente/01_Publikationen/MunichSecurityReport_2015.pdf, S. 20

15 https://www.rand.org/pubs/research_briefs/RB10014.html

16 https://archive.org/details/FischerFritzGermanysAimsInTheFirstWorldWar/page/n561/mode/2up?view=theater, insbesondere ab S. 500.

17 https://nsarchive.gwu.edu/briefing-book/russia-programs/2018-03-16/Nato-expansion-what-yeltsin-heard

18 https://www.Nato.int/acad/conf/enlarg97/sharp.htm

19 https://nsarchive.gwu.edu/document/16137-document-23-record-conversation-between

20 https://www.armscontrol.org/act/1997-06/arms-control-today/opposition-Nato-expansion

21 Sandra Kostner/Stefan Luft (Hrsg.), Ukrainekrieg. Warum Europa eine neue Entspannungspolitik braucht. Westend-Verlag, Frankfurt 2023, Zeitzeugengespräch mit Willy Wimmer.

22 Protokoll der Sitzung des Deutschen Bundestages, 13. Wahlperiode vom 16. 10. 1998

23 https://www.spiegel.de/politik/der-etwas-andere-krieg-a-13926bd0-0002-0001-0000-000015376096

24 https://www.wilsoncenter.org/publication/220-bombing-to-bring-peace

25 https://ifsh.de/file-CORE/documents/jahrbuch/99/Loquai.pdf

26 https://www.osce.org/files/f/documents/d/d/17772.pdf

27 https://daserste.ndr.de/panorama/archiv/2000/Scharping-schasst-General-Kritik-am-Kosovo-Krieg-unerwuenscht,erste7388.html

28 https://monde-diplomatique.de/artikel/!5584546

29 https://www.bundesregierung.de/breg-de/suche/pressekonferenz-von-bundeskanzler-scholz-und-praesident-putin-zum-besuch-des-bundeskanzlers-in-der-russischen-foederation-am-15-februar-2022-2005530

30 https://www.theguardian.com/world/2021/nov/04/ex-Nato-head-says-putin-wanted-to-join-alliance-early-on-in-his-rule

31 Vgl. Erklärung von General Pace, stellvertretender Vorsitzender der militärischen Oberkommandos der USA, https://www.govinfo.gov/content/pkg/CHRG-108shrg94843/html/CHRG-108shrg94843.htm

32 https://www.themoscowtimes.com/2010/11/18/5-reasons-why-russia-will-never-join-Nato-a3105

33 https://twitter.com/GerardAraud/status/1523714460896006144

34 https://history.defense.gov/Historical-Sources/National-Security-Strategy/

35 Ebd.

36 https://www.bits.de/EURA/natsecconc.pdf

37 https://www.bundestag.de/parlament/geschichte/gastredner/putin/putin_wort-244966

38 https://georgewbush-whitehouse.archives.gov/infocus/iraq/news/20021122-2.html

39 https://ciaotest.cc.columbia.edu/olj/sa/sa_jan02baj01.html

40 https://www.foreignaffairs.com/articles/united-states/2006-03-01/rise-us-nuclear-primacy

41 https://www.washingtonpost.com/archive/politics/2004/03/30/7-former-communist-countries-join-Nato/476d93dc-e4bd-4f05-9a15-5b66d322d0e6/

42 https://www.govinfo.gov/content/pkg/CHRG-108shrg94843/html/CHRG-108shrg94843.htm Außerdem erklärte Wolfowitz bei dieser Gelegenheit ebenfalls, dass die Nato auch eine Methode hatte, um fehlenden Konsens zu umgehen.

43 https://www.Nato.int/cps/en/Natohq/official_texts_17120.htm?selectedLocale=de

44 Ebd.

45 https://de.wikipedia.org/wiki/Nato-Osterweiterung#Sowjetische_Rezeption_von_Nato-Nichterweitungsaussagen

46 https://www.washingtonpost.com/archive/politics/2004/03/30/7-former-communist-countries-join-Nato/476d93dc-e4bd-4f05-9a15-5b66d322d0e6/

47 https://search.wikileaks.org/plusd/cables/02ROME1723_a.html

48 Ebd.

49 https://das-blaettchen.de/2019/03/von-us-maezenatentum-und-russischen-indianern-47824.html

50 https://millercenter.org/the-presidency/presidential-oral-histories/robert-m-gates-deputy-director-central

51 https://wikileaks.org/plusd/cables/08MOSCOW265_a.html#efmBTnBfi

52 http://www.en.kremlin.ru/events/president/transcripts/24833

53 https://www.refworld.org/pdfid/44a280124.pdf

54 https://jamestown.org/program/kyiv-bans-foreign-military-basing-on-ukrainian-territory/
55 https://www.bundesregierung.de/breg-de/service/bulletin/rede-von-bundeskanzlerin-dr-angela-merkel-796164
56 https://www.bundesregierung.de/breg-de/service/bulletin/rede-von-bundeskanzlerin-dr-angela-merkel-796198
57 https://www.kyivpost.com/post/10444
58 https://www.reuters.com/article/us-Nato-ukraine-bush-idUSL0141706220080401
59 https://www.spiegel.de/international/world/Nato-expansion-defeat-france-and-germany-thwart-bush-s-plans-a-545078.html
60 https://www.fdd.org/wp-content/uploads/2023/02/fdd-monograph-arsenal-assessing-iran-ballistic-missile-program.pdf
61 https://iranprimer.usip.org/sites/default/files/Nuclear_Elleman_Ballistic%20Missiles.pdf
62 https://www.youtube.com/watch?v=zUuVOzE-sRY
63 https://www.reuters.com/article/idUSLE8075/
64 https://www.theguardian.com/world/2010/dec/06/wikileaks-cables-poland-russia-shield
65 https://www.Nato.int/cps/en/Natohq/news_68871.htm
66 https://www.refworld.org/pdfid/48b25d082.pdf
67 https://warontherocks.com/2018/09/russian-performance-in-the-russo-georgian-war-revisited/ sowie https://web.archive.org/web/20130522220917/http://strategicstudiesinstitute.army.mil/pubs/parameters/Articles/09spring/mcdermott.pdf
68 https://www.bundesregierung.de/resource/blob/2065474/452948/0b04ce5fa0040474fa108a904db361e4/2010-06-07-meseberg-memorandum-deutsch-data.pdf?download=1
69 https://wikileaks.org/plusd/cables/04BRUSSELS4235_a.html, S. 14.

Kapitel 3: **Das Tauziehen um die Ukraine – die Lunte brennt**

1 https://www.reuters.com/world/biden-pledge-security-aid-first-meeting-with-ukraines-zelenskiy-2021-09-01/
2 https://www.theguardian.com/world/2010/apr/21/ukraine-black-sea-fleet-russia
3 In einem geleakten Telefonat zwischen dem estnischen Außenminister und Lady Ashton, damals zuständig für EU-Politik, kommt dieser Verdacht zur Sprache.
https://www.youtube.com/watch?v=F-PAQFWhe2c

4 https://www.researchgate.net/publication/266855828_The_Snipers%27_Massacre_on_the_Maidan_in_Ukraine

5 https://twitter.com/I_Katchanovski/status/1714652168337150188 Aber

6 https://www.welt.de/print/die_welt/politik/article126815616/Wer-waren-die-Scharfschuetzen-auf-dem-Maidan.html

7 https://content.bautz.de/neuerscheinungen-2014/pdf/9783883099064.pdf

8 https://www.huffingtonpost.co.uk/david-morrison/president-yanukovych_b_7647102.html

9 https://www.bundestag.de/resource/blob/412192/070958f26cea3ca9687beb3698e75097/wd-3-304-14-pdf-data.pdf

10 https://www.washingtonpost.com/opinions/ukraines-next-chapter/2014/02/24/a26822be-9d87-11e3-a050-dc3322a94fa7_story.html

11 https://content.bautz.de/neuerscheinungen-2014/pdf/9783883099064.pdf, S. 12f.

12 https://2009-2017.state.gov/p/eur/rls/rm/2013/dec/218804.htm

13 https://transcripts.cnn.com/show/fzgps/date/2015-02-01/segment/01

14 https://www.youtube.com/watch?v=MSxaa-67yGM

15 https://www.youtube.com/watch?v=JoW75J5bnnE

16 https://www.youtube.com/watch?v=1iWbvJhbPaA,

17 https://www.defenseone.com/threats/2014/03/dempsey-reassures-Nato-allies-ukraine/80125/

18 https://www.brookings.edu/articles/the-obama-doctrine-and-ukraine/

19 https://www.youtube.com/watch?v=1iWbvJhbPaA,

20 https://www.youtube.com/watch?v=-Ivt2NmbyGg

21 https://www.washingtonpost.com/world/transcript-obama-addresses-Nato-strength-at-march-26-news-conference-in-brussels/2014/03/26/ade45c16-b4f2-11e3-b899-20667de76985_story.html

22 https://www.tagesschau.de/ausland/Nato-ukraine-georgien-ts-100.html

23 https://www.dw.com/de/bis-heute-nicht-aufgekl%C3%A4rt-brand-im-gewerkschaftshaus-in-odessa/a-38598749

24 https://www.riotimesonline.com/brazil-news/modern-day-censorship/the-military-situation-in-the-ukraine-as-seen-by-an-ex-member-of-the-swiss-strategic-intelligence/

25 Vgl. https://crsreports.congress.gov/product/pdf/R/R45008, S. 17

26 Emmanuel Todd, La Défaite de l'Occident, Gallimard, 2023.

27 https://www.kyivpost.com/post/10744

28 https://english.ctivd.nl/documents/reports/2015/10/13/index

29 https://2009-2017.state.gov/secretary/remarks/2014/07/229506.htm

30 https://www.youtube.com/watch?v=dcKVCtg5dxM, ab Minute 35:35

31 https://www.nytimes.com/2024/02/25/world/europe/cia-ukraine-intelligence-russia-war.html

32 https://consortiumnews.com/2024/02/01/icj-rules-against-ukraine-v-russia-on-terrorism-mh17/

33 https://www.facebook.com/photo.php?fbid=694844643935719&set=p.694844643935719&type=1. Wie man sieht, ist der Himmel strahlend blau. Auf einem Video, das Menschen kurz nach dem Unglück auf dem Weg zur Unglücksstelle zeigt, ist das Wetter dieses Tages klar erkennbar: Der Himmel war bewölkt. https://www.youtube.com/watch?v=-hbAirCuNnAl

34 https://www.facebook.com/anton.gerashchenko.7/posts/694787050608145

35 https://www.youtube.com/watch?v=nkTRJgDkNFg

36 Ein Foto schrieb dabei Geschichte: Es zeigte einen »Rebellen« mit Zigarette und Teddybär. Später ergab sich, dass das Foto geschickt aus einem Video geschnitten worden war, aus dem klar hervorging, dass der Mann abgestoßen war von der Tragödie. https://augengeradeaus.net/2014/07/infowar-ukraine-der-separatist-das-stofftier-und-der-blinde-fleck/

37 https://www.osce.org/ukraine-smm/121521

38 Hier der niederländische Ministerpräsident Mark Rutte: https://www.youtube.com/watch?v=XGzcHd118mM

39 https://www.osce.org/cio/121391

40 https://www.Nato.int/cps/en/Natohq/opinions_117320.htm

41 »Die Vereinbarungen von »Minsk II« umfassen – grob skizziert – eine umfassende Waffenruhe und die Einrichtung einer Pufferzone, einen Gefangenenaustausch, die Überwachung des Waffenstillstandes durch die OSZE, eine Verfassungsreform in der Ukraine mit der Einräumung eines »Sonderstatus« für die Rebellengebiete rund um Donezk und Luhansk, die Durchführung von Lokal- bzw. Regionalwahlen, die Wiederaufnahme von Grenzkontrollen an der Grenze zu Russland sowie eine Amnestie für Straftaten im Zusammenhang mit dem Ost-Ukrainekonflikt.« (Wissenschaftlicher Dienst des Bundestags, https://www.bundestag.de/resource/blob/880828/23b6372347d72f843cb197002f229887/**WD**-2-081-21-pdf-data.pdf)

42 https://www.consilium.europa.eu/media/21888/european-council-conclusions-19-20-march-2015-en.pdf

43 https://www.moonofalabama.org/2022/03/zelensky-and-the-fascists-he-will-hang-on-some-tree-on-khreshchatyk.html https://incident.obozrevatel.com/ukr/crime/dmitro-yarosh-1-chastina-intervyu.htm

44 https://nationalinterest.org/feature/will-nationalism-poison-ukraines-new-president-66897

45 https://www.youtube.com/watch?v=aC71EN-oI10

46 https://kyivindependent.com/hollande-there-will-only-be-a-way-out-of-the-conflict-when-russia-fails-on-the-ground/

47 https://www.tagesspiegel.de/politik/absolut-unerwartet-putin-zeigt-sich-enttauscht-von-merkel-wegen-ausserungen-zur-ukraine-9006844.html

48 https://www.chathamhouse.org/2020/05/minsk-conundrum-western-policy-and-russias-war-eastern-ukraine-0/minsk-2-agreement

49 https://www.academia.edu/40762963/Leaked_Kremlin_emails_show_Minsk_protocol_designed_as_path_to_Ukraines_capitulation

50 https://www.dw.com/de/minsk-2-zwischen-scheitern-und-neustart/a-52339518

51 https://www.tagesspiegel.de/politik/merkel-spricht-uber-ihre-ukraine-politik-ich-hatte-nicht-mehr-die-kraft-mich-durchzusetzen-8917339.html

52 https://edition.cnn.com/2022/02/08/europe/putin-coarse-remarks-ukraine-intl/index.html

53 https://archive.is/Q5Eol

54 https://theowp.org/ukraine-declares-all-options-possible-even-war-to-retake-crimea-from-russia/

55 https://www.kyivpost.com/post/9332

56 https://www.facebook.com/watch/?v=520262486393407

57 https://www.state.gov/u-s-ukraine-charter-on-strategic-partnership/

58 https://www.bbc.com/news/world-europe-59567377

59 https://www.reuters.com/world/europe/kremlin-says-both-sides-follow-up-quickly-putin-biden-talks-2021-12-08/

60 https://www.whitehouse.gov/briefing-room/statements-releases/2021/12/07/readout-of-president-bidens-video-call-with-president-vladimir-putin-of-russia/

61 http://en.kremlin.ru/events/president/news/67315

62 http://en.kremlin.ru/events/president/news/67487

63 https://ua.usembassy.gov/readout-of-president-bidens-phone-call-with-president-vladimir-putin-of-russia/

64 https://elpais.com/infografias/2022/02/respuesta_otan/respuesta_otan_eeuu.pdf

65 https://responsiblestatecraft.org/2022/02/02/leaked-drafts-of-Nato-us-responses-to-russia-are-surprisingly-revealing/

66 https://www.youtube.com/watch?v=Tgd6L2-JxX8, ab Minute 12:06

67 https://www.youtube.com/watch?v=EHOse_NAyrs

68 https://www.osce.org/files/2022-02-17%20Daily%20Report_ENG.pdf, sowie https://www.osce.org/files/2022-02-20-21%20Daily%20Report_ENG.pdf?itok=82567

69 https://www.reuters.com/world/europe/russia-says-sharp-increase-shelling-donbass-is-alarming-2022-02-18/

70 https://www.theguardian.com/world/2022/feb/20/ukraine-claims-russian-bias-among-frontline-monitors-after-western-pull-out

71 https://www.bundesregierung.de/breg-de/suche/pressekonferenz-von-bundeskanzler-scholz-und-praesident-putin-zum-besuch-des-bundeskanzlers-in-der-russischen-foederation-am-15-februar-2022-2005530

72 https://www.youtube.com/watch?v=Tgd6L2-JxX8; https://www.bundesregierung.de/breg-de/aktuelles/pressekonferenz-von-bundeskanzler-scholz-und-dem-praesidenten-der-ukraine-selensky-am-14-februar-2022-in-kiew-2004978

73 https://www.thetimes.co.uk/article/weakened-west-is-sleepwalking-towards-a-new-era-of-conflict-qdrqkkzzh

Kapitel 4: **Der endlose Kalte Krieg oder Wie der Westen Putin erschuf**

1 https://securityconference.org/assets/02_Dokumente/01_Publikationen/MunichSecurityReport_2015.pdf, S. 22.

2 https://web.archive.org/web/20150820074459/https://www.thenation.com/article/new-american-cold-war-2/

3 Ebd.

4 https://www.youtube.com/watch?v=8X7Ng75e5gQ

5 https://youtu.be/0R5aFW7Ra2I

6 https://millercenter.org/the-presidency/presidential-oral-histories/robert-m-gates-deputy-director-central

7 https://www.cia.gov/readingroom/docs/19950601.pdf

8 https://millercenter.org/the-presidency/presidential-oral-histories/robert-m-gates-deputy-director-central

9 https://nsarchive.gwu.edu/document/16831-document-11-memorandum-telephone-conversation

10 Nach Anne Reids Buch *Blokada. Die Belagerung von Leningrad 1941–1944* ist auch Franz Halder ein solches Beispiel. Er war Chef des Generalstabs des Heeres im Zweiten Weltkrieg und arbeitete nach Kriegsende als Leiter der deutschen Abteilung der kriegsgeschichtlichen Forschungsgruppe der United States Army.

11 https://www.bundespraesident.de/SharedDocs/Reden/DE/Frank-Walter-Steinmeier/Reden/2021/06/210618-D-Russ-Museum-Karlshorst.html

12 http://en.kremlin.ru/events/president/transcripts/24080

13 Nach Robert Gates war Jelzin bereit, das ganze Land zu zerstören, um Gorbatschow politisch zu beerben. Persönliche Machtinstinkte mögen eine Rolle gespielt haben, aber offenbar gab es unter den geschichtlichen Bedingungen damals auch keine vernünftige Alternative, sonst wäre das ganze Projekt schnell in sich zusammengebrochen.

14 https://www.elibrary.imf.org/display/book/9781616350840/ch007.xml

15 Später kam es zum Bruch zwischen Beresowski und Putin.

16 https://www.washingtonpost.com/archive/politics/2000/01/01/yeltsin-resigns-i-did-all-i-could/9e683583-906a-44bd-b75b-66c95c95b108/

17 https://newtimes.ru/articles/detail/133191

18 https://web.archive.org/web/20110101035319/http://www.jamestown.org/single/?no_cache=1&tx_ttnews%5Btt_news%5D=11498&tx_ttnews%5BbackPid%5D=213

19 https://www.theguardian.com/world/2000/jul/18/russia.ameliagentleman; Der Vollständigkeit halber sei hinzugefügt, dass Beresowski auch den Krieg gegen Tschetschenien nicht unterstützte.

20 Es handelt sich um dessen Werk *Freedom, Repression and private Property in Russia*, Cambridge University Press, 2013.

21 Emmanuel Todd, *La Défaite de l'Occident*, Gallimard, 2024, Kindle Ausgabe, S. 48

22 https://www.timesofisrael.com/russias-priorities-are-clear-after-netanyahu-putin-call-and-israel-isnt-one-of-them/

23 Anmerkung: Die russische Kindersterblichkeitsrate ist heute geringer als die der USA, annähernd auf dem Niveau Frankreichs, aber gleichzeitig immer noch doppelt so hoch wie die in Deutschland.

24 Emmanuel Todd, *La Défaite de l'Occident*, S. 63.

25 https://docs.iza.org/dp14544.pdf

26 https://www.brookings.edu/articles/can-russia-halve-poverty-by-2024/

27 https://wikileaks.org/plusd/cables/00HELSINKI2613_a.html

28 https://www.nytimes.com/2004/12/15/opinion/the-poison-puzzle.html

29 https://www.memri.org/reports/liberal-post-modern-life

30 https://www.thetimes.co.uk/article/weakened-west-is-sleepwalking-towards-a-new-era-of-conflict-qdrqkkzzh

31 https://newsletterhunt.com/rss_entries/31602

32 https://www.nzz.ch/feuilleton/gabriele-krone-schmalz-aufstieg-und-fall-einer-russland-versteherin-ld.1714394

33 https://www.youtube.com/watch?v=hQ58Yv6kP44

34 https://www.theguardian.com/world/2007/feb/11/usa.russia

35 https://www.spiegel.de/politik/ausland/sicherheitskonferenz-in-muenchen-putin-schockt-die-europaeer-a-465634.html

36 https://www.stern.de/politik/ausland/muenchner-sicherheitskonferenz-2007--als-putin-dem-westen-den-neuen-kalten-krieg-erklaerte-33206466.html

37 https://web.archive.org/web/20170516104629/http://www.wingia.com/web/files/services/33/file/33.pdf?1464661002

38 https://news.err.ee/1608977948/fiona-hill-ukraine-in-the-new-world-disorder

39 https://www.youtube.com/watch?v=lAVlaIJWP-Q

40 https://obamawhitehouse.archives.gov/the-press-office/remarks-president-obama-and-president-medvedev-russia-new-start-treaty-signing-cere

41 https://www.theguardian.com/world/2011/apr/26/libya-us-british-putin-gaddafi

42 https://publications.parliament.uk/pa/cm201617/cmselect/cmfaff/119/119.pdf

43 https://www.youtube.com/watch?v=mlz3-OzcExI

44 https://www.reuters.com/article/libya-gaddafi-putin-idUSR4E7K701B20111026

45 https://www.berliner-zeitung.de/politik-gesellschaft/wladimir-putin-agiert-zwangsneurotisch-und-will-vor-allem-eines-nicht-wie-gaddafi-enden-li.274233

46 https://www.reuters.com/article/idUSTRE79K5CQ/

47 https://www.youtube.com/watch?v=8QFF3kLyUGY

48 https://abcnews.go.com/Blotter/osama-bin-laden-unarmed-killed-white-house/story?id=13520152

49 https://www.politico.com/news/magazine/2021/04/30/osama-bin-laden-death-white-house-oral-history-484793

50 https://www.sueddeutsche.de/politik/reaktionen-auf-den-tod-von-osama-bin-laden-die-falsche-freude-der-c-parteigaenger-1.1092681

51 https://www.govinfo.gov/content/pkg/PLAW-112publ208/html/PLAW-112publ208.htm, ab S. 1495

52 Ebd.

53 https://www.magnitskyawards.com/about/the-global-magnitsky-justice-campaign/

54 https://magnitskyact.com

55 https://hudoc.echr.coe.int/fre#%7B%22itemid%22:[%22001-195527%22]%7D

56 https://www.politico.com/magazine/story/2015/02/sergei-magnitsky-murder-114878/

57 https://wikileaks.org/clinton-emails/emailid/23225

58 https://www.judicialwatch.org/wp-content/uploads/2015/05/Pg.-291-Pgs.-287-293-JW-v-DOD-and-State-14-812-DOD-Release-2015-04-10-final-version11.pdf, vgl. Buchstaben B, C und nachfolgenden Text

59 https://www.youtube.com/watch?v=-EghwCDNyiY

60 https://www.nytimes.com/interactive/2016/09/30/world/middleeast/john-kerry-syria-audio.html?_r=0
Im vollständigen Video wird diese Erklärung um Minute 19 abgegeben.

61 Der folgende Link enthält die Berichterstattung sowie den originalen Gesprächsmitschnitt, im englischen Wortlaut zu hören ab Minute 26

https://www.dailysabah.com/syrian-crisis/2017/01/07/us-watched-daesh-gaining-power-kerry-admits-in-leaked-audio

62 http://en.kremlin.ru/events/president/transcripts/interviews/60836

63 https://www.opcw.org/sites/default/files/documents/2023/11/EU%20statement%20CSP-28%20-%20General%20debate%20%20%2822112023%29%20FINAL%20with%20aligments%20%281%29.pdf

64 https://www.theguardian.com/world/2018/mar/22/andrei-zheleznyakov-soviet-scientist-poisoned-novichok#:~:text=Analysis-,%27It%27s%20got%20me%27%3A%20the%20lonely%20death%20of%20the,Soviet%20scientist%20poisoned%20by%20novichok&text=Before%20former%20spy%20Sergei%20Skripal,young%20Soviet%20chemical%20weapons%20scientist.

65 Die *Washington Times* berichtete am 4. Februar 1997 über einen geheimen Forschungsbericht des US-Wissenschaftler Poarch vom 24.1.1997, in dem es um die Nowitschok-Gifte ging. Danach sind Nowitschok-Gifte so giftig wie VX und so behandlungsresistent wie Soman. Diese Veröffentlichung erwähnt zum ersten Mal überhaupt das Gift A 234, das bei den Skripals im Blut gefunden wurde. Der sowjetische Chemiewaffenwissenschaftler Mirzayanow, der die Nowitschok-Gifte 1995 öffentlich machte, listete dieses damals nicht auf.
https://web.archive.org/web/20160630100950/http://fas.org/news/russia/1997/msg00043c.htm; ebenfalls enthalten in Band 4 der Anhörung zur Chemiewaffenkonvention, S 298; https://books.google.de/books?id=qMde2jOZCHsC&pg=PP3&hl=de&source=gbs_selected_pages&cad=1#v=onepage&q=298&f=false
sowie
https://www.stimson.org/wp-content/files/file-attachments/Report17_1.pdf, S. 25, Tabelle 2.

66 https://www.theguardian.com/uk-news/2018/apr/03/porton-down-experts-unable-to-verify-precise-source-of-novichok

67 https://www.theguardian.com/uk-news/2018/apr/03/porton-down-experts-unable-to-verify-precise-source-of-novichok

68 Jeder Kontakt mit einer bestimmten Menge an Nervengift führt selbst nach Behandlung zu irreversiblen Schädigungen beim Menschen, speziell im Gehirn; vgl. etwa die Ausführungen der folgenden Studie aus dem Jahr 2020, ab Punkt 3: https://www.sciencedirect.com/science/article/abs/pii/S002839082030366X

69 https://www.opcw.org/sites/default/files/documents/2023/07/ec103dg17%28e%29.pdf

70 https://www.theguardian.com/football/2018/jun/10/russia-basks-world-cup-mi6-vladimir-putin-england-vote

71 https://www.youtube.com/watch?v=n-cJu-6QFC8, ab Minute 6:00

72 https://www.buzzfeednews.com/article/heidiblake/from-russia-with-blood-14-suspected-hits-on-british-soil

73 https://isc.independent.gov.uk/wp-content/uploads/2021/03/CCS207_CCS0221966010-001_Russia-Report-v02-Web_Accessible.pdf, S. 17.

74 https://carnegieendowment.org/2017/02/13/trump-and-russia-right-way-to-manage-relations-pub-67995

75 https://www.buzzfeednews.com/article/kenbensinger/these-reports-allege-trump-has-deep-ties-to-russia

76 https://www.npr.org/2017/06/01/530941011/clinton-says-she-was-right-about-vast-russia-conspiracy-investigations-ongoing

77 https://www.politico.eu/article/nancy-pelosi-on-donald-trump-with-him-all-roads-lead-to-russia-vladimir-putin/

78 https://www.foxnews.com/politics/dni-brennan-notes-cia-memo-clinton

79 https://www.cbsnews.com/news/john-brennan-challenges-to-democracy-ethics/

80 https://intelligence.house.gov/uploadedfiles/shawn_henry_testimony_dec_5_2017.pdf, S. 31.

81 Vgl z.B. Jacques Baud *Putin – Herr des Geschehens?* Die umfassendsten Recherchen zum »Russiagate« machte der Journalist Aaron Maté. Sein Buch zu dem Thema ist in der deutschen Übersetzung für den Sommer 2024 angekündigt. Die englische Originalversion *Cold War, Hot War: How Russiagate Created Chaos from Washington to Ukraine* erschien 2023.

82 https://www.dni.gov/files/documents/ICA_2017_01.pdf

83 https://www.cbsnews.com/news/john-brennan-challenges-to-democracy-ethics/

84 https://www.youtube.com/watch?v=DIMh1SQKr50

85 https://taz.de/Laptop-Affaere-um-Hunter-Biden/!5957657/

86 https://www.politico.com/f/?id=00000175-4393-d7aa-af77-579f9b330000

87 https://judiciary.house.gov/media/press-releases/testimony-reveals-fbi-employees-who-warned-social-media-companies-about-hack

88 https://www.washingtonpost.com/outlook/2020/10/24/hunter-biden-laptop-disinformation/

89 https://nypost.com/2023/05/07/ex-cia-chief-michael-morell-misled-signers-of-hunter-biden-spy-letter-by-saying-hed-clear-it-with-agency/

90 https://www.washingtonpost.com/outlook/2020/10/24/hunter-biden-laptop-disinformation/

91 https://www.youtube.com/watch?v=Ate_Zv2xDqE

92 https://www.youtube.com/watch?v=m6pJd6O_NT0

93 https://www.youtube.com/watch?v=P5JzoVsHl3Q

Kapitel 5: **Die politische Auflösung der Sowjetunion und ihr gefährliches Erbe**

1 https://www.nytimes.com/2000/02/20/world/path-power-political-profile-putin-steering-reform-but-with-soviet-discipline.html

2 https://www.politico.eu/article/opinion-russia-benefits-disintegration/

3 https://www.atlanticcouncil.org/blogs/ukrainealert/russias-ukraine-invasion-is-the-latest-stage-in-the-unfinished-soviet-collapse/

4 International Monetary Fund (Hrsg.): A Study of the Soviet Economy, 3 Bde., hier: Bd. 1, https://www.elibrary.imf.org/display/book/9789264134683/9789264134683.xml, S. 7.

5 Ebd., S. 198.

6 https://nsarchive.gwu.edu/document/23635-memorandum-telephone-conversation-between-president-bush-and-president-leonid

7 Ebd.

8 Unter »weitere« Staaten fielen definitiv die drei baltischen Republiken, die längst Völkerrechtssubjekte geworden waren und sich in der Folge auch nicht an der GUS beteiligten.

9 https://www.jstor.org/stable/23262734?read-now=1&seq=3#page_scan_tab_contents, S. 189ff.

10 https://www.focus.de/politik/deutschland/bei-gespraechsformat-in-berlin-nach-heftiger-kritik-heute-stellt-sich-merkel-den-fragen-zu-ihrer-russland-politik_id_107946667.html

11 https://www.venice.coe.int/webforms/documents/?pdf=CDL(1994)054-e, S. 144.

12 https://nsarchive.gwu.edu/document/27272-document-9-memorandum-telephone-conversation-bush-yeltsin-december-8-1991

13 https://www.venice.coe.int/webforms/documents/?pdf=CDL(1994)054-e, S. 15.

14 Ebd., S. 149.

15 Ebd., S. 152.

16 https://nsarchive.gwu.edu/document/27273-document-10-memorandum-telephone-conversation-gorbachev-bush-december-25-1991-last

17 https://shron1.chtyvo.org.ua/Solchanyk_Roman/Ukraine_and_Russia_The_Post_Soviet_Transition_anhl.pdf?

18 https://www.nytimes.com/2024/02/25/world/europe/cia-ukraine-intelligence-russia-war.html

19 Vgl. den Vertrag von Alma-Ata, aber auch https://www.icanw.org/faq_on_ukraine_and_nuclear_weapons

20 https://treaties.un.org/doc/Publication/UNTS/Volume%203007/Part/volume-3007-I-52241.pdf

21 Prof. John Mearsheimer, an dem man nicht vorbeikommt, wenn es um die internationalen Beziehungen der USA geht, liefert bis heute großartige Analysen zu den Konflikten, bei denen die USA involviert ist. Er ist nicht Mainstream, aber es wird ihm zugehört. Seine Auffassung, dass die Ukraine 1994 niemals ihre Atomwaffen hätte aufgeben dürfen (die die Ukraine nie besaß), von Bill Clinton aktuell unterstützt, zeigt allenfalls, dass sich auch große Geister profund irren können.

22 https://treaties.un.org/doc/Publication/UNTS/Volume%203007/Part/volume-3007-I-52241.pdf

23 https://shron1.chtyvo.org.ua/Solchanyk_Roman/Ukraine_and_Russia_The_Post_Soviet_Transition_anhl.pdf S. 185 ff.

24 Ebd., S. 198, Tabelle 9.2

25 https://apps.dtic.mil/sti/tr/pdf/ADA360381.pdf

26 A Study of the SovietEconomy, Bd. 1, S. 214, Tabelle 13, https://www.elibrary.imf.org/display/book/9789264134683/9789264134683.xml

27 https://www.elibrary.imf.org/display/book/9789264134683/9789264134683.xml, S. 212, Tabellen 9 und 10

28 Ebd., S. 213, Tabelle 11

29 Ebd., Tabelle 12

30 Ebd., S. 216, Tabelle 16

31 http://en.kremlin.ru/events/president/transcripts/21357

32 Vgl. ebd., S. 225, Tabelle 26, Zahlen von 1988

33 Vgl. ebd., S. 220, 221 und 223, Tabellen 21, 23 und 24

34 Vgl. https://georgewbush-whitehouse.archives.gov/news/releases/2005/02/20050224-6.html

35 https://treaties.un.org/doc/Publication/UNTS/Volume%203007/Part/volume-3007-I-52240.pdf

36 http://en.kremlin.ru/events/president/news/38025

37 http://en.kremlin.ru/events/president/transcripts/22661

38 https://www.wilsoncenter.org/publication/fraud-or-fairytales-russia-and-ukraines-electoral-experiences

39 https://www.foreignaffairs.com/articles/russia-fsu/2005-03-01/ukraines-orange-revolution

40 https://www.atlanticcouncil.org/blogs/ukrainealert/how-ukraines-orange-revolution-shaped-twenty-first-century-geopolitics/

41 https://www.foreignaffairs.com/articles/eastern-europe-caucasus/2010-02-04/burnt-orange

42 https://academic.oup.com/fpa/article/18/4/orac017/6651345

43 https://wikileaks.org/plusd/cables/08MOSCOW1517_a.html

44 https://treaties.un.org/doc/Publication/UNTS/Volume%203007/Part/volume-3007-I-52240.pdf

45 https://wikileaks.org/plusd/cables/08MOSCOW587_a.html
46 https://www.foreignaffairs.com/articles/eastern-europe-caucasus/2010-02-04/burnt-orange
47 Ebd.
48 https://www.tandfonline.com/doi/full/10.1080/09668136.2016.1173200
49 https://www.youtube.com/watch?v=sehuAOw0-NI

Kapitel 6: **Eine Reise ins Ungewisse: Die EU und die Ukraine**

1 https://www.spiegel.de/ausland/jean-claude-juncker-haelt-ukraine-fuer-nicht-beitrittsfaehig-a-734c4836-cc20-483a-8b6f-72b45c2aad81
2 https://www.bpb.de/kurz-knapp/lexika/das-europalexikon/177295/tacis/
3 ECU – European Currency Unit – war bis 1998 die Rechnungseinheit der Europäischen Gemeinschaft. Sie wurde 1999 mit dem Umrechnungsverhältnis 1:1 durch den Euro ersetzt.
4 https://ec.europa.eu/commission/presscorner/detail/en/MEMO_92_54
5 https://eur-lex.europa.eu/legal-content/EN/TXT/PDF/?uri=CELEX:51996DC0345&from=DE
6 Report from the European Commission – The TACIS program annual report 1999, S. 61, https://op.europa.eu/en/publication-detail/-/publication/dbb735a8-a622-410a-9b2f-c7c8d7b560ac
7 https://www.files.ethz.ch/isn/10671/doc_10702_290_en.pdf
8 https://eur-lex.europa.eu/legal-content/EN/TXT/PDF/?uri=CELEX:51996DC0345&from=DE
9 Vgl. Report from the European Commission – The TACIS program annual report 1999, S. 61, https://op.europa.eu/en/publication-detail/-/publication/dbb735a8-a622-410a-9b2f-c7c8d7b560ac
10 https://eur-lex.europa.eu/LexUriServ/LexUriServ.do?uri=COM:1996:0593:FIN:EN:PDF
11 Ebd.
12 https://www.batory.org.pl/ftp/program/forum/eu_ukraine/ukraine_eu_policy.pdf
13 https://wikileaks.org/plusd/cables/04BRUSSELS1162_a.html
14 https://library.fes.de/pdf-files/ipg/2011-3/05_zagorski.pdf
15 https://www.spiegel.de/international/europe/war-in-ukraine-a-result-of-misunderstandings-between-europe-and-russia-a-1004706.html
16 https://www.researchgate.net/publication/303297951_Trade_Sustainability_Impact_Assessment_for_the_FTA_between_the_EU_and_Ukraine_within_the_Enhanced_Agreement, S. 249

17 https://wikileaks.org/plusd/cables/07KYIV853_a.html

18 https://onlinelibrary.wiley.com/doi/full/10.1111/jcms.13425

19 https://www.kyivpost.com/post/10343

20 https://archive.kyivpost.com/article/content/ukraine-politics/sign-deal-with-kyiv-tymoshenko-daughter-tells-eu-118969.html

21 https://www.spiegel.de/international/europe/how-the-eu-lost-to-russia-in-negotiations-over-ukraine-trade-deal-a-935476.html

22 https://www.spiegel.de/politik/das-schaut-ganz-deutschland-a-b41 2eb05-0002-0001-0000-000140508741 (Bezahlschranke); eine Zusammenfassung des Spiegelberichtes ist frei zugänglich unter https://www.wsws.org/de/articles/2016/01/06/timo-j06.html

23 https://www.bild.de/politik/ausland/ukraine/julia-timoschenko-in-gefaengnis-21510118.bild.html

24 https://www.theguardian.com/world/2010/apr/21/ukraine-black-sea-fleet-russia

25 https://www.eca.europa.eu/lists/ecadocuments/sr16_32/sr_ukraine_en.pdf, S. 14, Punkt 15.

26 https://www.politico.eu/article/russia-behind-ukraine-u-turn-on-eu/

27 https://www.theguardian.com/world/2013/sep/22/ukraine-european-union-trade-russia

28 Ebd.

29 https://www.spiegel.de/international/europe/war-in-ukraine-a-result-of-misunderstandings-between-europe-and-russia-a-1004706.html

30 https://www.imf.org/external/pubs/ft/scr/2014/cr14145.pdf

31 https://www.spiegel.de/international/europe/war-in-ukraine-a-result-of-misunderstandings-between-europe-and-russia-a-1004706.html

32 https://tass.com/world/709468

33 https://www.reuters.com/article/uk-ukraine-russia-yanukovich/ukraine-leader-urges-pro-europe-drive-despite-kremlin-pressure-idUKBRE9820HI20130903/

34 https://www.spiegel.de/international/europe/war-in-ukraine-a-result-of-misunderstandings-between-europe-and-russia-a-1004706.html

35 https://www.nytimes.com/2013/11/23/world/europe/ukraine-blames-imf-for-collapse-of-accord-with-european-union.html

36 https://www.imf.org/external/pubs/ft/scr/2014/cr14145.pdf

37 https://www.zeit.de/politik/ausland/2013-11/janukowitsch-osteuropa-europaeische-union/komplettansicht

38 https://www.kyivpost.com/post/9892

39 https://ec.europa.eu/commission/presscorner/detail/en/IP_13_1196

40 https://www.tagesschau.de/multimedia/sendung/tagesschau_20_uhr/video-ts-64670.html

41 Ebd.

42 https://www.consilium.europa.eu/media/31799/2013_eap-11-28-joint-declaration.pdf

43 https://www.osw.waw.pl/en/publikacje/analyses/2013-12-04/political-crisis-ukraine

44 https://www.zeit.de/politik/ausland/2014-01/ukraine-kiew-klitschko-eu-janukowitsch-revolution-7-thesen

45 https://ifsh.de/file-CORE/documents/yearbook/english/15/Tanner-en.pdf

46 https://www.kyivpost.com/post/10267; https://www.kyivpost.com/post/10790

47 https://www.auswaertiges-amt.de/blob/260130/db4f5326f21530cad8d351152feb5e26/140221-ukr-erklaerung-data.pdf

48 https://www.dw.com/de/steinmeier-über-ukraine-nicht-zu-früh-freuen/a-17450428

49 https://www.welt.de/politik/ausland/article125094196/Der-diplomatische-Coup-des-Frank-Walter-Steinmeier.html

50 https://euromaidanpress.com/2014/11/21/my-maidan-a-tribute-to-the-revolution-that-changed-us-forever/

51 https://www.kyivpost.com/post/7028:

52 https://www.dw.com/de/ukrainisches-parlament-erklärt-janukowitsch-für-abgesetzt/a-17451217

53 https://www.kyivpost.com/post/7635

54 https://www.nytimes.com/2024/02/25/world/europe/cia-ukraine-intelligence-russia-war.html

55 https://press.un.org/en/2014/sc11294.doc.htm

56 https://www.kyivpost.com/post/9261

57 https://www.kyivpost.com/post/10521

58 https://de.wikipedia.org/wiki/Annexion_der_Krim_2014

59 https://www.kyivpost.com/post/10495

60 https://www.eca.europa.eu/lists/ecadocuments/sr16_32/sr_ukraine_en.pdf, Punkt 17 und Tabelle 2.

61 https://ec.europa.eu/commission/presscohttps://www.consilium.europa.eu/uedocs/cms_Data/docs/pressdata/EN/foraff/146300.pdf rner/detail/en/IP_14_219

62 https://www.zeit.de/wirtschaft/2014-03/ukraine-eu-iwf-kredite

63 https://www.eca.europa.eu/lists/ecadocuments/sr16_32/sr_ukraine_en.pdf, Ziffern 11 bis 20.

64 https://www.consilium.europa.eu/en/meetings/european-council/2014/03/06/

65 https://www.euractiv.de/section/ukraine-und-eu/opinion/spori-eu-verharmlosung-von-swoboda-in-kiews-ubergangsregierung-ist-skandalos/

66 https://www.youtube.com/watch?v=dcKVCtg5dxM, ab Minute 35.

67 https://www.spiegel.de/international/europe/war-in-ukraine-a-result-of-misunderstandings-between-europe-and-russia-a-1004706.html

68 https://www.imf.org/external/pubs/ft/scr/2014/cr14106.pdf

69 https://www.washingtonpost.com/world/2023/10/23/ukraine-cia-shadow-war-russia/

70 https://www.kyivpost.com/post/7311

71 https://www.consilium.europa.eu/uedocs/cms_Data/docs/pressdata/EN/foraff/146300.pdf

72 https://www.consilium.europa.eu/de/press/press-releases/2018/12/17/joint-press-statement-following-the-5th-association-council-meeting-between-the-european-union-and-ukraine/

73 https://mfa.gov.ua/en/10-facts-you-should-know-about-russian-military-aggression-against-ukraine

74 https://www.consilium.europa.eu/hr/press/press-releases/2020/01/28/joint-press-statement-following-the-6th-association-council-meeting-between-the-eu-and-ukraine/

75 https://www.consilium.europa.eu/en/press/press-releases/2021/02/11/joint-press-statement-following-the-7th-association-council-meeting-between-the-eu-and-ukraine/

76 https://wits.worldbank.org/CountryProfile/en/Country/UKR/Year/2021/SummaryText
(Anmerkung: Die dort verfügbaren Daten beginnen 1996 und reichen bis ins Jahr 2021)

77 https://www.europarl.europa.eu/RegData/etudes/STUD/2023/702591/EXPO_STU(2023)702591_EN.pdf

78 https://kyivindependent.com/how-zelensky-administration-moves-to-dismantle-press-freedom-in-ukraine/

79 https://www.kyivpost.com/post/6877

80 https://www.chathamhouse.org/2023/11/democracy-ukraine

81 https://www.independent.co.uk/news/world/europe/ukraine-war-russia-zelensky-klitschko-b2458171.html

82 https://www.youtube.com/watch?v=DkPD28dw694

83 https://www.ifw-kiel.de/topics/war-against-ukraine/ukraine-support-tracker/

84 https://www.statista.com/statistics/531998/national-debt-of-ukraine/

Kapitel 7: Vom Wandel durch Annäherung zur Zeitenwende

1 G. Verheugen (Hrsg.) Das Wichtigste ist der Frieden, Dokumentation des verteidigungspolitischen Kongresses der Freien Demokraten am 27./28. April 1979 in Münster, Nomos-Verlagsgesellschaft Baden-Baden, S. 38
2 https://www.wissenschaft.de/allgemein/hethiter-die-vergessene-weltmacht/
3 Ebd.
4 https://www.nationalgeographic.de/geschichte-und-kultur/2023/09/tafeln-der-hethiter-bislang-unbekannte-sprache-entdeckt-archaologie-philologie
5 https://www.theguardian.com/world/shortcuts/2013/sep/01/winston-churchill-shocking-use-chemical-weapons
6 https://www.sueddeutsche.de/politik/geschichte-polen-russland-ukraine-1.5269421, https://www.welt.de/geschichte/article213577118/Polnisch-Sowjetischer-Krieg-Die-Leichen-mit-Leibern-zugedeckt.html
7 https://archive.ph/iQ0Cq
8 https://www.nationalarchives.gov.uk/wp-content/uploads/2019/05/FO371-50839.jpg
9 https://www.nationalarchives.gov.uk/education/resources/cold-war-on-file/operation-unthinkable/ t-online berichtete darüber 2020
10 https://www.t-online.de/nachrichten/wissen/geschichte/id_88120222/auftakt-kalter-krieg-als-churchill-den-angriff-auf-stalins-armee-planen-liess.html
11 https://www.nationalarchives.gov.uk/education/resources/cold-war-on-file/comment-on-ussr-policy/
12 https://www.nationalarchives.gov.uk/education/resources/cold-war-on-file/threat-to-western-civilisation/
13 https://www.nationalarchives.gov.uk/education/resources/cold-war-on-file/soviet-striving-for-security/
14 https://digitalarchive.wilsoncenter.org/document/excerpts-memoirs-wladyslaw-gomulka-concerning-polish-communist-leaders-meetings-stalin
15 https://www.foreignaffairs.com/articles/united-states/1946-07-01/has-our-policy-germany-failed
16 https://www.foreignaffairs.com/articles/germany/1946-07-01/agreement-germany-key-world-peace
17 https://digitalarchive.wilsoncenter.org/document/speech-delivered-stalin-meeting-voters-stalin-electoral-district-moscow
18 https://www.nationalarchives.gov.uk/education/resources/cold-war-on-file/iron-curtain-speech/
19 https://www.chronik-der-mauer.de/180128/rede-von-winston-churchill-in-fulton-usa-5-maerz-1946

20 https://www.nationalarchives.gov.uk/education/resources/cold-war-on-file/reaction-in-ussr/

21 https://www.files.ethz.ch/isn/108642/warplan_dossier.pdf, S. 4

22 https://www.state.gov/secretary-antony-j-blinken-at-a-press-availability-44/

23 https://www.foreignaffairs.com/articles/united-states/1960-01-01/peaceful-coexistence

24 Israel gilt, wie auch Indien, Pakistan und Nordkorea offiziell nicht als Kernwaffenstaat und hat sich dem Vertrag nicht angeschlossen.

25 https://www.auswaertiges-amt.de/blob/207392/b38bbdba4ef59ede2fec9e91f2a8179b/nvv-data.pdf

26 https://www.bundestag.de/resource/blob/491094/47a8b7462f47db13f4c9ad5317e4faca/Die-Neue-Ostpolitik-der-sozialliberalen-Regierung-1969-1972-data.pdf

27 https://archiv.diplo.de/arc-de/das-politische-archiv/das-besondere-dokument/unterzeichnung-warschauer-vertrag/2423064

28 https://deutsch.radio.cz/prager-vertrag-vor-35-jahren-der-letzte-baustein-brandts-ostpolitik-8589241

29 https://www.willy-brandt-biografie.de/wp-content/uploads/2017/08/Erklaerung_Grundlagenvertrag_1972.pdf

30 https://www.deutschlandfunk.de/der-neue-geist-der-entspannung-100.html

31 https://willy-brandt.de/neuigkeiten/vor-50-jahren-friedensnobelpreis-1971-fuer-willy-brandt/

32 https://www.willy-brandt-biografie.de/wp-content/uploads/2023/09/fernsehansprache-moskau-1970.pdf

33 https://willy-brandt.de/neuigkeiten/vor-50-jahren-friedensnobelpreis-1971-fuer-willy-brandt/

34 https://acp.copernicus.org/articles/23/6691/2023/

35 Ebd.

36 https://www.bfi.org.uk/lists/10-great-films-about-nuclear-apocalypse

37 Vgl. OSZE-Erklärung von Istanbul, 1999, Punkt 7, https://www.osce.org/de/mc/39571.

38 Vgl. ebd., Punkt 8.

39 https://www.understandingwar.org/backgrounder/high-price-losing-ukraine

40 https://www.nachdenkseiten.de/?p=102137

41 https://press.un.org/en/2023/sc15545.doc.htm; Anmerkung: Dabei spielt eine Rolle, dass der erste Generaldirektor Bustani, ein Brasilianer, auf Drängen der USA 2003 illegitim entlassen wurde. Er unterstützte die Whistleblower, die lediglich fordern, der OVCW ihre fachlichen Einsichten im Fall Douma 2018 vorzutragen. In der westlichen Interpretation gilt das alles als russischer Desinformationsversuch.

42 https://www.defense.gov/News/News-Stories/Article/Article/2967390/Nato-chief-there-will-be-high-price-to-pay-for-russian-use-of-chemical-weapons/
43 https://www.youtube.com/watch?v=OXJnngRlI18
44 https://www.youtube.com/watch?v=Jmxj-p7EiR4
45 https://www.bundesregierung.de/breg-de/suche/regierungserklaerung-von-bundeskanzler-olaf-scholz-am-27-februar-2022-2008356
46 https://www.zeit.de/politik/deutschland/2023-10/pistorius-modernisierung-bundeswehr-kriegsgefahr-europa
47 https://www.deutschlandfunk.de/boris-pistorius-kriegstuechtig-100.html
48 https://internationalepolitik.de/de/das-ist-ein-wandel-den-hatte-ich-so-nicht-erwartet
49 https://www.ipg-journal.de/rubriken/aussen-und-sicherheitspolitik/artikel/die-welt-vor-dem-24-februar-gibt-es-nicht-mehr-6260/
50 Günter Verheugen (Hrsg.), Das Wichtigste ist der Frieden; Nomos-Verlag, Baden-Baden 1980, S. 36
51 https://www.understandingwar.org/backgrounder/high-price-losing-ukraine
52 https://www.understandingwar.org/backgrounder/high-price-losing-ukraine-part-2-%E2%80%94-military-threat-and-beyond

Kapitel 8: **Eine multipolare Weltordnung**

1 https://www.foreignaffairs.com/united-states/after-hiroshima-sharing-atom-bomb
2 https://www.strausscenter.org/events/the-fourth-policeman-fdr-c-n-s-vision-for-china-c-n-s-global-role/
3 https://unic.un.org/aroundworld/unics/uthant/notablequotes/index.asp#:~:text=%22It%20is%20understandable%20that%20the,survival%20of%20the%20human%20race.
4 https://www.foreignaffairs.com/united-states/after-hiroshima-sharing-atom-bomb
5 Ebd.
6 Ebd.
7 https://www.jhuapl.edu/sites/default/files/2022-12/NuclearWarGlobalRisk.pdf
8 https://2009-2017.state.gov/p/io/potusunga/207201.htm
9 https://www.iaea.org/sites/default/files/infcirc338.pdf

10 https://nsarchive.gwu.edu/document/22092-document-01-general-secretary-mikhail-gorbachev

11 Das Projekt SDI wurde von Reagan aus der Taufe gehoben. Umgangssprachlich hieß es »Krieg der Sterne«. Es wurde nie so verwirklicht, wie es geplant gewesen war. https://www.atomwaffena-z.info/geschichte/raketen/sdi

12 https://nsarchive.gwu.edu/document/22104-document-13-national-security-council-john-m, S. 3

13 https://carnegieendowment.org/2007/06/01/looking-back-intermediate-range-nuclear-forces-treaty-pub-19419

14 https://www.armscontrol.org/act/2019-03/features/inf-treaty-crisis-filling-void-european-leadership,
https://www.bpb.de/shop/zeitschriften/apuz/289943/europa-und-der-inf-vertrag-verdammt-zur-zuschauerrolle/

15 https://www.consilium.europa.eu/en/press/press-releases/2019/07/14/declaration-by-the-high-representative-on-behalf-of-the-european-union-on-the-intermediate-range-nuclear-forces-inf-treaty/

16 https://www.hertie-school.org/fileadmin/user_upload/20200210_Policy_Brief_QMV_Koenig.pdf

17 https://www.Nato.int/cps/en/Natohq/topics_166100.htm

18 https://www.armscontrol.org/act/2020-10/news/us-aims-add-inf-range-missiles

19 https://apps.dtic.mil/sti/tr/pdf/ADA215697.pdf, S. 10.

20 https://apnews.com/article/1abea48aacda1a9dd520c380a8bc6be6

21 https://www.nytimes.com/1988/12/12/world/gorbachev-spell-americans-warm-human-side-shown-soviet-leader-his-visit.html

22 https://millercenter.org/the-presidency/presidential-oral-histories/robert-gates-oral-history

23 https://www.bu.edu/articles/2023/is-the-us-indispensable-nation-or-reckless-misguided/

24 https://responsiblestatecraft.org/2021/10/18/remembering-powells-revealing-exchange-with-madeleine-albright/

25 https://www.defense.gov/News/News-Stories/Article/Article/3610846/chiefs-discuss-military-recruiting-challenges-at-committee-hearing/#:~:text=They%20noted%20the%20percentage%20of,in%20the%20military%20continues%20to

26 https://www.missionrollcall.org/post/state-of-veteran-suicide

27 https://www.defense.gov/News/Releases/Release/Article/3569734/department-of-defense-releases-annual-report-on-suicide-in-the-military-calenda/#:~:text=In%20CY%202022%2C%20492%20Service,that%20went%20up%20by%203%25.

28 https://greendoors.org/facts/veteran-homelessness.php

29 https://securityconference.org/assets/02_Dokumente/01_Publikationen/MunichSecurityReport_2015.pdf

30 https://obamawhitehouse.archives.gov/the-press-office/2014/05/28/remarks-president-united-states-military-academy-commencement-ceremony

31 https://www.abc.net.au/news/2022-08-31/mikhail-gorbachev-met-deng-xiaoping-1989-changed-history/101390172

32 https://foreignpolicy.com/2023/09/11/china-russia-alliance-cooperation-brics-sco-economy-military-war-ukraine-putin-xi/

33 https://www.youtube.com/watch?v=HbF5pXk2UDw, ab Minute 24

34 http://en.kremlin.ru/events/president/transcripts/48428

35 https://www.foreignaffairs.com/united-states/after-hiroshima-sharing-atom-bomb

36 https://securityconference.org/assets/02_Dokumente/01_Publikationen/MunichSecurityReport_2015.pdf, S. 13

37 https://wikileaks.org/plusd/cables/07MOSCOW5869_a.html

38 http://en.kremlin.ru/events/president/transcripts/21634

39 https://www.goldmansachs.com/intelligence/archive/archive-pdfs/build-better-brics.pdf

40 https://www.goldmansachs.com/intelligence/archive/archive-pdfs/brics-dream.pdf

41 https://cuts-international.org/BRICS-TERN/pdf/BRICS_and_the_World_Order-A_Beginners_Guide.pdf

42 https://scholar.smu.edu/cgi/viewcontent.cgi?article=1462&context=lbra

43 https://www.unaoc.org/docs/II-BRIC-Summit.pdf

44 https://www.foreignaffairs.com/reviews/capsule-review/2018-04-16/brics-and-collective-financial-statecraft

45 https://securityconference.org/assets/02_Dokumente/01_Publikationen/MunichSecurityReport_2015.pdf, S. 22

46 https://nationalinterest.org/feature/welcome-the-world-without-the-west-11651?page=0%2C1

47 https://ecfr.eu/publication/the-art-of-vassalisation-how-russias-war-on-ukraine-has-transformed-transatlantic-relations/

48 https://ecfr.eu/publication/united-west-divided-from-the-rest-global-public-opinion-one-year-into-russias-war-on-ukraine/#dont-make-it-all-about-democracy

49 Ebd.

50 https://www.eeas.europa.eu/eeas/my-visit-moscow-and-future-eu-russia-relations_en

51 https://www.europarl.europa.eu/news/de/press-room/20210204IPR97118/abgeordnete-kritisieren-besuch-des-eu-aussenbeauftragten-borrell-in-moskau

52 https://www.brookings.edu/articles/the-us-and-china-finally-get-real-with-each-other/
53 https://solidar.ch/wp-content/uploads/2024/01/bp-inequality-inc-150124-eng.pdf
54 https://www.cgdev.org/blog/decolonising-eu-africa-relations-pre-condition-true-partnership-equals
55 Zeitschrift für Internationale Politik Nr. 2/2024, Britta Petersen, Narendra Modis Indien, S. 114.
56 https://www.ips-journal.eu/regions/africa/what-the-eu-can-learn-from-chinas-development-efforts-in-africa-4746/
57 https://www.statista.com/statistics/1412425/gdp-ppp-share-world-gdp-g7-brics/#:~:text=The%20BRICS%20countries%20overtook%20the,held%20by%20the%20G7%20countries.
58 https://www.oecd.org/pisa/OECD_2022_PISA_Results_Comparing%20countries'%20and%20economies'%20performance%20in%20mathematics.pdf
59 https://en.wikipedia.org/wiki/The_Economist_Democracy_Index
60 https://www.pewresearch.org/religion/2012/12/18/global-religious-landscape-exec/

Kapitel 9: **Zur Rolle Deutschlands**

1 https://www.spiegel.de/geschichte/maggie-thatcher-und-die-wiedervereinigung-a-948498.html
2 https://www.ifz-muenchen.de/heftarchiv/1991_3_5_fleischhauer.pdf
3 https://www.spiegel.de/politik/deutschland/aufarbeitung-des-hitler-stalin-pakts-gorbatschow-wusste-genau-bescheid-a-1282652.html
4 https://web.archive.org/web/20090530061314/http://www.lfpr.lt/uploads/File/1999-4/Loeber.pdf
5 https://www.spiegel.de/politik/deutschland/aufarbeitung-des-hitler-stalin-pakts-gorbatschow-wusste-genau-bescheid-a-1282652.html
6 Anna Reid, Blokada. Die Belagerung von Leningrad 1941–1944, Kindle Ausgabe, Pos. 395.
7 Anders als zum Beispiel in den drei baltischen Ländern, wo die deutsche Wehrmacht von vielen als Befreier begrüßt wurde, ebenso wie auch zunächst durch ukrainische Nationalisten.
8 Anna Reid, Blokada, Pos. 412–415.
9 Vgl. Der Nürnberger Prozess gegen die Hauptverbrecher vom 14. November 1945 – 1. Oktober 1946, Nürnberg 1947, Band 7–8, S. 131.
10 Das Deutsche Reich und der Zweite Weltkrieg, Band 4: Der Angriff auf die Sowjetunion, Deutsche Verlagsanstalt 1983, S. 515.

11 http://en.kremlin.ru/events/president/transcripts/24205
12 https://www.bundestag.de/parlament/geschichte/gastredner/putin/putin_wort-244966
13 https://www.jstor.org/stable/44916860?read-now=1&seq=2#page_scan_tab_contents.
14 https://www.youtube.com/watch?v=BF6DxXtLYSs
15 https://zeitschrift-osteuropa.de/site/assets/files/37313/oe210706.pdf, S. 67 ff
16 http://en.kremlin.ru/events/president/news/66181
17 https://www.csis.org/analysis/ukrainian-innovation-war-attrition
18 https://www.berliner-zeitung.de/politik-gesellschaft/erich-vad-im-interview-ueber-das-schicksal-der-ukraine-wird-in-washington-und-moskau-entschieden-li.2185298
19 https://www.willy-brandt-biografie.de/wp-content/uploads/2017/08/Rede_Willy_Brandt_Rathaus_Schoeneberg_1989.pdf
20 https://www.swr.de/swr2/wissen/archivradio/der-tag-nach-der-maueroeffnung-1989-100.html
21 US-Außenminister Baker: Vier Prinzipien, in: Karl Kaiser (Hrsg.), Deutschlands Vereinigung, S. 169
22 https://nsarchive2.gwu.edu/NSAEBB/NSAEBB296/doc06.pdf
23 https://www.ddr89.de/d/Koalitionsvereinbarung.html
24 https://nsarchive.gwu.edu/document/20378-national-security-archive-doc-16-record
25 Ebd.
26 https://nsarchive2.gwu.edu/NSAEBB/NSAEBB320/04.pdf
27 https://nsarchive.gwu.edu/document/16130-document-16-valentin-falin-memorandum-mikhail
28 https://nsarchive.gwu.edu/briefing-book/russia-programs/2017-12-12/Nato-expansion-what-gorbachev-heard-western-leaders-early
29 https://nsarchive.gwu.edu/document/20383-national-security-archive-doc-21-cia-sova
30 https://nsarchive.gwu.edu/document/16120-document-09-memorandum-conversation-between sowie die Beschreibung zum Kontext des Treffens
31 Siehe etwa Mary Elise Sarotte, Nicht einen Schritt weiter nach Osten, C.H. Beck, 2023.
32 https://www.youtube.com/watch?v=Ift5vufGzTE
33 https://nsarchive.gwu.edu/document/20383-national-security-archive-doc-21-cia-sova
34 https://nsarchive.gwu.edu/document/16127-document-13-memorandum-conversation-between#_edn10
35 https://www.bundestag.de/resource/blob/189558/21543d1184c1f627412a3426e86a97cd/charta-data.pdf, S. 3

36 https://www.osce.org/files/f/documents/c/1/39532.pdf, Ziffer 10
37 https://www.osce.org/files/f/documents/e/4/39556.pdf
38 https://www.osce.org/files/f/documents/0/6/39541.pdf, ab Seite 8
39 https://taz.de/Grosse-Worte-und-wenig-Konsens/!1425305/
40 https://ifsh.de/file-CORE/documents/jahrbuch/98/Plate.pdf
41 https://www.osce.org/files/f/documents/1/5/39571.pdf
42 https://www.Nato.int/docu/pr/1994/p94-116e.htm
43 https://www.Nato.int/cps/en/Natohq/official_texts_24730.htm?selectedLocale=en
44 https://x.com/Factschaser/status/1812127555639742747
45 https://www.youtube.com/watch?v=Ift5vufGzTE
46 https://www.youtube.com/watch?v=QeLu_yyz3tc
47 Ebd.
48 https://www.derstandard.at/story/3000000204774/komplexitaetsforscher-sieht-gefahr-fuer-systemkollaps-in-den-usa
49 https://www.spiegel.de/politik/joschka-fischer-fordert-neue-atomwaffen-in-europa-a-d99f081d-b281-43c5-a167-a2c9ef2d1d83
50 https://www.theguardian.com/world/2021/may/31/denmark-helped-us-spy-on-angela-merkel-and-european-allies-report#:~:text=Denmark%20helped%20US%20spy%20on%20Angela%20Merkel%20and%20European%20allies%20–%20report,-This%20article%20is&text=Reports%20that%20Denmark%27s%20military%20intelligence,an%20explanation%20–%20in%20EU%20capitals.
51 https://www.newyorker.com/magazine/2004/01/19/fortress-bush
52 https://www.bundesbank.de/resource/blob/706676/ffdbe968d506dc21048b902f4c6b529a/mL/2006-09-foreign-direct-investment-data.pdf
53 https://www.dw.com/en/france-russia-support-german-un-bid/a-1639715
54 https://www.brookings.edu/articles/punish-france-ignore-germany-forgive-russia-no-longer-fits/
55 https://www.theguardian.com/world/2015/sep/05/migration-crisis-europe-leaders-blame-brussels-hungary-germany
56 https://time.com/3897279/william-s-cohen-obama-trade/
57 https://www.state.gov/joint-statement-of-the-united-states-and-germany-on-support-for-ukraine-european-energy-security-and-our-climate-goals/
58 https://www.youtube.com/shorts/kO_McII15YA
59 https://www.eenews.net/articles/will-biden-shock-global-market-with-lng-stop-sign/
60 https://www.ft.com/content/0d24aade-7701-4298-89ff-2843a47466c5
61 https://consortiumnews.com/2024/01/25/vips-memo-to-biden-avoiding-a-third-world-war/
62 https://www.foreignaffairs.com/united-states/cia-spycraft-and-statecraft-william-burns